推 薦 文

　イギリスの EU 離脱、そしてアメリカではトランプ政権の誕生。欧米諸国は、確実にアンチ・グローバル化の方向に向かっている。しかし、世界は今後もダイナミックにグローバル化を推し進めていくことであろう。その役割を担うのはアジア諸国、とりわけ中国がカギを握っている。本書は、中国の国際物流政策に焦点を合わせ、海運、航空、陸上輸送を体系的に論じた学術研究書である。読者は、本書を通じて、新しいグローバル化の流れを読み解くことができるであろう。

日本港湾経済学会会長
高崎商科大学商学部教授
吉岡秀輝

はじめに

　中国が世界貿易機関（WTO）に正式加盟を果たしたのは，21 世紀を迎えて間もない 2001 年 12 月の出来事であった。ここまで至る道のりは決して平坦なものではなく，1986 年にその前身である「関税と貿易に関する一般協定（GATT）」への加盟を申請してから数えると，実に 15 年間の長きにわたる歳月が流れようやく実現したものである。これにより中国の対外貿易や中国への直接投資は，従前にも増して大幅な拡大を示すであろうと見込まれた。

　また中国が，従来からの姿勢を転換して二国間貿易協定の締結に前向きな姿勢で取り組みだしたのも，大体その前後あたりのことであった。東アジア地域が世界的にまだ "自由貿易協定（FTA）の空白地帯" と呼ばれていた状況の下で，中国は貿易自由化による関税の引き下げや撤廃などを柱とする FTA 網の形成に向け，徐々に複数の交渉を展開していったのである。

　そうした中でグローバル化と国際分業の進展に伴い，先に述べた貿易・投資の増大に直結するモノの流れを円滑に進める重要な役割を担っているのが，それを支える物流にほかならない。中国では当時，以前のような単にモノを運ぶ "輸送" の時代から，いよいよ総合的な "物流" の時代へと大きく変貌を遂げようとしている時期であった。昨今ではよく「物流を制するものはビジネスを制する」と語られるが，その意味でも本格的な物流対応を迫られる時勢にあったと言えよう。つまり，物流の重要性が中国でも遂に認識され始めるようになったわけである。

　著者は丁度，この新時代の幕開けを垣間見つつ，前職ジェトロでの北京勤務を 2001 年 11 月に終えて帰国した。そして，翌 2002 年 4 月より新設される国士舘大学の 21 世紀アジア学部に奉職した。ここに我が第二の人生の舞台となる大学で，教育と研究の両活動を新たにスタートさせた。

　そのような折，概ね 2002 年初め頃のことであるが，かつて中国での駐

在経験があり物流に多大の関心を持っているとか，あるいは物流関連の業務に実際携わった経験があるという人達の有志が，ほぼ月1回のペースで集まり中国の物流について文字通り一から議論するようになった。なかでも「中国のWTO加盟に伴う日本の物流業界への影響」について研究を始めたことが発端である。中国に関係する研究会などはあまた数えるものの，あくまで物流問題に特化して話し合うものはまだ無かったと記憶している。こうして全く任意の研究会としての性格を有する会合が自発的に立ち上げられた。現在の「中国物流研究会（略して中物研）」の発足である。同研究会の当初メンバーとしては，フォワーダーの立場から根岸宏和氏（元日本通運），中村光男氏（元山九・新日本製鐵），またキャリアの立場からは船会社出身の三浦良雄氏（元川崎汽船），さらにアジア経済研究所の大西康雄氏らが参加されていた。

　著者もその構成メンバーの一人として，当初より参画し皆さんから大いに学ばせてもらうと共に，研鑽を積み重ねてきた。研究活動の最初の段階では，我々仲間内で俗に"赤本"と呼んでいた，中国物流・購買連合会の出版になる『中国物流発展報告（2001）』の輪読からまず始め，各自がそれぞれの実務体験も踏まえつつ報告しあう形で，中国の現代物流（ロジスティクス）について精力的に知識を吸収しようとの強い意気込みであった。そうした自由活発に議論しあう根本精神は，今でも会員相互の間に脈々と引き継がれており，同研究会は今やその対象を中国のみに限定することなく広域アジアにまで広げながら，更なる発展を遂げてきているのが現状である。常にオープンな体制をとっている会なので，ご興味のある方は気軽にぜひともご参加いただきたい。

　本書に収録している論文や寄稿文などは，全て過去15年間における大学での研究成果の一部であり，これまで様々な機会を捉えてはその都度発表してきた。今回，世界のサプライチェーンの要として台頭した中国を中心に主として交通インフラ部門に焦点を当て，進化を遂げるアジア全般の国際物流に関連する公表分をピックアップした。そして，海運・空運・陸運の各視点から横断的に分けて整理のうえ，時代の変遷をも読みとっていただくよう配慮し，ほぼ年代順に沿って取りまとめたものである。本書が，

中国や広くアジアの物流事情に関心をお持ちの方々に，それを少しでも理解する一助となれば誠に幸いである。

　とはいえ，言うまでもなく当業界は日進月歩でめまぐるしく変化しているところから，著者の力量不足も手伝いその動向を全面的に十分フォローできているとはとても言い難い。もとより浅学非才の身にして，諸先輩方や読者諸兄のご叱正とご鞭撻を切に請う次第である。

　大寒の日に最終講義を終えて

2017 年 1 月 20 日

小島末夫

目　次

推薦文

はじめに

Ⅰ．総論：貨物輸送と物流インフラ

第1章　中国の物流インフラ建設……………………………………3

第2章　東北振興と物流インフラの課題……………………………11
　　はじめに　11
　　第1節　東北地区の交通インフラの特徴と整備状況　12
　　第2節　輸送モード別動向　16
　　第3節　交通運輸をめぐる今後の課題　28

第3章　中国貨物輸送の現況と物流インフラの整備動向………31

第4章　広がる東アジアのFTA網と輸送インフラ整備計画……37
　　はじめに　37
　　第1節　本格的運用期に入った東アジアのFTA　38
　　第2節　東アジアにおける物流円滑化の進捗状況　45
　　第3節　動き出す広域インフラ整備計画　48

第5章　中国の国内エクスプレス市場と
　　　　　　　　　　　　内外資系物流企業の競合状況……57

v

Ⅱ. 各論：海上・航空・陸上各輸送の視点から

1. 海運編 ··· 69

第1章 減速強める中国の対外貿易と主要港湾の貨物荷動き ······ 71

第2章 中国北部主要港の発展過程と競合状況 ····················· 87
はじめに　87
第1節　全国沿海港湾に占める環渤海地区港湾群の
　　　　位置付けと再編動向　88
第2節　コンテナ船の貨物増大と港湾拡張・寄港回数　94
第3節　主要バルク貨物の取扱量拡大と埠頭整備　105
おわりに　111

第3章 中国海運企業の国際物流戦略　2000年～2010年 ······ 117
はじめに　117
第1節　中国の現代物流産業の重視と海運業の発展　120
第2節　中国海運企業の対 ASEAN・日本配船と
　　　　アジア域内航路網の整備　128
第3節　中国企業の海外進出を牽引する COSCO　135
おわりに　140

2. 空運編 ··· 145

第1章 中国の航空貨物輸送と空港の整備状況・計画 ·········· 147
第1節　中国の航空政策と民航体制改革　147
第2節　拡大する航空輸送市場と航空貨物の取扱実績　153
第3節　航空インフラ整備の進展と空港拡張計画　157
おわりに　172

第2章　ASEAN の航空貨物輸送と航空インフラ整備…………177

　はじめに　177

　第1節　東アジア地域の航空需要と航空自由化　178

　第2節　ASEAN における航空貨物輸送の展開　188

　第3節　ASEAN における航空インフラの整備・拡充　198

　おわりに　204

第3章　三大インテグレーターの航空輸送ネットワークと

　　　　　　　　　　　　　　　　　　アジア展開………209

　はじめに　209

　第1節　三大インテグレーターの会社概要と特徴　210

　第2節　世界の航空貨物・エクスプレス市場で際立つ存在　215

　第3節　エアハブの構築とグローバルネットワークの形成　220

　おわりに　226

3．陸運編………………………………………………231

第1章　東アジアの航空輸送と陸上輸送のフロンティア………233

　はじめに　233

　第1節　東アジアにおける航空輸送の物流動向　234

　第2節　アジア主要国の空港インフラ　239

　第3節　陸上輸送の現状　247

　おわりに　255

第2章　渝新欧（重慶）物流有限公司

　　　　　──Yu Xin Ou（Chongqing）Logistics Co.,Ltd.………259

第3章　中国の現代版シルクロード構想と
　　　　　　ユーラシア・ランドブリッジの新展開……271

＊付属資料　　279
　1．世界の港湾別コンテナ取扱量ランキングの推移
　2．世界の空港別航空貨物取扱量ランキングの推移
初出一覧　　281
あとがき　　283

Ⅰ．総論：貨物輸送と物流インフラ

第 1 章

中国の物流インフラ建設

1．加速される交通インフラの整備

　中国における生活水準の向上および経済のグローバル化の進展に伴って，現代物流の発展が社会の各方面から一段と求められるようになってきた。新興産業に属するこの物流業は，今や経済発展の新たな成長スポットとさえなりつつある。それは，今後の拡大が大いに期待される新しいタイプの重点サービス産業の一つにも指定された（2001 年 3 月）。

　物流の全国展開を進める際の障害として，従来から縦割り行政システムの存在や政府の統一的な管理部門の欠如などと並び，物流インフラの不足がよく指摘されてきた。

　しかし，中国のインフラ整備が総じてまだ遅れているとはいえ，1990 年代後半あたりから同部門への投資もかなり行われ段々と改善されるようになった。この点に関しては，以下に示す具体的な数値により，特に物流インフラ整備への中国政府の積極的な取り組み姿勢がうかがわれる。

　例えば，交通運輸・郵電通信部門のインフラに対する基本建設投資額は，2001 年の実績で見ると 4,059 億元で全体の総投資額の 27.9％を占めており，工業部門の 29.4％に次ぐ規模に達した。これを 1990 年当時と比較すれば，交通・通信インフラへの投資額が，同年の 207 億元（12.2％）規模から過去 10 年余りでほぼ 20 倍という大幅な伸びを遂げていることが解る。

　このうち交通インフラの建設については，鉄道や航空を除き交通部が 1990 年代初めに策定した「三主一支持」[1]長期発展計画に主として基づき，今日まで継続的に実施されている。ここでは中国で現在最も一般的な運輸

手段となっている道路を取り上げ，全国にわたり急速に張りめぐらされつつある道路網の整備状況を中心にもう少し詳細に述べてみたい。

いま中国では，自動車の生産と販売の急増とともに，道路建設が主要幹線国道・ハブ道路などを重点にして猛スピードで進められ，トラック輸送に不可欠な全国道路網の整備が一層加速されている。とりわけ強調されるべき点は，1997年に発生した東南アジアの通貨・金融危機以後は，中国政府が内需の拡大と経済成長の促進を図るため，翌1998年初に道路や鉄道などの交通インフラ建設への資金投入の増額を決定したことである[2]。

その結果，道路建設への総投資額（うち95%以上が道路と橋梁への投資）は，1998年以来，毎年1,500億元を超過するに至っている。ちなみに，1995年段階では600億元程度にすぎなかった同投資額が，1998年には一気に前年と比べ600億元余りも上回る1,514億元まで増大し，さらに2001年の場合は2,000億元の大台に迫る1,916億元（約230億ドル。基本建設投資全体の13.2%）にも上ったのである（別表参照）。2001年の省別投資の内訳を見ると，トップ3は広東省の213億元（4年連続で200億元を突破）を筆頭に江蘇省の199億元，浙江省の180億元となっている[3]。

こうして全国の道路総延長距離も着実に拡張されてきている。改革・開放初期に当たる1980年時点の88.3万kmから1990年の102.8万kmを経て，道路総距離は2001年末現在，169.8万km（うち国道12.2万km，その中で主要幹線国道は2.1万km）に上り世界第4位にランクされている[4]。なかでも近年特に目立つのが，主要都市の間において急ピッチで推し進められている高速道路の建設である。

1988年に上海から嘉定までの区間19kmで開通したのが中国初の高速道路であり，それ以来1995年までの延長距離は1,958kmにすぎなかった。だがここ数年は，年間3,000km〜4,000kmのハイペースで伸長しており，2001年末には延べ19,437kmと遂に米国に次ぐ世界第2位へ浮上した。同年に全長658kmの京沈（北京と瀋陽間），全長1,262kmの京滬（北京と上海間）高速道路が相次いで全線開通したことにより，物流のウェイトが高い東北・華北・華東地区を快速で結ぶ広域縦断輸送ネットワークが形成されることとなった。なお，中国では2001年現在，高速道路の省内敷設

4

第1章　中国の物流インフラ建設

表　中国の道路基本建設投資と道路総延長距離の推移

年	基本建設 総投資額(A) (億元)	対前年 伸び率 (%)	道路建設 総投資額(B) (億元)	対前年 伸び率 (%)	うち道路 および橋梁 (億元)	道路建設 シェアB/A (%)	道路総延長 距離 (年末,万km)	うち 高速道路 (年末,万km)
1995	7,403	15.0	601	—	564	8.1	115.7	0.1958
1996	8,610	16.3	672	11.8	632	7.8	118.6	n. a.
1997	9,917	15.2	911	35.6	870	9.2	122.6	0.4771
1998	11,916	20.2	1,514	66.2	1,459	12.7	127.8	0.8733
1999	12,455	4.5	1,540	1.7	1,496	12.4	135.2	1.1605
2000	13,427	7.8	1,731	12.4	1,680	12.9	140.3	1.6314
2001	14,567	8.5	1,916	10.7	1,870	13.2	169.8	1.9437

　距離が既に 1,000 km を突破した地方は，最も長い山東省（2,077 km）を始め，河北省（1,563 km），広東省（1,500 km），江蘇省（1,387 km）など沿海部中心の 7 つの省に及んでいる[5]。

　第 10 次 5 カ年計画（2001 年〜2005 年）では，鉄道，高速道路，コンテナ埠頭，空港，物流センターといった物流インフラ建設の一層の拡充が打ち出されてもいる。これらのうち道路網整備に対しては，同期間中に実に 9,500 億元〜1 兆元もの投資（鉄道建設へのそれは約 3,500 億元）が見込まれており，2005 年までの重点目標として縦 3 本，横 2 本の主要幹線道路の完成や西部地区の道路建設などと併せ，高速道路の総延長は 2.5 万 km 強に設定されている[6]。

2．各地における物流センターの建設

　中国物流・購買連合会の丁俊発・常務副会長が 2002 年 11 月末に明らかにしたところによると，過去 2 年ぐらいの間に全国に 73 万社の物流企業が続々と設立され，そのうち海尓物流，深圳平湖に次いで，広州の宝供物流（宝供企業物流集団有限公司），深圳の中海物流（中海国際物流有限公司），中儲物流（中国物資儲運総公司），炎黄在線物流の 4 社もそれぞれ「中国物流モデル基地」または「中国物流実験基地」に認定された。今日では中国

5

の物流市場は2,000億元近い規模を有するものの，まだ潜在力にはほど遠く GDP の約5分の1に留まっているという。一方，多くの企業で物流業務のアウトソーシングが進んでいることから，第三者物流（3PL）市場については，向こう3年以内に40億元から100億元まで急速に拡大するとの見通しが示されている。

そして物流インフラの建設が2003年にも引き続き国家の重点投資として強化されると共に，新たに民間資本や外国資本の参加も奨励されようとしている。

このような情勢の中で，中国の各地方政府は，外資を始め企業誘致成功のキーポイントが今や物流インフラの整備如何にもかかっていると認識し，これを大変重視するようになってきた。特に物流産業の発展を新しい成長の柱に据えながら，地域間経済競争の一環として本格的なインフラ拡充に向けた計画作りが始まっている。全国に31ある一級行政区（省・直轄市・自治区。日本の47都道府県に相当）のうち，目下，広東省や江蘇省などを含む20省市余りの30数カ所の中心都市——北京，上海，天津，広州，深圳，瀋陽，武漢など——で物流発展計画が作成もしくは作成中と言われている。また中央レベルでも，国家発展計画委員会と国家経済貿易委員会が，「全国物流業発展総合計画構想」や同関連産業政策を近く打ち出すものと見られている。

各都市における物流発展計画の中で重要なカギを握る中心的プロジェクトとなっているのが，ほかならぬ物流センターの建設である。丁俊発・常務副会長の話では，中国は今後10年以内に全国100カ所に陸上貨物の輸配送や倉庫・貯蔵に関わる物流センターを建設するほか，次の各地に主要取引センターが設置される予定である。すなわち，それら七大物流取引センターの場所としては，①瀋陽を中心とする東北地区，②北京を中心とする華北地区，③上海を中心とする華東地区，④広州を中心とする華南地区，⑤武漢を中心とする華中地区，⑥蘭州（または西安）を中心とする西北地区，⑦重慶を中心とする西南地区，などが挙げられている[7]。

この物流センターの計画とか建設の進捗はかなりはかどっており，2001年を例に取ると，次のように多様なプロジェクトが建設中ないしは計画作

第1章　中国の物流インフラ建設

成中である[8]。
　(1)北京物流港：内陸最大の大型物流港。北京市の京津塘高速道路沿いの
　　　敷地面積 350 万 m²。投資額 110 億元で 2006 年竣工予定。
　(2)中国北方国際低温物流センター：天津に建設。倉庫・貯蔵容量が 3 万
　　　トンから 6 万トンに増加。
　(3)青島国際航空物流センター：青島流亭空港で定礎。投資額 1 億ドル。
　(4)成都国際物流センター：西部地区で最初のコンテナ用。全国 45 の道
　　　路貨物輸送ハブ・ステーションの一つ。敷地面積約 10 万 m²。
　(5)華南地区物流配送センター：広州市北郊外に立地。敷地面積 40 万 m²。
　　　投資額 6 億元。

　3．ケーススタディ：物流の主戦場——「大上海」地域
　中国の世界貿易機関（WTO）加盟後，初年度に当たる 2002 年に，外国
企業の直接投資受入額が米国を抜いて文字通り世界一となった。外資の対
中進出先は，上海を中心とする華東地区—江蘇省と浙江省を加えた，いわ
ゆる「大上海」地域—に集中する傾向が一段と強まっている。
　このためモノの流れをめぐる主戦場も，今や華南地区（珠江デルタ）か
ら華東地区（長江デルタ）へと移っている。最近特に目立つ動きで注目さ
れるのは，その「大上海」地域内で，激しい物流インフラ整備競争が展開
されつつあることだ。そこで本稿の最後に，事例として上海を中心に繰り
広げられている物流インフラの建設動向（特に物流センター）について紹
介したい。
　まず上海では，2001 年に「10.5 現代物流産業発展計画」が発表され，
陸海空の三大物流や 5 つの物流園区を発展させて，市内配送センター20
カ所，市外配送センター 3〜5 カ所を建設し，同市が "国際航運センター"
となるよう目指すことが提示されたのであった。陸上輸送の面においては，
「六大物流基地」の建設が重点プロジェクトとして掲げられている。
　この「六大物流基地」とは，市中心部を囲む内環状線と外環状線道路の
うち，主に後者沿いの 6 カ所に物流センターを設置する計画である[9]。具
体的な立地構想としては，以下のとおり。

7

① 松江九亭 "加工放射型" 総合物流基地
　開発中の市南西部・松江新城と隣接しており，上海と杭州（浙江省の省都）を結ぶ鉄道や高速道路などを通じて，後背地が南方の各省市に広がる。
② 桃浦江橋 "加工放射型" 総合物流基地
　市北西部に位置し，上海と南京（江蘇省の省都）および嘉定を結ぶ高速道路と接しており，既に交易・輸送・積載・流通加工などの機能を備え，北方各省市の集散地と連結している。
③ 宝山楊行 "加工放射型" 総合物流基地
　市北部に位置し，上海港区と元対外貿易系統の物流資源に依拠しながら，長江流域の「長江商業貿易回廊」に沿って沿岸の 6 省 2 市と連結する物流の要となっている。
④ 浦東国際空港 "中継貿易型" 総合物流基地
　浦東新区にある大型国際空港に依拠し，高付加価値貨物の積み替え，倉庫・貯蔵，輸送などのサービスを提供している。
⑤ 外高橋保税区 "中継貿易型" 国際現代物流基地
　長江河口の外高橋保税区にあり，国際貿易のチャンネルを通じて大量の輸出入商品が出入りする，その港湾交易センターとなっている。
⑥芦潮港国際コンテナ "中継貿易型" 現代物流基地
　市東南端にあって大型コンテナの呑吐を主とし，洋山深水港（芦潮港の東方沖 30 km）から運ばれる商品を取り扱う，市沿海部の国際輸出入商品の総合物流基地となっている。

　このほか，上海市の物流計画には，同市北部の "国際汽車城" に近く上海フォルクスワーゲンが工場を構える嘉定区に設置される「嘉定自動車物流センター」，同市南部の「漕涇化工物流センター」などが別途含まれている。なお，中国地場の総合物流企業第 1 号として知られる宝供物流は，前記の宝山と桃浦にそれぞれ 8 万 m² 規模の物流配送センターを設立する予定と伝えられる。また杭州東部（敷地面積 70 万 m²）と蘇州にも大型物流基地を建設することが明らかにされている[10]。

　他方，GDP で全国第 4 位となった浙江省は 10.5 計画で，乍浦と嘉興，

第1章　中国の物流インフラ建設

江蘇省の蘇州を結ぶ乍嘉蘇高速道路の建設を打ち出した。その乍浦港では，今後数年かけてコンテナ・ヤードが建設されるうえ，杭州湾を跨いで対岸の慈渓に海上橋（全長36kmで世界最長。総投資額は約107億元，うち6割は民間出資）をかけ寧波市にリンクさせる計画も進められている。こうしたインフラ整備とあいまって，上海港・洋山港や浦東空港から乍浦経由で，杭州や寧波に至る物流ルートがこれから大いに活性化されるものと予想される。

　現状においては確かに，物流面で上海～江蘇（昆山・蘇州・無錫など）の輸送ベクトルが，上海～浙江ラインよりも優位に立っていることは否めない。それだけに両省は，上海との関係をより強化し外資をさらに呼び込もうと，物流インフラの改善・整備で相当激しい綱引きを展開しているところである。今後は地域間の産業調整を含め，上海と相互にバランスを取りながら行政同士の矛盾をどう克服していくかが問われていると言えよう。

〔注〕
(1)　「三主一支持」長期発展計画のもとで，「三主」とは"主枢紐"（道路），"主港站"（水運），"主航道"（水路）を指し，「一支持」は"運輸支持系統"のことである。
(2)　『2002年中国物流発展藍皮書』P75。
(3)　交通部「2001年公路水路交通行業発展統計公報」。
(4)　中国では，道路（"公路"）は等級道路と等外道路の2つに分けられており，さらに前者の方は，高速道路と1級から4級までの道路の5種類から成っている。
(5)　(3)に同じ。
(6)　『中国物流年鑑』2002年版（下巻），PP565～566。
(7)　「チャイナネット」2002年11月29日。
(8)　中国物流・購買連合会『中国物流発展報告（2001）』PP52～54。
(9)　(8)に同じ。PP99～100。
(19)　『経済観察報』2002年12月23日。

第2章

東北振興と物流インフラの課題

はじめに

　2002年11月に開催された中国共産党第16回全国代表大会で，「東北地区などの"老（旧）工業基地"の調整と改造の加速」が決定されて以来，早や2年余りが経過した。この東北振興が現在，中国では西部大開発と並んで長期的な国家戦略の一つとして位置付けられている。

　このため，焦点となった東北3省は改めて国内外の高い関心を集めており，東北地区の再興に向って鋭意邁進しているところである。既に中央政府による東北振興支援の具体的な優遇政策や省レベルの開発プロジェクトが次々と発表され，各政策と措置がそれぞれ着々と実行に移されてもいる。

　そうした中で，かつては"東北現象"と呼ばれほぼマヒ状態にあった東北経済を，今後再活性化させていくに当たっては，特に物流基盤整備，とりわけ交通インフラの整備・拡充が必要不可欠と思われる。しかも，単に中国内の東北地区という地理的観点からだけでなく，周辺諸国をも見据えた北東アジア地域大の計画プランに沿って，広域輸送ネットワーク体系の構築を進めていくことが何よりも肝要かと考えられる。

　本稿では，東北振興計画の進展にも大きな影響を与える，物流や商流と関連した交通インフラの現状と課題を中心に見ていくことにしたい。

第1節　東北地区の交通インフラの特徴と整備状況

1．交通インフラの抱える問題と特徴

中国の交通運輸部門は，一般に輸送モード別に鉄道，道路，水運，航空，パイプラインの5つに区分される。東北地区では，交通運輸部門が全国の中でも比較的発達しており，現在既にこれら5つの輸送方式で構成される域内交通体系が基本的に形成されている。

このうち東北地区の物流面で大きな役割を果たしている主要な輸送方式は，鉄道と道路である。しかも，鉄道・道路ともに同地区の中部平原地帯を中枢とし，そこから放射状に周囲へと伸びている。以下では，まず東北地区における交通インフラの現状から見られる特徴について明らかにする。総じて言えば，それは主に次の5点を指摘できる。

① 地域内で不均衡な輸送局面が形成されていること——発展空間のアンバランス

全体的に見ると，中部平原地帯の交通網は発達しているものの，東西の両翼は相対的に立遅れが目立つ。これは，中部平原に生産力が最も集中し，同時に交通路線も密集していることに因る。

② 主要な鉄道輸送ルートがほとんど老朽線で占められていること——発展時間のアンバランス

既存の鉄道路線のうち，新しく建設された数本の路線を除き，今日なお主要幹線となっているのは，建国前に建設された老朽線（例えば，ハルビン～大連線は1903年の建設）か，あるいその老朽化した従来線の基礎の上で複線化工事が行われたものである。このため，鉄道の基準が不統一で，設備が繁雑で多様化しており，技術スタンダードが低く，輸送能力が小さいといった問題点が挙げられる。[1]2003年を例にとると，東北3省の鉄道貨物輸送量（3.3億トン）は道路貨物輸送量（13.0億トン）の四分の一に留まっている。

③ 鉄道密度が全国で最も高い地域であること

域内の交通網の密度には，南から北へ，東から西へと逓減傾向が見ら

れる。概ね人口分布と経済発展水準の状態と一致しているのが分かる。うち東北地区の鉄道密度は，2003年の場合，100 km² 当たり 3.06 km と全国平均（0.76 km）の4倍に上っている（ちなみに，道路密度は全国平均の1.3倍）。5年前の1998年段階でも全国の4.2倍であったことから，ほぼ横バイの状況にある。東北3省の中では遼寧省が 100 km² 当たり 6.09 km と最高，次いで吉林省（1.90 km），黒龍江省（1.18 km）と続く。従って，交通運輸部門の輸送計画の大体75%くらいしか要求を満たしきれていないのが実情と言われる。

④ 鉄道・道路とも輸送貨物の大半が石炭，石油，木材，穀物，セメントなどに集中していること

東北地区が，中国の重要な石油基地，木材基地，鉄鋼および建材基地であり，商品穀物の主産地でもあることから，これら主要物資の輸送率は全国よりも一段と高い。とりわけ，主要な幹線鉄道に物流が集中し，その利用率が能力一杯の飽和状態に達する路線は8割も占めているという。中国全体としても，戦略物資で計画貨物に属する石炭，鉱産物，石油は鉄道輸送における三大品目であり，今日でさえ鉄道貨物総輸送量の実に三分の二以上に当たる約75%に達している。

⑤ 域内の貨物の流れは南北交流が主で，東西交流は従であること

南北間の輸送貨物では，南下する貨物が主な物流であり，特に石油（大慶油田），木材（大小興安嶺），石炭（東部の三大炭鉱），食糧が中心となっている。主な輸送方式は，パイプラインと鉄道である。これに対して北上する貨物としては，鉄鋼および建材（セメント），金属，非金属鉱石，食糧，塩などが主で，全て鉄道輸送によっている。

2．貨物輸送の現状

次に東北3省全体の貨物輸送について交通手段ごとの内訳（2003年）を横並びで見ると，下記のとおりである。

貨物輸送量（トンベース）の点では，道路が全体の73.1%を占めて断然トップ，次いで鉄道の18.7%が続き，以下，パイプラインの5.5%，水運の2.7%，民用航空のほぼゼロとなっている。また貨物回転量（トンキロ

表 1　東北地区の交通モード別貨物輸送実績

省	輸送指標	輸送モード	1995 年	2000 年	2001 年	2002 年	2003 年
遼寧省	輸送路線延長 (km)	鉄　　道	8,811	8,800	8,792	8,809	8,888
		道　　路	43,434	45,547	46,603	48,051	50,095
		民 用 航 空	277,945	219,198	192,148	239,243	238,429
	貨物輸送量 (万トン)	鉄　　道	13,073	12,523	12,990	13,186	13,205
		道　　路	68,524	64,515	63,281	64,104	65,981
		民 用 航 空	3.2	8.9	6.8	8.1	9.0
	貨物回転量 (億トンキロ)	鉄　　道	1,011	962	977	971	1,013
		道　　路	199	209	216	222	227
		民 用 航 空	0.69	1.1	1.1	1.4	1.6
吉林省	輸送路線延長 (km)	鉄　　道	3,815	3,844	3,568	3,564	3,562
		道　　路	31,321	35,216	39,747	41,095	44,008
		民 用 航 空	n. a.	84,732	93,407	101,284	128,996
	貨物輸送量 (万トン)	鉄　　道	6,123	5,766	5,671	5,781	6,044
		道　　路	20,477	23,640	23,649	24,777	25,211
		民 用 航 空	n. a.	n. a.	n. a.	n. a.	n. a.
	貨物回転量 (億トンキロ)	鉄　　道	420	406	414	409	423
		道　　路	76	85	86	93	91
		民 用 航 空	n. a.	n. a.	n. a.	0.25	0.29
黒龍江省	輸送路線延長 (km)	鉄　　道	5,262	5,465	5,464	5,464	5,373
		道　　路	48,819	50,284	62,979	63,046	65,123
		民 用 航 空	n. a.	112,000	123,416	117,406	108,716
	貨物輸送量 (万トン)	鉄　　道	13,607	12,959	13,671	13,258	14,118
		道　　路	19,281	39,685	39,900	40,317	39,031
		民 用 航 空	1.0	1.7	1.3	4.1	4.7
	貨物回転量 (億トンキロ)	鉄　　道	748	719	747	748	789
		道　　路	56	162	166	168	163
		民 用 航 空	n. a.	0.4	0.3	0.3	1.0

第 2 章　東北振興と物流インフラの課題

表 1　つづき

省	輸送指標	輸送モード	1995 年	2000 年	2001 年	2002 年	2003 年
全国	輸送路線延長 （km）	鉄　　道	59,700	68,700	70,100	71,898	73,002
		道　　路	1,157,000	1,402,700	169,800	1,765,200	1,809,828
		民 用 航 空	1,129,000	1,502,900	1,553,600	1,637,700	1,749,500
	貨物輸送量 （万トン）	鉄　　道	165,982	178,581	193,189	204,955	221,178
		道　　路	940,387	1,038,813	1,056,312	1,116,324	1,159,957
		民 用 航 空	101.1	196.7	171.0	202.1	219.0
	貨物回転量 （億トンキロ）	鉄　　道	13,050	13,771	14,694	15,658	17,247
		道　　路	46,950	6,129	6,330	6,783	7,100
		民 用 航 空	22.3	50.3	43.7	51.6	57.9

（出所）『遼寧統計年鑑』『吉林統計年鑑』『黒龍江統計年鑑』各 2003 年，2004 年版および『中国統計年鑑』2004 年版から著者作成。

ベース）で捉えると，第 1 位は鉄道でシェア 54.8％，第 2 位が水運の28.3％，第 3 位が道路の 11.8％で，以下，パイプラインの 5.0％，民用航空の 0.1％に分かれている。

　さらに，貨物輸送に関わる 3 つの指標から主な交通モード別に東北 3 省と全国の比較を行ったのが表 1 である。

　ここでは各指標ごとに 1995 年と直近の 2003 年を対比することにより，全国に占める省別シェアの変化をチェックした。同対比で明らかとなった事実から，主に二つのことが目立った。すなわち，第 1 は，2003 年の全国に占めるシェアが 1995 年よりも増加したのは，黒龍江省の道路に関する貨物輸送量（1995 年の 2.1％から 2003 年の 3.4％へ）と貨物回転量（同様に 1.2％から 3.4％へ）のみであった。その他はシェアが近年に軒並み低下している。第 2 は，輸送路線延長の指標では道路，貨物輸送量の指標では鉄道と，全国に占める黒龍江省のシェアがそれぞれ遼寧省を上回った（2003 年）。例えば，黒龍江省対遼寧省のシェア比較は，前者が 3.6％対2.8％，後者の場合が 6.4％対 6.0％であった。

15

第2節　輸送モード別動向

1．鉄道

　東北地区の交通輸送は，これまで長い間，主として鉄道に依存してきた。同地区には現在，70本以上の幹・支線から成る膨大な鉄道網が敷設されており，中国で最も発達した地域となっている。鉄道営業距離については，2003年末に東北3省全体で1万7,823kmと全国の24.4％（うち遼寧省が半分の12.2％）を占めるに至っている。特に遼寧省の鉄道網はかなり整備されており，機関車のディーゼル化も全面的に実現した。

　この東北鉄道網は，南北を縦貫する主幹線の哈大線を縦軸とし，北のハルビンを基点に展開する濱洲線（ハルビン～満州里，全長995km）・濱綏線（ハルビン～牡丹江～綏芬河，同493km）を横軸とした，T字型の総合的な枠組みによって大きくは形成されている。なかでも東北地区の文字通り大動脈として中核を担っているのが，ハルビンと大連を結ぶ全長946kmの哈大線である。

　またT字型幹線とそれぞれつながり，東北地区の鉄道輸送ルートの基本的な骨格を構成しているのが，"四縦四横"路線である。[2]そのうち，"四縦"とは①チチハル～通遼～錦州線，②大慶～通遼～赤峰線，③ハルビン～吉林～瀋陽線，④図們～牡丹江～チャムス線を，"四横"とは①加格達奇～綏化～チャムス～双鴨山線，②伊爾施～白城～長春～図們線，③通遼～四平～通化線，④赤峰～瀋陽～丹東線を指す。これらの都市の中で，瀋陽，四平，長春，ハルビンが交通の要ともいえる四大要衝の地であり，チチハル，牡丹江，吉林，白城，梅河口，新立屯，錦州，通遼などには鉄道センターがある。さらには，京瀋，京通，京承～錦承という3本の鉄道本線を通じて，全国の鉄道網とも連結されている。

　こうした中で，東北地区内の大都市をつなぐ物流幹線が上で述べた哈大線であり，同線の果たす経済的役割は非常に大きい。哈大線は，域内の最も重要な工業地帯や政治・文化の中心であるハルビン～長春～四平～鉄嶺～瀋陽～遼陽～鞍山～海城～互房店～大連の10都市（うち東北3省の省都

第2章　東北振興と物流インフラの課題

と最大の海港を含む）を結ぶ。東北地区にある人口100万人以上の八大都
市のうち5つが同ルート上に位置している。また2001年8月には同線の
瀋陽～ハルビン区間550kmが電化され，遂に複線電化が完成した。中国
がドイツから技術と設備を導入して建設した高規格鉄道（時速は140km）
で，東北地区初の電化鉄道となった。それに伴い，所要時間は，従来の
12時間以上から約9時間半へと大幅に短縮されたし，輸送能力も約30％
ほど向上が図られた。

　ただ，哈大線の貨物輸送量の推移を見ると，表2に示したとおり，2000
年頃をピークにむしろ低下していることが分かる。実際，2000年時点で
は年間3,450万トンと同線は全国10傑のうち9位にランクインしていた
が，2003年には3,263万トンへと低下しランク外の12位まで落ち込んだ。

表2　主要鉄道幹線の貨物輸送量と回転量

鉄道路線 （区間）	建設時期 （年）	距離 （km）	単位	2000年	2001年	2002年	2003年
哈大線 （ハルビン～大連）	1903	946	トンベース （万トン）	3,450	3,356	3,233	3,263
			トンキロベース （100万トンキロ）	57,566	57,844	60,717	68,007
濱綏線 （ハルビン～綏芬河）	1901	493	トンベース （万トン）	1,123	1,124	1,178	1,245
			トンキロベース （100万トンキロ）	15,236	16,192	16,384	17,468
濱洲線 （ハルビン～満州里）	1902	995	トンベース （万トン）	2,772	2,841	3,137	3,464
			トンキロベース （100万トンキロ）	19,144	19,598	21,181	23,073
京瀋線 （北京～瀋陽）	1912	845	トンベース （万トン）	3,462	3,555	3,438	3,181
			トンキロベース （100万トンキロ）	83,660	86,922	82,790	84,877

（出所）『中国統計年鑑』各年版ほかより著者作成。

同様に北京と瀋陽を結ぶ京瀋線も，2000年の貨物輸送量3,462万トン（同8位）が2003年には3,181万トン（同13位）へ減少している。それに対して，濱洲線の貨物輸送量は年々増加する傾向をみせており，2003年に3,464万トンを記録して全国10位に入った。なお，トンキロベースで見た貨物回転量の指標では，各幹線とも着実に増大していることがうかがわれる。

　ところで，鉄道部の話によると，東北振興を輸送面から積極的に支援するため，総合輸送力の向上に資するような鉄道建設を加速させていく方針である。具体策として下記のプロジェクトが打ち出されている。[3]

　①　今後数年間に従来鉄道の複線化・電化工事を行い，北京とハルビンを結ぶ京哈線（全国の "八縦・八横" 鉄道ネットワークのうち八縦" の一つ）の輸送力を拡大する。

　②　濱綏線と綏佳線（綏芬河～チャムス間）の改造を行い，年間5,000万トン以上の石炭輸送能力を形成する。

　③　哈大線と濱洲線のハルビン～チチハル間でスピードアップの改造工事を行い，旅客列車の運行速度を引き上げ，京哈線を快速鉄道の主要なルートにする。

　④　ハルビン，瀋陽，大連にコンテナ・センター駅を設置し，京瀋線，哈大線の必要な改造を行い，2階建てコンテナ列車運行の条件を整え，東北地区のコンテナ輸送を発展させる。

　⑤　ハルビン鉄道センターを改造し，その近代化・大型化を図る。

　⑥　東北地区東部の経済発展を促進するため，同東部鉄道ルートを建設する。

　この中で，在来線の列車の運行速度を現在の時速100 kmから倍の200 kmに引き上げる計画の全容が，2004年央に明らかとなった。これは，2020年までに北京～深圳，北京～上海，北京～ハルビン，南京～成都など主要都市間を結ぶ8本の在来線（南北方向4路線と東西方向の4路線），合計2万kmに相当する鉄道路線を準高速化するというもの。具体的には当面の事業対象として，そのうち，北京～瀋陽，済南～青島，太原～石家荘，西安～鄭州，武漢～深圳区間の5路線（総距離2,000 km強）が，2005

年後半あたりから順次，時速 200 km を目指し高速化が図られていく予定
である。但し，中国は 2005 年から時速 300 km で走る高速鉄道の整備に
着手するとの報道も見られる。ちなみに，鉄道部門はこれまで 1997 年，
1998 年，2000 年，2001 年，2004 年と 5 回にわたり，幹線鉄道の運行速度
を引き上げるため列車運行ダイヤの改正を行ってきた。この結果，現状で
は時速 160 km 以上の鉄道の総延長は 6,400 km 余りに達している。[4]

　加えて，鉄道部，国務院東北振興弁公室，遼寧省・吉林省・黒龍江省各
政府は，2004 年 9 月中旬，2 本の鉄道幹線の共同建設について北京で話し
合い，協議書への署名を行った。それによると，中国は東北地区の "老工
業基地" 振興の重要な措置として，ハルビン～大連鉄道の旅客専用線と東
北東部鉄道の両幹線を建設する。前者の方は東北 3 省 9 市をつなぐ全長約
900 km（うち遼寧省内は約 542 km）で設計時速 300 km の運転を計画。なお，
2003 年 10 月には秦皇島～瀋陽を結ぶ旅客専用鉄道が，設計時速 200 km
で正式に営業運転を開始した。中国でもいよいよ「高速鉄道の時代」が始
まりつつあると言えよう。後者に関しては南の大連から北の牡丹江に至る
全長 1,389 km で，うち新線の建設が吉林省内の 150 km を含め 410 km，
他に連絡線の新設，既存鉄道の改造と合わせ 3 つの部分から成る。[5]

2．道路

　中国の陸上輸送では従来，鉄道と自動車（トラック）の双方が主たる交
通手段であった。だが，経済の高成長に伴ってヒトやモノの流れが激増し
ていることから，莫大な費用と長い年月を要する鉄道建設よりも，近年は
むしろ主要幹線国道などを中心に道路建設が重点的に推し進められている。
特に自動車の急激な生産・販売の増加という要因も重なり，中国の物流は，
今や道路輸送に大きく依存しつつある。

　それでは，東北地区の場合，道路整備はどこまで進んでいるのであろう
か。中国の道路は，技術構造上の規格により，大きく等級道路と等級外道
路の 2 種類に分類されている。このうち等級道路は，高速道路および一級
から四級までの道路の計 5 段階から成り立っている。

　こうした中国の分類に基づいて東北地区の道路整備状況を見ると，2003

年末現在の道路網総延長は15万9,226 km（全国181万kmの8.8%）に達し，東北3省の中では黒龍江省の6万5,123 kmが最長であった。内訳については，高速道路が2,593 km（東北3省の全体に占める割合は1.6%），一級道路が3,283 km（同2.1%），二級道路が2万3,626 km（同14.8%），三級道路が6万8,582 km（同43.1%），四級道路が5万2,947 km（同33.3%）となっている。幹線道路と称される国道主幹線（高速道路，一級道路および二級道路が該当）の比率は，合わせて全体の18.5%を占めており，全国平均の15.0%と比べ数ポイント高い。とはいえ，幹線道路の整備が大幅に実現しているとは言い難く，総じてまだ開発途上の段階にあることは否めない。

　次に道路輸送の状況については，貨物輸送量が2003年に東北3省で13億223万トンを数え，全国に占める割合は11.2%，うち遼寧省が5.7%，黒龍江省が3.4%，吉林省が2.2%であった。また，トンキロベースの貨物回転量では，同年に東北3省で481億トンキロと，全国の中で6.8%の比重に留まっている。このように東北3省の貨物輸送実績をそれぞれ相互に比較すると，大体，吉林省の1に対して，遼寧省がほぼ3，黒龍江省が2.5の割合に分散している傾向が読みとれる。なお，遼寧省の省都・瀋陽では，2003年5月に東北地区の鉄道，道路，航空などを含む「近代的物流港」計画が発表されている。

　上記の道路のうち，中央の交通部が建設・計画を一元的に行い，物流の輸配送面で重要な役割を担っているのは国道（国家幹線道路）である。中国の国道幹線ネットワークには，①首都北京を中心とした放射状（国道番号は101号から始まり合計12路線が整備，全長は約2.3万km），②南北縦路線（国道番号201号から始まり合計28路線が整備，全長は約3.7万km），③東西横路線（国道番号301号から始まり合計30路線が整備，全長は約4.8万km）の3種類がある。[6]この中で東北地区に関連した国道としては，主に次のような道路が列挙される。

　①　首都北京を中心とする主要国道
　・国道101号（北京〜承徳〜瀋陽）879 km
　・国道102号（北京〜山海関〜瀋陽〜長春〜ハルビン）1,250 km

第 2 章　東北振興と物流インフラの課題

② 南北方向の縦に走る国道

・国道 201 号（鶴崗〜牡丹江〜大連）1,822 km

・国道 202 号（黒河〜ハルビン〜吉林〜大連〜旅順）1,696 km

・国道 203 号（明水〜扶余〜瀋陽）656 km

③ 東西方向の横に延びる国道

・国道 301 号（綏芬河〜ハルビン〜満州里）1,487 km

・国道 302 号（琿春〜図們〜吉林〜長春〜烏蘭浩特）1,024 km

・国道 303 号（集安〜四平〜通遼〜錫林浩特）1,265 km

・国道 304 号（丹東〜通遼〜霍林河）818 km

・国道 305 号（庄河〜営口〜敖漢旗〜林東）561 km

　これら主要国道のルート沿いに，東北地区の主な工業集積が分布している。例えば，国道 102 号と国道 202 号は，哈大線鉄道と共に南北方向の縦軸を構成しているが，この幹線ルートの沿線には，200 億元以上の工業総生産額を生み出す 4 つの工業集積区が立地されている。それは，遼寧省中部工業集積区，黒龍江省中部工業集積区，吉林省中部工業集積区，遼南工業集積区である。そのほか，国道 301 号は濱洲線および濱綏線鉄道と北部横軸を，また国道 102 号，国道 304 号は瀋山線（瀋陽〜山海関間）および瀋丹線（瀋陽〜丹東間）と南部横軸をそれぞれ構成しており，上で述べた縦軸と合わせ，"干"字型の主要幹線を形成しているのが特徴的である。同横軸上には，工業総生産額 100〜200 億元の遼西工業集積区と黒龍江省東部工業集積区が，同 50〜100 億元の遼東工業集積区と黒龍江省西部工業集積区がそれぞれ分布している。この 8 カ所の工業区における総生産額は，東北地区全体の三の二を占めるという。[7]

　道路整備のうち，最も目立つのが急ピッチで進められている高速道路の建設である。前述したように，東北地区の中部平原地帯に主要な高速道路が集中しており，瀋陽〜大連および瀋陽周辺，長春〜四平および長春周辺が中心となっている。東北 3 省の中では遼寧省の敷設距離が最長で，2002 年の単年に 569 km（丹東〜本渓，大連〜庄河，錦州〜阜陽，盤錦〜海城間など）が新設された。これは，同年間の新設距離としては最大のものであった（ちなみに，省別 2 位は浙江省の 533 km）。その結果，省内高速道路の総

延長が2002年末には1,637 km（全国第4位。表3参照）を記録した。ただ，翌2003年の新設分は無く，前年のままであった。全国的に見ると，2003年末現在，高速道路総延長が1,000 kmを突破した地方は，沿海部を中心に前年より5省・区（上位順に湖北省の1,074 kmを始め，安徽省，雲南省，江西省，広西チワン族自治区）増えて計15省・区に及んでいる。

　中国の高速道路は，その建設の歴史がまだ浅く，1989年10月末に上海〜嘉定間（約18 km）が開通したのが最初であった。しかし，比較的距離も長く本格的な高速道路として全国で最も早く開通したのは，実は遼寧省の瀋陽〜大連区間（358 km）である。この"神州（中国）第一路"と呼ばれる瀋大高速道路は，1984年に建設が始まり，1990年に全線開通（片側2車線）した。その後，運行開始から11年を経た2001年末に至り，補修期限が到来することとなった。このため，2002年5月には同高速道路の全面的な改修・拡張工事がスタート，総投資額72億元をかけて2年余りの時間を費やし，遂に2004年8月下旬にリニューアルが完了したのであっ

表3　中国地方別の高速道路総延長ベスト10

（単位：年末，km）

省	2001年	2002年	2003年
山　東　省	2,077	2,411	3,018
広　東　省	1,500	1,741	2,303
江　蘇　省	1,387	1,649	2,004
河　北　省	1,563	1,591	1,681
遼　寧　省	1,068	1,637	1,637
四　川　省	1,144	1,500	1,501
浙　江　省	774	1,307	1,438
河　南　省	1,077	1,182	1,418
湖　南　省	585	1,012	1,218
山　西　省	598	1,068	1,211
吉　林　省	381	543	543
黒龍江省	414	413	413
全　国　計	19,437	25,130	29,745

（出所）『中国物流年鑑』，『中国統計年鑑』および東北
　　　3省の『統計年鑑』各年版から著者作成。

た。ここに片側4車線（全8車線。道幅42 m）という中国でも最高規格・最新施設を備えた高速道路（全長348 km。最高規定時速120 km）が誕生し，同機能の経済活動にもたらす役割が大いに期待されているところである。[8]

　遼寧省以外で特筆すべき高速道路の事例として挙げられるのは，同三線の全面的開通である。2002年9月に吉林省内の長余高速道路：長春〜拉林河（黒龍江との省境）区間の153 kmが開通した。こうして北の黒龍江省同江から南の海南省三亜を結ぶ「同江〜三亜」全線（東北地区内の同江〜ハルビン〜長春〜瀋陽〜大連を含む全長5,700 kmで，17の都市を連結）が開通するに至った。本線は，中国の東部沿海地域をカバーしており，全国の南北縦断ルートが遂に実現したことで，広域物流網が一段と広がりをみせるようになった。なお，この同三線は，南北5本，東西7本の高速道路によって構成される"五縦七横"国道主幹線ネットワークのうち，"五縦"の一つに数えられている。

　3．水運・港湾
　東北地区の港湾としては，遼寧省の5港が挙げられる。同省の大連（旧港と大窯湾）を中心に，営口（鮍魚圏港），丹東（大東港）を両翼とする態勢が形成されており，そのほか錦州や葫蘆島の港拡張も進められている。
　一方，黒龍江省には海港は無いものの，河川港はハルビンを始め数多くある。ロシアのアムール川経由でオホーツク海，日本へ出たり，綏芬河から不凍港のナホトカを経由して日本まで運ぶ輸送ルートなどが一応はある。また吉林省にとって省境から15 km先の日本海側に自前の港湾を持つことは長年来の悲願であり，ロシア（ポシェット）や北朝鮮（羅先）の港を租借する案も含め検討されてきている。しかし，図們江流域開発計画と並び今日なお十分な進展をみていないのが実情である。そうした折，2004年3月に北京で開かれた全国人民政治協商会議の席上，丹東市の吉林移管提案が出されたとも伝えられる。[9]吉林省からすれば，外国との調整よりは中国内の他省との調整の方がよりスムーズに見える。利害が絡むだけに遼寧省との調整がうまく実現するか微妙ではあるが，これを機に丹東に対

する評価が大きく見直されていることだけは確かなようだ。いずれにせよ，これら2省は実際問題として，内陸国的状況がかなり進んでいることが分かる。

このため，2001年11月以降，東北地区の鉄道を利用して大連港経由で輸出入される中継貨物に対し、海路・鉄道複合一貫輸送システム（"海鉄連運"）が導入されている。ハルビン，長春，瀋陽などの内陸都市は地域輸送ターミナルに指定されると同時に，そこにはコンテナ・インランドデポも用意され税関検査を済ますことが可能という。うちハルビンにあるコンテナ・インランドデポは1997年8月から営業を開始し，ハルビン～大連間に週1～2便ながらコンテナ専用列車も運行されている。

こうした中で，東北地区のまさに表玄関にあたり，東北開発の窓口ともなっているのが港湾都市・大連である。同港湾の貨物取扱量は，2003年に前年比16.1％増の1億2,602万トンと全国6位（シェア6.3％）だった（表4参照）。またコンテナ取扱量も年々増加しており，2003年の167万TEUから2004年には同32.9％増の222万TEU（全国8位。ちなみに，1位上海は1,456万TEU）へと大幅に拡大した。但し，国際コンテナ取扱量のうち近海航路（主に日本や韓国）の占める割合が85％程度もあり，北米や欧州とつなぐ基幹航路の割合はあまり大きくない。なお，大連港の国際コンテナ輸送は1980年に始まっており，東北3省の輸出量の85％は大連港経由と言われる（2002年）。また大連港で取り扱うコンテナ貨物は全体の8割が実は大連周辺のものであり，残りの1割ずつが瀋陽周辺と長春・ハルビン周辺とされる。このため，大連港発着の輸送形態としてはトラック輸送がほとんどで，鉄道輸送は1998年実績とかなり古いものの3％程度にしか過ぎない。[10]主な取扱い品目では，コンテナ（輸入）の場合，吉林省長春にある第一自動車向けの自動車部品となっている。例えば，日本のマツダが第一自動車に技術供与して生産が行われている中型乗用車「マツダ6（M6）」（日本名は「アテンザ」）は，その部品の6割が日本から輸入されているという。まず，マツダの山口県防府工場から大体7日間かけて大連港へコンテナ船で運ばれ，次いで鉄道に積み替えた後，7日間（1～2日間の余裕を含む）ほどで長春へ輸送されているのが通常のパターンのよう

第2章　東北振興と物流インフラの課題

表4　中国における主要港湾の貨物取扱量と埠頭・バース

（単位：万トン）

順位	港	1990年	1995年	2000年	2001年	2002年	2003年	2004年 1〜11月	2003年末	
1	上　海	13,959	16,567	20,440	22,099	26,384	31,621	34,675	埠頭長さ（m）	25,604
									バース数（うち万トン級）	215(82)
2	寧　波	2,554	6,853	11,547	12,852	15,398	18,543	20,862	埠頭長さ（m）	8,877
									バース数（うち万トン級）	76(23)
3	広　州	4,163	7,299	11,128	12,823	15,324	17,187	19,504	埠頭長さ（m）	12,395
									バース数（うち万トン級）	122(32)
4	天　津	2,063	5,787	9,566	11,369	12,906	16,182	19,133	埠頭長さ（m）	14,443
									バース数（うち万トン級）	76(52)
5	青　島	3,034	5,103	8,636	10,398	12,213	14,090	14,945	埠頭長さ（m）	12,457
									バース数（うち万トン級）	54(36)
6	大　連	4,952	6,417	9,084	10,047	10,851	12,602	13,120	埠頭長さ（m）	29,207
									バース数（うち万トン級）	206(55)
7	秦皇島	6,945	8,382	9,743	11,302	11,167	12,562	13,790	埠頭長さ（m）	8,335
									バース数（うち万トン級）	52(27)
ランク外（遼寧省）	営　口	237	1,156	2,268	2,520	3,127	4,009	5,382	埠頭長さ（m）	4,929
									バース数（うち万トン級）	30(16)
	丹　東	n.a.	134	486	542	607	708	n.a.		
	総　計	48,321	80,166	125,603	142,634	166,628	201,126	302,465	埠頭長さ（m）	280,756
									バース数（うち万トン級）	2,562(650)

注：遼寧省内の港湾（ランク外）を除き，年間貨物取扱量が1億トン以上のものを列挙。
（出所）『中国統計年鑑』2004年版および中国交通部のホームページから著者作成。

だ。特に陸上の部分は，大量輸送（自動車3,000台〜4,000台分の部品）が必要なために，トラックではなく鉄道が利用されている。参考ながら，この通称 “M6” は中国で人気を呼んでおり，2004年の販売台数は約3万台で，2005年には4万台が見込まれている（販売価格は2,300 ccクラス1台で22万5,000元）。[11]こうして，今後の中国におけるマツダ車の販売を統括す

るため，2005 年 3 月にはマツダと第一汽車（自動車）集団の間で新会社の一汽マツダ汽車販売（資本金 1 億元）が設立された。[12]

　さらに，大連を黄海・渤海地域の海上輸送の拠点とし，ひいては東北アジアの重要な"国際航運中心"（国際航運センター）に築き上げるという構想が動き始めている。2004 年 8 月 3 日，中共大連市委員会は，同日に採択した「東北アジアの重要な国際航運センターの建設加速に関する実施意見」の中で同構想を明らかにした。[13]これは，上海に次いで中国が確定した全国第 2 の"国際航運中心"となるものである。事実，前年末に国務院によって打ち出された「東北地区の老工業基地振興戦略の実施に関する若干の意見」では，既に「東北地区の既存の港湾条件や優位性を十分に利用し，（10 年ほどの時間をかけて）大連を東北アジアの重要な国際航運センターに建設する」ことが明確となっていた。その背景には，東北 3 省のもとで急増しており，特に大連の輸送・物流両面での処理能力の拡大が急がれたことがあるものと思われる。同構想によると，2010 年を目処に大連の各種輸送方式の総取扱量を年間 9 億トンに拡大し，港湾の貨物処理能力は 2 億 5,000 万トン，コンテナ取扱能力は 1,000 万 TEU にそれぞれ増やす。また，2020 年には，港湾の貨物処理能力を 3 億トン，コンテナ取扱量能力を 1,500 万 TEU まで拡充する。[14]中国内の上海，青島，天津のみならず，近隣の韓国釜山や台湾高雄などとの，国際航運センターをめぐる今後の競合・競争の行方が注目されるところである。

　大連の当重点プロジェクトと関連し，2004 年 7 月には，世界で最大級の 30 万トン級タンカーが接岸できる原油埠頭と，同じく 30 万トンクラスの鉱石埠頭が，同港でそれぞれ完成し稼動している。同港大窯湾には外航大型コンテナ船用 5 バース（最大深水 − 14 m）のほか，建設中の大型深水（− 16 m）6 バースが別途あり，2005 年中にも合計 11 カ所で稼動に入ることで，同年のコンテナ取扱能力は 400 万 TEU に上ると見込まれている。

　加えて，2004 年 8 月末には国務院が，大連などにも"保税物流園区"（保税区に隣接する港区に設立。中国で"区港聯動"とも呼ぶ）の新設を正式に批准した。前年 12 月に上海の外高橋保税物流園区（面積：1.03 km²）の設置が既に認可されており，今回は大連（面積：1.5 km²）のほかに青島，

寧波，張家港，厦門（アモイ），深圳，天津の6保税区も同時に許可された。[15]この保税物流園区には，中国国内向け部品などをそこへ一旦搬入すれば，輸出したものとみなされ，付加価値税の一種である増値税の一部が還付され，しかもその際の期間短縮などの優遇制度が適用されるという利点がある。そのため，こうしたいわゆる「みなし輸出」を支援する通関業務代行サービスを始める日系物流企業も現れている。ただ，保税物流園区は現状のところ，貨物の国際中継センター，倉庫，物流センターの3つの機能を有しているが，加工貿易の機能は備わっていない。なお，2005年2月末現在，実際に業務が運営されているのは，上記のうち上海，大連，張家港（江蘇省蘇州市）の3カ所だけである。

4．民用航空

東北地区には瀋陽，大連，ハルビン，長春などに重要な空港があり，国内の主要な大都市や遠方の都市を結ぶ航空輸送網が形成されている。表1に示したように，吉林省を除く東北2省の航空貨物輸送量は，2003年に前年比12.3％増の13万7,000トンであった。全国の同輸送量219万トンと比較すれば，わずか6.3％の実績にすぎない。しかし，今後は航空宅配事業の成長も見込まれ，同輸送量が東北振興の進展につれて増大していくことが予想される。

東北地区には現在，各省に以下のような民間空港が存在している。

遼寧省：瀋陽，大連，丹東，錦州，朝陽

吉林省：長春，吉林，延吉

黒龍江省：ハルビン，黒河，チチハル，牡丹江，チャムスなど（大慶も）

これら空港の中で，瀋陽空港は，東北地区の国際的ハブ空港として国内外の50余りの都市と定期航路をもっている。瀋陽，大連，ハルビンなどの空港は，それぞれ日本やロシアの各都市と結ぶ国際空港でもある。また前述した大連を国際輸送の一大拠点にするとの構想によると，大連・周水子空港（航空貨物輸送量で中国十大空港の一つ）の旅客利用者の人数を2010年までに年間延べ800万人（2020年には1,500万人）へ拡大すると共に，航空貨物の取扱量を年間20万トン（同60万トンへ引き上げ）に増やす方

針である。[16]

　他方，日本との間では，日本航空と全日本空輸が，大連～成田に航空貨物専用機の運航を2003年初め頃からそれぞれ開始した。同業界筋の話では，「大連は日系企業の生産拠点のみならず，東北・華北地区の物流拠点」としての役割が，大連便就航の主な理由に挙げられている。日本から大連へ運ばれる貨物品は，現地で最終組み立てを行うための半導体など高付加価値の電子部品が多い。これに対して，大連から日本への主な貨物品は，製品サンプルや電子機器，アパレル製品などである。[17]貨物専用便の就航により，日中間の輸送能力の大幅な増強が期待されている。

第3節　交通運輸をめぐる今後の課題

　以上で見たように，胡・温新体制において東北振興が強調される中で，東北地区の各輸送機関は急速な発展を見せてきている。その一方で，依然として解決されるべき多くの問題点が存在しているのも事実である。ここでは特に，今日の重要な交通手段となっている鉄道と道路について，主な問題点を整理しておく。[18]

　＜鉄道輸送＞
- 　生産財の優先と消費財の軽視によるスペース予約の困難さ
- 　貨物のトレースが困難
- 　コンテナ輸送では空コンテナの回収が困難
- 　両末端の通運業が未発達
- 　貨物輸送ダイヤが非公開

　全体的には，まだ弱い複線化，電化，信号自由化などの事業推進により，輸送能力の向上をさらに一層図っていくことが必要であろう。

　＜道路（トラック）輸送＞
- 　小規模で広域ネットワークが未整備
- 　都市部への乗り入れ制限の多さ
- 　省間輸送の免許や道路利用料金の設定が不透明

・　輸送途中での紛失や破損などへの対応が不足

　もう一つ指摘すべき大きな課題は，トラック輸送における過積載の問題である。10 トン・トラックなのに 5 トン車と偽って登録するが，その積み荷は 10 トン車並みといった例や，積載可能な重量オーバーが 3～5 割増ではなく 3～5 倍もという例なども日常よく見られるケースという。こうして交通事故の発生が増加しているほか，路面の損傷が当然ながら激しく，特に高速道路では路面の寿命が 30～40％も縮まっていると伝えられる。2003 年にはこの過積載が原因で，200 万 m^2 にわたって高速道路の路面が破損したとの推計もある。実際，著者が 2004 年 8 月初めに走行した瀋陽～ハルビン間の高速道路において，とりわけ瀋陽から長春にかけての区間でそうした光景によく遭遇した。

　このため，中央・地方政府とも 2004 年 6 月 20 日から過積載の取り締まり強化に乗り出している。同年 12 月末に開かれた全国交通工作会議の席上，張春賢・交通部長は，過積載の車輌比率が同取り締まり以前の 80％以上から 10％前後まで低下したことを公表した。2005 年も引き続き重大な過積載現象を統治し，最大限の努力を払って 6％以内にコントロールすることを実現していくと述べている。[19]だが，「上に政策あれば，下に対策あり」の中国のこととて，実際は必ずしも順調に取り締まりが効果をあげているとは言えないようだ。

　ところで，東北地区の地理的優位性を考えた場合，上海周辺の長江デルタ経済圏，中国南部の珠江デルタ経済圏などと異なり，その強味は何と言っても海外に通じる陸路を持っているという点であろう。そこで，国内の環渤海経済圏（瀋陽・大連などの遼寧省を含む）との連携を考えるに止まるのではなく，さらに視点を広げた北東アジア経済圏との連携をも十分に視野に入れた対応こそ，今後ますます重要になっていくと思われる。従って，近隣の周辺諸国との経済・貿易取引の拡大に資するような相互交流メカニズムを早く作ることが肝要である。その意味で，我が国では新潟の環日本海経済研究所（ERINA）が中心となって推進されておられる「北東アジア輸送回廊」（9 本あるうち，特に東北地区と関係した③の綏芬河輸送回廊，④の図們江輸送回廊，⑤の大連輸送回廊）[20]の早期整備と確立が，円滑に貨物の国

際輸送が行われるためにも今，最も求められているところである。そして中国内では，東北振興策を推し進める過程で個別の各論に入った現在，省同士の協力関係が構築できるか，さらには3省の間で利害の調整をうまく行えるかどうか，結局は各省間の政策調整如何が東北振興のカギを握っていると言っても過言ではない。

〔注〕
(1) 上海財経大学区域経済研究中心（2004）『2004 中国区域経済発展報告…東北老工業基地復興研究』紅旗出版社，P581。
(2) 注1に同じ，P580。
(3) 『経済日報』2003 年 12 月 6 日。
(4) 中国研究所編（2004）『中国年鑑 2004』創士社，P155。
(5) 『遼寧日報』2004 年 9 月 17 日，『吉林日報』2004 年 9 月 17 日，『黒龍江日報』2004 年 9 月 18 日。
(6) 日通総合研究所編著（2004）『必携　中国物流の基礎知識　ロジスティクスの実践に向けて』大成出版社，P34 & PP213～215。
(7) 衣保中他著（2000）『中国東北区域経済』吉林大学出版社，P185。
(8) 『大連日報』2004 年 8 月 30 日。
(9) 莫邦富「中国経済躍進の現場を歩く(2)「東北」『世界』2004 年 9 月号，P277。その後，地元である丹東市政府に確認したところでは，同市の吉林移管話は否定された。
(10) 三橋郁雄「胎動する北東アジア貿易回廊　その現状と分析」東アジア総合研究所，2003 年 5 月，P59。
(11) マツダ本社海外販売本部中国部へのヒアリング結果に基づく。
(12) 『日本経済新聞』2005 年 1 月 18 日。
(13) 『大連日報』2004 年 8 月 23 日。
(14) 『遼寧日報』2004 年 8 月 15 日。
(15) 『大連日報』2004 年 8 月 31 日。
(16) 注 14 に同じ。
(17) 日本貿易振興会『通商弘報』2003 年 1 月 9 日。
(18) 注 6 に同じ，P84。
(19) 中国交通部のホームページ（http://www.moc.gov.cn）。
(20) 環日本海経済研究所『北東アジア輸送回廊ビジョン』ERINA booklet Vol. 1，平成 14 年 6 月 15 日，P4。

第**3**章

中国貨物輸送の現況と物流インフラの整備動向

　改革開放30年を経た中国は，この間に年平均二桁近い伸びの高度経済成長を成し遂げてきた。今や経済規模において，中国はドイツを抜き米国，日本に次ぐ世界第3位（2007年）を占めるようになり，文字通り経済大国として急浮上している。

　こうした経済発展の拡大に伴って，とりわけ2001年末のWTO加盟以降，対外貿易の急増とともに，中国における貨物輸送量は国内・国際を問わず一段と拡大する傾向にある。そのような状況に対応すべく，交通運輸部門におけるインフラへの投資額も年々増加の一途を辿っており，陸・海・空を含むインフラ整備が急速に進められつつある。

　まず中国政府（中央と地方）による交通インフラへの投資額の推移を見ると，十数年前頃までは中央政府の投資が圧倒的に多かった。だが，近年ではその関係が全く逆転し，例えば2007年の場合，地方政府（9,903億元）は中央政府（3,094億元）に比べ3倍以上もの投資額を交通運輸部門に投入している。なお，中国の交通運輸部門は，①鉄道，②道路，③水運，④航空，⑤パイプラインという5つに大きく区分されている。

　これらの各輸送モード別に投資金額の構成比（2007年）をみると，図1に示したとおり，道路輸送業への投資が全体（1兆2,997億元）の過半数を占める53.3%（2006年は57.7%）で最多となっている。ドア・ツー・ドア輸送を始め，貨物自動車（トラック）の輸送ニーズが高まっていることを如実に反映したものである。次いで長距離貨物輸送において重要な役割を担っている鉄道輸送業への投資額は，全体の2割近い19.2%（2006年

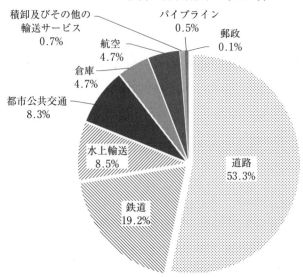

図1 交通インフラ投資の部門別構成比（2007年）

（出所）『中国交通年鑑』2008年版，P637より著者作成。

は17.5%）を占めている。つまり，この道路と鉄道両部門に対する投資が，交通インフラ投資全体の実に7割以上に達する勘定である。ただ，同投資の実施主体としては双方に大きな差異が見られ，前者の道路は投資額の95.5%とほとんどが地方政府によるものであるのに対して，後者の鉄道では投資額の89.8%を中央政府が行っている。以下，金額順に水上輸送業への投資額が全体の8.5%（2006年は8.9%），都市公共交通業へのそれが8.3%（同7.1%），倉庫業へのそれが4.7%（同3.3%），航空輸送業へのそれが4.7%（同4.1%）を占め続いている。

このような結果，中国における物流インフラの整備状況は，以前と比べ格段に改善されつつ今日に至っている。いま各輸送モードで実現された路線延長距離の項目に基づき見てみると，表1からもそれは明らかである。具体的には，2007年時点での整備状況を10年前の1997年と比較すると，道路は2.9倍（うち高速道路は11.2倍），航空は1.6倍，鉄道は1.2倍，水運は1.1倍に拡大し，それぞれ整備が進んでいることがうかがわれる。

第3章　中国貨物輸送の現況と物流インフラの整備動向

表1　交通インフラの路線延長距離～各年末

（単位：万km）

	1980年	1985年	1990年	1995年	2000年	2005年	2006年	2007年
鉄道 うち電化区間	5.33 (0.69)	5.52 (0.41)	5.79 (0.69)	6.24 (0.97)	6.87 (1.49)	7.54 (1.94)	7.71 (2.34)	7.80 (2.40)
道路 うち高速道路	88.83 (－)	94.24 (－)	102.83 (0.05)	115.70 (0.21)	140.27 (1.63)	334.52 (4.10)	345.70 (4.53)	358.37 (5.39)
内河航路	10.85	10.91	10.92	11.06	11.93	12.33	12.34	12.35
民航路線 うち国際路線	19.53 (8.12)	27.72 (10.60)	50.68 (16.64)	112.90 (34.82)	150.29 (50.84)	199.85 (85.59)	211.35 (96.62)	234.30 (104.74)
パイプライン	0.87	1.17	1.59	1.72	2.47	4.40	4.81	5.45

注　：道路総延長距離については，2005年から村道を含む統計。
（出所）『中国統計年鑑』2008年版，P606より著者作成。

なかでも高速道路の発展が最も目覚しく，同総延長距離は2007年末で5万3,900kmに達している。これは米国に次ぐ世界第2位の記録である。今から約20年前の1989年10月に上海～嘉定間で中国初の高速道路が開通して以来，同整備が急ピッチで実行されてきたことを物語っている。2006年より開始された現行の第11次5カ年規画（計画）でも，この高速道路ネットワークの基本的な形成が最重要課題として位置付けられている。

また中国の交通インフラ整備は，例えばBRICsに数えられるような中国以外のブラジル，ロシア，インドなどの国々と比較しても，既にかなり優良な水準にあると言えよう。

こうして経済の高成長や交通インフラ整備の進展などに支えられて，貨物輸送量はトン数，トンキロベースとも大幅に増加している（表2参照）。特に2000年頃から，トンキロベースの伸び（2007年と2000年時点の比較では1.9倍）がトンベースの伸び（同1.7倍）を上回っており，輸送の長距離化が着実に進行していることがうかがえる。

さらに輸送モード別の貨物分担率によると，2007年の場合，トンベースでは総輸送量222億トンのうち，道路（貨物自動車）が74.0％を占めて最も多く，次いで鉄道の14.2％，内航水運の10.0％と続いている。一方，

表 2　貨物輸送量と貨物輸送分担率

輸送モード	貨物輸送トン数（億トン）						貨物輸送トンキロ（億トンキロ）					
	2000 年	構成比（%）	2005 年	構成比（%）	2007 年	構成比（%）	2000 年	構成比（%）	2005 年	構成比（%）	2007 年	構成比（%）
鉄道	17.86	13.4	26.93	14.9	31.42	14.2	13,771	50.6	20,726	49.7	23,797	45.2
道路	103.88	77.8	134.18	74.0	163.94	74.0	6,129	22.5	8,693	20.9	11,355	21.6
内航水運	9.94	7.4	17.11	9.4	22.23	10.0	6,661	24.5	11,120	26.7	15,599	29.6
航空	0.015	0.01	0.02	0.01	0.04	0.02	21	0.08	34	0.08	53	0.1
パイプライン	1.87	1.4	3.10	1.7	4.06	1.8	636	2.3	1,088	2.6	1,866	3.5
総計	133.57	100.0	181.34	100.0	221.69	100.0	27,218	100.0	41,661	100.0	52,670	100.0

注 1：貨物は郵便物を含む数字。
注 2：水運は全体の輸送量から外航海運を除いた内航水運。同数値（2000 年と 2005 年）については，日通総合研究所編『実務担当者のための最新中国物流』p338 & 340 を利用。
注 3：「トンキロ」とは，輸送した貨物トン数にそれぞれの輸送距離を乗じて算出したもの。
（出所）『中国統計年鑑』2005 年版，P550 & 2008 年版，P604 および交通運輸部『中国航運発展報告』より著者作成。

トンキロベースでは，逆に鉄道の割合が 45.2% と最大で，内航水運は 29.6%，道路は 21.6% である（図 2 参照）。ここで注意を要する点は，中国では日本などと異なり，一般的に国内輸送と国際輸送を合算した総貨物輸送量の統計が使われていることである。そのため，本稿では日本などと比較が出来て相互に齟齬が生じないように，特に双方の差異が極めて大きい水運に関しては，水運全体の輸送量から外航（国際）海運を除いた内航水運の集計値を利用することとした（日通総合研究所編『実務担当者のための最新中国物流』P338 参照）。何故ならば，公表値としての水運の輸送量だと国際海運のそれも含まれているので，その分だけ実態とかけ離れた数字になって誤解を生じる恐れが多分にあるからである。また 21 世紀に入って以降，長距離輸送貨物の需要増大により，鉄道貨物の輸送力不足が顕在化したことを背景に，それを補う形で内航水運の比重が段々と増加し，なかでもトンキロベースではそれが約 3 割を占めるまでに伸長しているのが目立った。なお，中国の水運に関しては，内航（国内水運——河川水運と沿海水運）と外航（国際海運）に分類されている。

第3章　中国貨物輸送の現況と物流インフラの整備動向

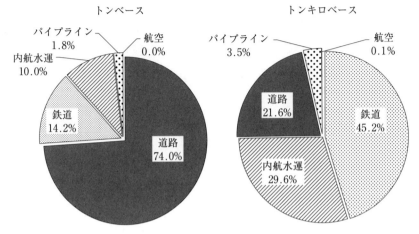

図2　輸送モード別の国内貨物輸送分担率（2007年）

（出所）『中国統計年鑑』2008年版，P604ほかより著者作成。

　以上で概括したように，近年における中国の交通インフラ整備は以前と比べかなり改善が見られ，確かに充実されてきてはいる。交通輸送ネットワークの拡充も非常に顕著である。しかし，総じて言えば，依然として国民経済の急速な発展に交通インフラが十分にまだ追いついていないのが実情である。物流を支えるインフラ整備の遅れが輸送能力を制限し，ひいては経済発展のネックとなり，その制約要因ともなりかねない。従って，中国では目下，更なる輸送力の増強を目指して，交通インフラの新たな建設推進に鋭意取り組まれており，整備・拡張計画も目白押しの状態となっているところである。

第4章

広がる東アジアのFTA網と輸送インフラ整備計画

はじめに

　2001年11月の交渉開始から早や9年余りの月日が経過したものの，世界貿易機関（WTO）の多角的通商交渉（ドーハ・ラウンド）は，参加国の多さ（153カ国・地域）から調整が難航しており，未だ合意の見通しが立っていない状況にある。11年1月に開かれた主要な加盟国の非公式会合において，ようやく同年中に結論を出すことで大筋の一致が見られたとされる。とはいえ，WTOにおける交渉が長らく停滞する間に，二国間または複数国間レベルでの個別の自由貿易協定（FTA）をめぐる交渉が世界的に活発化し，その締結競争は一段と激しさを増しつつある。

　このようなFTAを通じた貿易自由化により関税の削減や撤廃が実行される中で，今や世界の成長センターとなった東アジアの域内貿易比率（09年のASEAN＋6＜ASEAN10カ国，日本，中国，韓国のASEAN＋3に加え，オーストラリア，ニュージーランド，インドの16カ国で構成＞レベルでは43.8%）は上昇を続けている。高い経済成長と共に域内貿易が拡大し，それに伴って域内経済の一体化が一層進んでいる。そのため，企業活動の基盤となる物流ネットワークの構築を始め，道路や港湾などの輸送インフラ整備に対するニーズが更に強まっている。

　そこで本章では，まず第1節において，本格的な運用時代を迎え始めた東アジアにおけるFTAの進捗状況につき，主にASEANの動きを中心に概観する。とりわけ10年1月から発効したASEAN・中国FTA（ACFTA）

に関しては，直近の動向を詳しく述べることとする。

　次に第2節では，そうしたFTAの進展下において，ASEAN域内で高まる物流・商流・情報流と深く関わる通関手続きや原産地規則などの物流円滑化に対する施策について取りまとめる。

　さらに第3節では，東アジアで現在進行中の広域インフラ開発計画のうち，シームレスアジアの実現を目指すという観点から，10年10月のASEAN首脳会議で採択された「ASEAN連結性マスタープラン」並びに東アジア・ASEAN経済研究センター（ERIA）によって作成された「アジア総合開発計画」の内容について，特に輸送インフラ整備の関連部分を中心に紹介する。加えて新興国インドの重要性に鑑み，今後展開されていく同開発プロジェクトの一環として検討されている「メコン・インド経済回廊」構想についても，その新たな局面と併せて明らかにしたい。

第1節　本格的運用期に入った東アジアのFTA

1．2000年代後半以降に急増したFTA

　WTOのホームページに掲載されたリストによれば，2010年6月1日現在，世界で発効しているFTAは合計187件を数える（関税同盟を含む）。これを世界のFTA年代別および地域別に見ると，表1に示したように，2000年代に入ってからの急増傾向が顕著である。実際，2000年以降に発効したFTAの数は121件に上り，発効総件数の実に64.7%を占めている。なかでも，08年下半期に発生したリーマンショックの影響による世界的な景気後退の下にあっても，FTAの発効数はそれほど落ち込んでいないことが目立っている。例えば，07年時点に9件だったものが，08年に15件，09年には14件のFTAがそれぞれ発効した。[1]また地域別では，ASEAN+6を核とするアジア大洋州のFTAは2000年代に28件を数え，そのうち05年以降にはFTAの発効が相次いで19件に達するなど，近年の大幅な増加が特徴的である。

　こうしてアジア大洋州では，現在既にFTA網が張り巡らされており，

第4章　広がる東アジアのFTA網と輸送インフラ整備計画

表1　世界のFTA年代別・地域別発効件数

(単位：件)

	欧州・ロシアCIS・中東・アフリカ	米州	アジア大洋州	地域横断	合計
1955年～59年	1				1
1960年～64年	1	1			2
1965年～69年					0
1970年～74年	1	1		2	4
1975年～79年	1		2		3
1980年～84年		1	2		3
1985年～89年		1		2	3
1990年～94年	13	2	3		18
1995年～99年	27	4		1	32
2000年～04年	25	9	9	10	53
2005年～10年5月	22	6	19	21	68
合計	91	25	35	36	187

資料：WTOホームページ掲載のリスト
(http://www.wto.org/english/tratop_e/region_e/region_e.htm)
(2010年6月1日現在) から著者作成。
(出所)『ジェトロ世界貿易投資報告2010年版（第1部　総論編）』ジェトロ，
　　　2010年9月，P51。

その意味で正にFTAの本格的運用時代を迎えたと言える。その理由としては，後でも述べるように①10年1月から主要なFTAで無税化が大きく進展したこと，②5つのASEAN＋1のFTA（ASEANと日本，中国，韓国，オーストラリア＜豪州＞・ニュージーランド＜NZ＞，インド間のFTAを指す）が全て10年中に発効したこと，などが挙げられる。[2]

　そのほか特筆されるべきことは，韓国が米国，EU，インドなど主要な貿易相手先（大市場国）とのFTA締結に極めて積極的な点と，今まであまり目立たなかった台湾のFTA交渉に対する前向きな姿勢である。特に後者では，10年6月に台湾が遂に中国との間でFTAに相当する「海峡両岸経済協力枠組み協定（ECFA）」に調印した。台湾としては，このECFAがアジア大洋州域内で結んだ初めての実質的なFTAであった。こ

39

れを契機にFTAの波が北東アジアにも波及するのは必至の情勢にある。事実，中国と台湾双方の協定締結を受けそれに誘発されて，韓国・中国間でもFTAの交渉に向けた検討が加速しているようだ。またそれが，日中韓3カ国の連携にどのような影響を及ぼしていくことになるかも改めて注目される。

かつて21世紀初頭の段階においては，世界的に見て"FTAの空白地帯"と呼ばれたこともある東アジアであるが，今日では同地域を含むアジア大洋州こそが，地域の垣根を越え欧米や途上国をも巻き込んだ形で世界のFTAの主戦場になろうとしている。

2．AFTAとASEAN＋1のFTAネットワーク

アジア大洋州におけるFTAのネットワークは，ASEAN自由貿易地域（AFTA）を中核にして，それ以外にASEANをハブとしたFTA網が既に形成されている。すなわち，ASEANと周辺国である日本，中国，韓国，豪州，NZ，インドとの間にまで広がっている。これらが一般にASEAN＋1と言われる一連のFTA網である。

このうち1967年に発足したASEANが母体であるAFTAに関しては，93年からこれまで域内関税の削減・撤廃を段階的に推し進めてきた。AFTAに基づく協定関税は，共通効果特恵関税（CEPT）と呼称されている。ASEAN事務局によると，同原加盟国（タイ，インドネシア，マレーシア，フィリピン，シンガポール，ブルネイの6カ国）の平均関税率は，93年当時の12.8％から10年には0.05％まで大幅に低下しており，それと共に年々，AFTAの利用率が上昇を辿っている。10年1月からは，ほぼ全ての品目（品目総数の99％）が無税化された。その結果，センシティブリスト（SL）と高度センシティブリスト（HSL）に分類された品目を除き，全ての関税が撤廃されるに至った。またSLの関税率も5％以下に引き下げられた。さらに，カンボジア，ラオス，ミャンマー，ベトナムというASEAN新規加盟のCLMV諸国については，ASEAN共同体の創設およびAFTA完成の年に当たる15年から，SL，HSLの品目を除き，原則として全ての関税を撤廃する予定である。

第 4 章　広がる東アジアの FTA 網と輸送インフラ整備計画

表 2　AFTA と ASEAN+1 の進捗状況

FTA		発効年	締結状況・関税削減スケジュール
ASEAN（AFTA）		1993 年	・ASEAN 原加盟国の平均関税率は同 FTA が発効した 93 年の 12.8% から 2009 年には 0.9% に低下。 ・ASEAN 原加盟国（タイ，マレーシア，インドネシア，フィリピン，ブルネイ，シンガポール）は 2010 年からほぼすべての品目（品目総数の 99%）を無税化。 ・CLMV（カンボジア，ラオス，ミャンマー，ベトナム）は 2015 年からほぼすべての品目を無税化する予定。
ASEAN	中　　国	2004 年	・2004 年 1 月，農水産品（HS01〜08）を対象としたアーリーハーベスト（EH）開始。 ・2005 年 7 月，非農水産分野，その他農水産品の関税削減を開始。 ・2010 年から中国と ASEAN 原加盟国は約 9 割の品目を無税化。 ・2015 年から CLMV は大半の品目を無税化。
	韓　　国	2007 年	・2010 年から韓国と ASEAN 原加盟国は約 9 割の品目を無税化。 ・2016 年からベトナムは大半の品目を無税化。 ・2018 年から CLM は大半の品目を無税化。
	日　　本	2008 年	・日本，シンガポール，ラオス，ベトナム，ミャンマー，ブルネイ，マレーシア，タイ，カンボジア，フィリピンが発効，その他の国は今後，順次発効予定。 ・日本とシンガポール，マレーシア，タイ，インドネシア，ブルネイ，フィリピン，ベトナム間では別途，二国間 FTA も発効。
	豪州・NZ	2010 年	・2010 年 1 月発効（オーストラリア，ニュージーランド，シンガポール，タイ，マレーシア，フィリピン，ベトナム，ブルネイ，ミャンマーが発効）。 ・オーストラリア，ニュージーランドは発効と同時にそれぞれ品目総数の 96.4%，84.7% の品目を無税化，ASEAN 原加盟国は 2013 年から約 9 割の品目を無税化，CLMV は 2020 年以降に約 9 割の品目を無税化。
	イ ン ド	2010 年	・2010 年 1 月発効（インド，シンガポール，マレーシア，タイ，ベトナムが発効）。 ・インドと ASEAN 原加盟国（フィリピンを除く）はノーマルトラック（NT）1 の品目を 2013 年末，NT2 の品目を 2016 年末から無税化。インドとフィリピン間については，NT1 は 2018 年末，NT2 は 2019 年末から無税化。 ・CLMV は NTI は 2018 年末，NT2 を 2021 年末 から無税化。

原資料：各協定，各国政府資料から著者作成。

（出所）『ジェトロ世界貿易投資報告 2010 年版（第 1 部　総論編）』ジェトロ，2010 年 9 月，
　　　P53。

一方，ASEAN＋1に関しては，ASEAN・中国FTA（04年発効）を皮切りに，次いでASEAN・韓国FTA（07年発効），ASEAN・日本FTA（08年発効）と続き，10年1月にはASEAN・豪州NZ間のFTAとASEAN・インドFTAが新たに発効した（表2参照）。このうち発効済みのASEAN・中国FTA，ASEAN・韓国FTAでは，10年1月から中国・韓国の両国と原加盟国が約9割の品目を無税化している。こうして10年は，ASEAN＋1のFTAが全て完成・発効した年と位置付けられよう。

　そうした中で，アジア大で事業展開を図る日系企業は，ASEAN全体を一体的地域と見なして貿易の無税化に対応しながら，FTAの利用を増大させつつ，アジア域内での生産・販売網の構築作りに鋭意邁進しているところである。

3．ASEAN・中国FTAをめぐる最近の動き

　ASEAN・中国FTA（ACFTA）は，ASEANが域外国と初めて締結したFTAである。一部の食料品が対象のアーリーハーベスト（EH）品目については，2004年から関税引き下げを段階的に開始していたが，その正式発効に伴って，10年1月以降は約7,000品目の関税が撤廃された。この結果，中国の対ASEAN平均関税率はわずか0.1%，反対にASEANの対中国でも同0.6%へと急減した。ここに人口19億人を抱え，GDP総額で6兆ドル規模の一大市場が現れることとなった。[3]

　このようにASEANと中国間のFTAの本格的な稼動で関税が大幅に引き下げられたため，それを追い風に双方の内需拡大も手伝って，相互貿易は著しい成果を上げている。ACFTA発効後の貿易動向を見ると，中国の10年1-11月期における対ASEAN輸出額は前年同期比34%増の1,244億ドルを記録し，伸び率の点ではEU向け（同33%），米国向け（同30%），日本向け（同25%）をいずれも上回った。他方，ASEAN側の対中輸出額も激増しており，国連統計によると，主要6カ国のそれは10年1-8月期に前年同期比で実に約7割増の合計842億ドルに達し，同期間の総輸出額の伸び（約4割増）を大きく上回った。[4]また品目別では，機械・電気製品（同部品を含む）が双方向の貿易の大部分を占めており，これはASEAN

第 4 章　広がる東アジアの FTA 網と輸送インフラ整備計画

と中国間で生産の分業体制が着実に築かれていることを如実に物語るものである。こうして中国の貿易相手としての ASEAN は日本を抜き EU, 米国に次ぐ第 3 の貿易相手国・地域に浮上した。

　しかし, ACFTA による貿易自由化が進展する中で, ASEAN の一部の国（例えば, インドネシア, マレーシア等）からは, 早速, 中国製品の大量流入に伴う対中赤字幅の増大に対する警戒の声が上がっている。

　さらに, これまでは 5 つの ASEAN＋1 の FTA の中で唯一, ACFTA だけが FTA の協定書に仲介貿易[5]の扱いについて明文化されていなかった。従って, 仲介貿易利用の可否は, もっぱら輸入国側税関の裁量で決められていた。そのため, 仲介貿易の場合でも ACFTA の特恵関税が必ず適用を受けられるよう, 特に在 ASEAN 日系企業などは, 関係国政府や ASEAN 事務局に対してこれまで強く働きかけを行ってきた。そうした状況を踏まえて, 中国と ASEAN は物品貿易協定の修正交渉を継続的に進めてきた。そして遂に, 10 年 10 月末にベトナムのハノイで開催された ASEAN 首脳会議に合わせて関係国の経済大臣が集まった際,「ASEAN 中国包括的経済協力枠組み協定における物品貿易協定第 2 修正議定書」, いわゆる ACFTA 第 2 修正議定書にようやく署名がなされたのであった。この中には ACFTA の下でリ・インボイス（仲介貿易）を認める条項や移動証明書（商流, 物流ともシンガポールなど第三国経由で行われる取引形態）を利用可能にする条項などが含まれている。[6]ここに在 ASEAN 日系企業が中国の部材や完成品を調達するような場合, 従来は大きく立ちはだかっていた問題が一つ解決されたことになる。今後は ACFTA の利用ペースが速まり, 同利用率も徐々に上昇していくものと推測される。

4. 並存するアジア大洋州の広域 FTA 構想

　アジア大洋州地域では現在, 複数の広域な FTA 構想が同時並行で進められている。つまり, 主に中国が志向する東アジア自由貿易協定（EAFTA）構想―ASEAN＋3 で構成―, そして日本が提案した東アジア包括的経済連携協定（CEPEA）構想―ASEAN＋6 で構成―という ASEAN をハブにした二つに加えて, APEC 加盟 21 カ国・地域全体でのアジア太平洋自由

貿易圏（FTAAP）構想，さらには米国主導の下で多国間 FTA 枠組みの TPP（環太平洋戦略的経済連携協定）がにわかに急浮上しているのである。これを整理すると，アジア太平洋地域における広域 FTA 構想は，重層的枠組みとして上記の如く 4 つを数えることになる。

　これらのうち，前者の ASEAN＋3，ASEAN＋6 の枠組みでは，09 年 8 月の関係国経済相会合において，原産地規則，関税分類，税関手続き関連，経済協力など限定された分野につき，今後，政府レベルで協議を行っていくことが確認された。従来の民間研究段階から政府レベルへの協議に移行することは，16 カ国を含む広域 FTA 構想の実現に向け，ようやく一歩踏み出したものと評価されよう。しかしながら，アジア大洋州の各国にとり，以前は ASEAN を核とした FTA 交渉が第一という明らかな優先順位が見られたものの，前述したような ASEAN＋1 の FTA ネットワークが完成した後の広域 FTA 構想に対する対応をめぐっては，未だコンセンサスが必ずしも明らかとなっていないのが現状である。[7]次の段階へのステップ・アップのカギを握る成否は，ともかくこの 16 カ国がまとまり，それを広域経済連携へと深化させる道筋が早急にうまく立てられ，実質的な包括交渉に入れるかどうかにかかっている。

　こうした状況下で，最も注目されるのは米国と EU，特に米国がアジア大洋州諸国との FTA 締結に向けて，その動きを近年，積極化させてきていることである。

　米国は現に，ブッシュ前政権時代の 06 年に APEC ワイドの自由貿易地域（FTAAP）構想を提唱していた。それから，09 年 11 月にシンガポールで開催された APEC 首脳会議に合わせて来日したオバマ大統領は，同政権として初めて対アジア大洋州の通商戦略を打ち出し，TPP への交渉参加の方針を明らかにしたのであった。FTAAP 構想と連動する TPP をテコに，米国がこれから改めてアジア大洋州の広域 FTA 構想に関与していくことを示したものとみられる。実際，10 年 3 月から TPP の政府間交渉は開始されており，同年 11 月の日本が議長国を務めた横浜 APEC では，その首脳宣言で，TPP も APEC 域内における経済統合の柱の一つとして認知されるに至った。TPP によって FTAAP 構想の土台となる交渉の枠

第4章　広がる東アジアのFTA網と輸送インフラ整備計画

組みが，ここに形成されたこととなる。

　このTPPは，もともとシンガポール，NZ，ブルネイ，チリの4カ国が06年に発効した広域的な自由貿易協定（FTA）である。当初の加盟国がこれら4カ国であったことから，通称"P4"と呼ばれていた。その後，米国の参加表明を経て，豪州，ペルー，ベトナム，マレーシアが次々と参加し，今日ではP9となって拡大交渉が進められている。交渉参加国は，従来の"アジア流FTA"（長期にわたる関税削減スケジュール，多くの例外品目など）よりも踏み込んだ高水準の自由化を目指しているとされ，関税撤廃の例外品目はかなり少なくなるとの見方が支配的である。参加国間の紛争解決や新規加盟の是非を採り上げる「合同委員会」（事実上の最高意思決定機関）の設置が決まるなど，TPPが一つの組織としての体裁を整えつつあることがうかがえる。また「分野横断的事項」では，食品安全基準の統一や輸出企業の競争力強化について議論が行われ，そのほかにも幅広い分野での自由化に向けた検討や調整が進んでおり，ルール作りが着々と加速されている状況が浮き彫りとなっている。[8]

　いずれにせよ，これらの構想が相互に競合し合って，刺激しあいながら複雑に絡み合っていることから，どの交渉が先に進んでいるかをきちんと見極めるのが肝要である。結局，こうした広域FTA構想の行方を左右するのは，最終的に日中韓の3カ国政府が，それに対してどのような方針で前向きに取り組んでいくかどうかである。そのため，第三の開国を唱え11年6月末を目途にTPPへの参加の是非を決断するとしている日本にとっても，国益の見地から出来るだけ早い時点で，どの構想を中心に推し進めていくのか態度を明確に打ち出す必要があろう。

第2節　東アジアにおける物流円滑化の進捗状況

1．ASEAN域内の税関制度や基準・認証制度を改善

　2015年までにASEAN統合の中核となるASEAN経済共同体（AEC）の構築を目標に置くASEANは，その工程表に当たるAECブループリン

45

トに07年11月時点で既に署名済みである。このAECブループリントには，物流分野が全部で17あるコア・エレメントの一つの物流円滑化に関連する項目として，「物品の自由な移動」の中に盛り込まれていた。主な内容については，以下に列挙するような6つの分野で各措置の実行が要望されている。[9]

① 非関税障壁の撤廃—2015年までに非関税障壁を完全に撤廃

② 原産地規則—域内貿易，生産ネットワークを促進する方向で原産地規則を実施

③ 貿易円滑化—シンプルで調和がとれ基準化された貿易・税関手続き

④ 税関統合—「ASEAN税関ビジョン2020」の実現，とりわけ税関に関する「2005-2020戦略的プラン」の実施

⑤ ASEANシングル・ウィンドウ—10のナショナル・シングル・ウィンドウ（NSW）を統合

⑥ 基準・技術障壁—基準認証に関わるASEAN政策ガイドラインの実施による手続きの調和化

ところが，ASEANでは，これまで煩雑な税関手続きや各国間で異なる基準・認証制度，貿易業者の制限といった，いわゆる「非関税障壁（NTB）」が，域内貿易発展の阻害要因となってきた。ASEANが真に「物品の自由な移動」を目指すには，こうした非関税障壁の撤廃こそが何よりも急務となっていたのである。

そこで，ASEANとしては域内での貿易や分業をさらに推進すべく，AFTAを企業が利用する際の諸手続き簡素化に向けて，10年後半からようやく動き出すこととなった。具体的には，10年8月にベトナムのダナンで開催された第42回経済相会議において，同年5月17日に発効した「ASEAN物品貿易協定（ATIGA）」の関税削減の恩恵を最大限に引き出すため，あらゆる形態の非関税障壁を取り除く加盟国の約束が重要だという認識で一致した。またASEAN域内の貿易円滑化を図るため，現在は各国の政府機関などが原産地証明書を発給する「第三者証明制度」の採用を改め，12年までに「自己証明制度」と呼ぶ新ルールの導入を目指すことになり，そのパイロットプロジェクトの実施について覚書が締結され

第4章　広がる東アジアの FTA 網と輸送インフラ整備計画

た。[10]

　こうして同覚書に署名したシンガポール，マレーシア，ブルネイの3カ
国では，原産地証明書の発給時間の短縮と手続きの簡素化・円滑化を目指
し，認定輸出者自己証明制度の導入に向けた取り組みが始まったのである。
このパイロットプロジェクトの実施期間は，10 年 11 月 1 日からの 1 年間。
タイも遅れて参加の予定と伝えられ，その結果を受けて，12 年には
AFTA 自己証明制度の本格導入が計画されている。当該制度が正式に導
入されると，例えば，シンガポール税関では年間約 108 万シンガポール・
ドル（約 6,900 万円）のコスト削減につながるものと見ている。[11]なお，こ
の制度が導入されるようになった背景には，AFTA 活用に際しての問題
点として，その関税減免効果を最大化する上で企業にとってはコストとな
る原産地証明書の取得手続きが，極めて煩雑だとの声が多く寄せられてい
たことがある。

2．APEC による物流円滑化の行動計画

　上述した ASEAN 以外でも，より広範囲なアジア太平洋地域において，
同様な物流円滑化に関する一連のスキームが展開されようとしている。
APEC によって打ち出された物流の円滑化を遂行する為の行動計画がそ
れである。

　2010 年 11 月に横浜で開催された APEC の閣僚会議は，貿易や投資を
制限する保護主義の抑制などを盛り込んだ共同声明を採択して閉幕した。
同共同声明によれば，域内の物流の円滑化を進めながら，貿易の拡大や民
間ベースの経済連携を加速させていくことが謳われている。

　このうち物流の円滑化に関しては，行動計画が次のように明記された。
すなわち，①税関や検疫，港湾管理などの手続きを一括処理する窓口や
ホームページの設置，②関税の優遇措置に必要な原産地証明の手続き簡素
化，③通関の所要時間の調査，などの点が柱に据えられた。併せてこうし
た施策により，域内の国際物流にかかる時間と費用を，15 年までに 10%
削減するという目標でも合意に達した。[12]

　そのために，「APEC サプライチェーン連結枠組み行動計画」を実現す

ることで，アジア太平洋地域におけるサプライチェーンを通じた物品およびサービスの移動に対する障壁を取り除いていくこととした。このような物流円滑化策によって，より先進的な輸送インフラおよび物流ネットワークの発展へとつながり，世界貿易の44%を占めるAPEC域内貿易額が更に拡大し，FTAAPの実現に向けた経済統合の基礎固めが出来るものと期待されている。

第3節　動き出す広域インフラ整備計画

　東アジアが今後，更なる経済成長を達成していくためには，企業活動の基盤となる電力や物流網などの産業インフラの整備が不可欠である。事実，国際協力銀行が毎年実施している「海外直接投資アンケート結果」を見ても，投資先国の課題にインフラの未整備を挙げる企業が依然として多い。我が国進出企業にとって必要とされるインフラの内容を見ると，運輸＜道路＞（ベトナム，インドネシア，インド），電力（中国）の整備を第一に望むとしたのが複数回答で7〜8割にも及んでおり，その二つの部門に特に集中していることが分かる。[13]

　このような中で，東アジアでは持続的な経済発展を目指して，産業集積地間を輸送インフラ等の整備により結びつける国境を越えた取組みが徐々に進もうとしている。以下に紹介するのは，まさにそうした事例である。

1．ASEAN連結性マスタープラン

　ASEANは，2010年10月28日にベトナムのハノイで開いた第17回首脳会議において，域内のインフラ整備計画を採択した。首脳会議後の"ハノイ宣言"の中で明らかにされたこの整備計画は，正式には「ASEANの連結に関するマスタープラン（Master Plan on ASEAN Connectivity）」と呼ばれる。国境を跨いだ鉄道や道路網などの建設を進め，先に述べたように15年のASEAN共同体の構築に向けて，域内経済の一体化を更に推進していくことが謳われている。日本や中国など外国からの資金も活用する

というが，全体に要する総額は実に 3,800 億ドル（約 31 兆円）にも上るようだ。[14]

　総じて言えば，このマスタープランは，ASEAN 全体の連結を促進させるための戦略的文書並びに 2011 年〜15 年の 5 年間にわたって早急に遂行するための行動計画として位置付けられている。これは，①物理的な連結（個別のインフラ開発），②制度上の連結（効率的な制度，メカニズムとプロセス），③人対人の連結などの強化を通じて，ASEAN 加盟各国の連携を着実に向上させていくというものである。

　こうして ASEAN 地域の生産・流通ネットワークが，一層深化してより広がるとし，①の物理的な連結に関しては，7 つのカギとなる戦略の実施が求められている。そのうち輸送インフラ関連の部分については，陸上輸送と海上輸送の二つに分けて掲載されている。同整備計画を具体的に述べると，前者では複数の国をつなぐ道路網の建設およびシンガポールと中国雲南省の昆明を結ぶ鉄道，また後者では，RO-RO 船ネットワークと近海船舶に関する研究について優先プロジェクトの内容や完成時期の目標などが付表に記されている。関係する部分のみを取りまとめたのが表 3 である。なお，シンガポール・中国間アジア縦断鉄道（距離は約 5,000 km）は，中国が主導するインドシナ半島からマレー半島にいたる広域鉄道網であり，東側と西側の 2 本の路線から成り立っている。相対的に優先度の高い東路線については，ラオスとベトナム間の支線を含み，シンガポール〜マレーシア〜タイ〜カンボジア〜ベトナム〜中国（昆明）へとつながる。もう一方の西路線は，シンガポール〜マレーシア〜タイ〜ミャンマー経由で，中国（昆明）と結ばれるものである。

2．アジア総合開発計画

　ASEAN および東アジアを対象とするアジア全般にわたる広域インフラ整備構想として策定されたのが，「アジア総合開発計画（Comprehensive Asia Development Plan: CADP）」である。同計画は，09 年 10 月の東アジア首脳会議での合意に基づき，そこから委託を受けた東アジア・ASEAN 経済研究センター（ERIA。08 年 6 月に設立。本拠地はインドネシアのジャカ

表3　ASEANの物理的連結のための優先プロジェクト〜物流関連

部門	プロジェクト名	プロジェクト概要《完成時期》	支援形態および ファイナンス・ソース
陸上輸送	1．ASEAN ハイウェー・ネットワーク(AHN)の未接続間の完成および輸送通過ルートの昇格	1．未接続区間《2015年》 ①ミャンマー：AH112 (Thaton〜Mawlamyine〜Lahnya〜Khlong Loy,60Km) ②ミャンマー：AH123 (Dawei〜Maesamepass,141Km) 2．輸送通過ルート(三級以下)の昇格《2012年》 ①ラオス：AH12 (Vientiane〜Luang Prabang,393Km) ②ラオス：AH15 (Ban Lao〜Namphao,98Km) ③ミャンマー：AH1 (Tamu〜MDY〜Bago〜Myawadi,781Km) ④ミャンマー：AH2 (Meikthila〜Loilem〜Kyaington〜Tachikeik,593Km) ⑤ミャンマー：AH3 (Kyaington〜Mongla,93Km)	・資金援助 ・複数国（二国間）開発銀行，国家予算，中国・ASEAN投資協力基金，中国の対ASEANクレジット(150億ドル)，日本
	2．シンガポール昆明鉄道(SKRL)の未接続区間の完成	①タイ：Aranyaprathet〜Klongluk,6Km《2014年》 ②カンボジア：Poipet〜Sisophon,48Km《2013年》 ③カンボジア／ベトナム：Phnompenh〜Snuol〜Loc Ninh,254Km《2015年》 ④ベトナム：Loc Ninh〜Ho Chi Minh City,129Km《2020年》	・資金援助 ・複数国（二国間）開発銀行，ASEAN加盟国援助，国家予算，民間部門参加，ASEANインフラ基金，中国・ASEAN投資協力基金，中国の対ASEANクレジット(150億ドル)
海上輸送	1．Roll-on/Roll-off(Ro Ro)船ネットワークおよび近海船舶に関する研究	ASEANにおけるRo Ro船ネットワークの採用並びにASEAN加盟国の近海船舶の開発選択に関する技術研究とフィージビリティ・スタディ(FS)	・技術援助 ・国家予算，米国援助，アジア基金

（出所）ASEAN事務局『MASTER PLAN ON ASEAN CONNECTIVITY』2010年12月，
　　　　P74&76より著者作成。

ルタ）が，アジア開発銀行やASEAN事務局と協力して立案・作成したも
の。翌10年10月の東アジア首脳会議に同報告書が提出されて，賞賛され
た。それ自体は，アジア諸国の所得拡大に向け，域内のハード・ソフト両
面でのインフラ整備，産業振興，制度や基準の調和，中間層の育成などの

第4章　広がる東アジアの FTA 網と輸送インフラ整備計画

課題解決を一体的に図っていくための成長戦略とも言える。

　このCADPでは，生産ネットワークへの参加の度合いを基準に，三つの層に国・地域を分けてそれぞれ開発戦略が描かれており，それに従ってどのようなインフラの整備が必要か提示されている。まず第一層は既に生産ネットワークを活用して産業集積の形成が始まっている中進国・地域，次いで第二層はこれから精緻な生産ネットワークに参加していこうとする国・地域，最後に第三層は遠隔地であるが信頼性のあるロジスティクス・インフラを開発することによって新たな産業育成のシナリオを描いていこうとする国・地域，である。そうした三階層の開発戦略に関する特徴について，同計画の作成に直接参画された ERIA チーフエコノミストの木村福成・慶應義塾大学教授は，「ロジスティクス・インフラおよびその他経済インフラの開発を，発展段階に合わせた産業振興戦略と密接に組み合わせた形で展開した点にある」と指摘している。[15]

　さらに，CADP の中で体系的に提言されたインフラ開発プロジェクトについては，総計 695 件と 700 件弱もの多くを数える。そのうち物流分野におけるハードのインフラ整備に関しては，全部で 443 件が列挙されている。内訳を見ると，道路・橋梁が 227 件を占めて最多を誇る。それに次いで，港湾・海運の 99 件，鉄道の 66 件，空港の 36 件という順である。またこれらを国別に捉えると，表4に示したとおり，最多の道路・橋梁については，インドネシア（54 件），ベトナム（49 件），ラオス（43 件）がベスト3にランクインしている。同様に港湾・海運については，インドネシア（34 件），ベトナム（23 件）フィリピン（18 件）の3カ国が，鉄道についてはベトナム（19 件），タイ（19 件），インドネシア（9 件）での取組みが，それぞれ上位を占めている。ここから当該物流分野では，インドネシア，ベトナムの2カ国向けインフラ開発プロジェクトが，他国と比べ突出している点が読みとれる。

　次に，そうしたインフラ開発プロジェクトの具体例を示すと，例えば，広域メコン圏における最優先項目にリストアップされた物流インフラ部門では，50 億ドル以上のコストを計上している主な将来計画として，以下のようなプロジェクト名が挙げられている。

表4　アジア総合開発計画の国別配分のプロジェクト数

(単位：件数)

プロジェクト項目		合計	ベトナム	インドネシア	カンボジア	ラオス	タイ	フィリピン	インド	ミャンマー	マレーシア	中国	ブルネイ	シンガポール
		695	188	169	103	77	60	52	33	26	23	11	2	0
優先度	最　優　先	170	57	33	15	1	26	25	18	8	3	1	1	0
	優　　　先	166	48	53	19	6	7	17	10	6	7	1	0	0
	標　　　準	359	83	83	69	70	27	10	5	12	13	9	1	0
階　層	第　一　層	178	65	45	0	0	22	18	20	0	7	1	0	0
	第　二　層	313	110	60	58	26	34	27	7	22	10	4	1	0
	第　三　層	204	13	64	45	51	4	7	6	4	6	6	1	0
形　態	公　　　共	541	125	121	95	71	54	45	17	25	21	11	2	0
	官民連携（PPP）	154	63	48	8	6	6	7	16	1	2	0	0	0
部　門	物　　流　うち	443	100	106	60	55	39	46	18	18	13	8	2	0
	道路・橋梁	227	49	54	37	43	10	21	7	6	2	5	1	0
	港湾・海運	99	23	34	8	1	7	6	9	9	5	0	1	0
	鉄　　　道	66	19	9	6	3	19	0	2	2	5	0	0	0
	空　　　港	36	8	4	6	7	2	3	1	1	1	3	0	0

（出所）ERIA『Comprehensive Asia Development Plan』2010 年 10 月，P118 より著者作成。

① 　ベトナム：南北高速鉄道の建設　560 億ドル

② 　タイ：バンコク・メトロにおけるオレンジ線（Bangbumru～Bangkapi 間）の建設　200 億ドル

③ 　ベトナム：LachHuyen 港の開発　140 億ドル

④ 　ベトナム：ノイバイ国際空港の第 2 ターミナル建設　83 億ドル

⑤ 　ベトナム：ロンタン国際空港の開発　50 億ドル

なお，アジア地域で現在進行中の広域開発プロジェクトとしては，既に我が国の協力の下で，①日メコン経済産業協力イニシアティブ（メコン総合開発），②デリー・ムンバイ産業大動脈構想および南部地域インフラ開発，

第4章　広がる東アジアの FTA 網と輸送インフラ整備計画

③インドネシア経済回廊などにより，アジアの産業集積地同士を結びつける計画が順次進められている。そのほか，当該計画の一環として CADP には，IMT（インド・マレーシア・タイ）成長三角地帯，BIMP（ブルネイ・インドネシア・マレーシア・フィリピン）広域開発，後述するようなメコン・インド産業大動脈（経済回廊）構想なども包含されている。

3．メコン・インド経済回廊構想

　メコン広域経済圏の外延的拡大として捉えられる，東アジア産業大動脈構想の基幹回廊案の一つが，メコン・インド経済回廊構想である。これは，メコン川流域における南部経済回廊（バンコク～プノンペン～ホーチミン間の 944 km）とインドを，インド洋を介して海路または陸路（ミャンマー経由）で接続しようとする構想。これが実現すると，インドシナとインド洋のモノの流れが切り替わることになり，東南アジアの陸海運や産業配置にも大きな影響を及ぼすものとみられる。同構想の具体的な内容は，以下のとおりである。[16]

⑴海路：ミャンマーまたはタイの港を利用して，インドのチェンナイ等と結ぶ。

　1）タイ西部のカンチャナブリから西方約 150 km の高速道路を建設し，ミャンマー南部のダウェイ港を利用。

　・ダウェイ港に関しては，タイの建設大手イタルタイが推進している大型船の接岸可能な深海港の開発計画があり，完成すればメコン諸国からインドのみならず，中東・アフリカひいては欧州向けに輸出する際のゲートウェイとなる見通し。

　2）タイ南部で唯一，マレー半島の西側アンダマン海に面しているラノーン港を活用。

　・インド向けの輸出がシンガポールでの積替え不要となり，マラッカ海峡を経由せずに輸出が可能（最短で 3～4 日間）。ちなみに，タイのレムチャバン港からシンガポール経由のチェンナイ便だと通常 12～14 日間。このため，タイ政府はインド市場の開拓拠点として

53

ラノーン港の活用を重視。

(2)陸路：まずバンコクからミャンマーのヤンゴンを結び，さらにインド国
境へとつなぐ。

・バンコク〜ヤンゴン間のミャンマー側における道路整備の必要性が
ある。特に同国内のミャワディー〜ヤンゴン間の一部区間（山道）
が依然として未整備のままである。

　いずれにせよ，当該計画の遂行に当たっては，ミャンマー政府の関与す
る部分が少なからずある。このため，同国の総選挙（2010 年 11 月）後に
近く発足する新政権が，タイ政府によって以前から提案されている共同開
発事業（港湾開発，経済特区，高速道路建設）に対し，果たしてどのような
姿勢で望んでくるのか，当面最も関心を集める点である。だが，ミャン
マー西部における物流窓口の確保を一つ取っても，今後解決すべき課題が
まだまだ多いと言わざるをえないのが現状である。

〔注〕
(1) 『ジェトロ世界貿易投資報告 2010 年版（第 1 部　総論編）』2010 年 9 月，P51。
(2) 注 1)に同じ，P52。
(3) 『ジェトロセンサー』2010 年 6 月号，P9。
(4) 『日本経済新聞』2011 年 1 月 6 日。ちなみに，2010 年における中国・ASEAN の
貿易総額は往復で 2,927 億 7,600 万ドルに達し，前年比 37.5%増の伸びを示した。
(5) 仲介貿易とは，生産国と輸出相手国とは異なる第三国の企業が仲介した貿易形態
を指す。この場合，仲介国の第三国でインボイスが切り替わることから，リ・イン
ボイスとも呼ばれている。
(6) 助川成也「ACFTA でリ・インボイスが利用可能に―ACFTA 第 2 修正議定書
(1)」ジェトロ『通商弘報』2010 年 11 月 18 日。
(7) 椎野幸平・水野亮（2010）『FTA 新時代－アジアを核に広がるネットワーク』ジ
ェトロ，P54&59。
(8) 『日本経済新聞』2011 年 2 月 2 日。
(9) 助川成也・北見創「東アジアの通商環境の変化と物流政策」国際貿易投資研究所
『平成 21 年度報告書　東アジア物流の発展動向と課題〜ASEAN を中心に』平成
22 年 3 月，P9&10。
(10) 助川成也「12 年までに自己証明制度の導入を目指す〜ASEAN 経済相会議」ジ
ェトロ『通商弘報』2010 年 8 月 26 日。

⑾　助川成也・山口正路・西村修二「AFTA 自己証明制度のパイロット事業始まる」
ジェトロ『通商弘報』2010 年 12 月 16 日。
⑿　『朝日新聞』2010 年 11 月 12 日。
⒀　経済産業省『平成 22 年版通商白書』2010 年 8 月，PP201〜203。
⒁　『日本経済新聞』2010 年 10 月 29 日。
⒂　木村福成「アジア総合開発計画と新たな開発戦略―アジア太平洋地域への含意」
ジェトロ・アジア経済研究所『アジ研ワールド・トレンド』No. 183，2010 年 12
月号，P29。
⒃　川田敦相「メコン広域経済圏の現状」2010 年 10 月 20 日および『読売新聞』
2010 年 9 月 20 日。

〔参考文献〕

1．石川幸一・清水一史・助川成也（2009）『ASEAN 経済共同体―東アジア統合の核
となりうるか』ジェトロ。
2．椎野幸平・水野亮（2010）『FTA 新時代―アジアを核に広がるネットワーク』ジェ
トロ。
3．経済産業省通商政策局（2010）『平成 22 年版通商白書』。
4．国際貿易投資研究所（2010）『平成 21 年度報告書　東アジア物流の発展動向と課題
〜ASEAN を中心に』。
5．ジェトロ（2010）『ジェトロ世界貿易投資報告 2010 年版（第 1 部　総論編）』。
6．『運輸と経済―特集　アジアにおける自由貿易構想と国際物流』運輸調査局，2010
年 12 月号。
7．『ジェトロセンサー―特集　保存版　アジア発！世界の FTA ネットワーク』ジェ
トロ，2010 年 6 月号。
8．『ジェトロセンサー―特集　金融危機後のアジア生産・販売ネットワーク』ジェト
ロ，2010 年 8 月号。
9．『ジェトロセンサー―特集　APEC　アジア太平洋地域への期待』ジェトロ，2010
年 11 月号。
10．ASEAN Secretariat『MASTER PLAN ON ASEAN CONNECTIVITY』December 2010。
11．ERIA『Comprehensive Asia Development Plan』October 2010。

第**5**章

中国の国内エクスプレス市場と内外資系物流企業の競合状況

はじめに

　中国は 2014 年に米国を追い越して，遂に世界最大のエクスプレス（速達宅配）便市場となった。すなわち，後で述べる“快逓”（小口貨物や文書の速達業で，国内外におけるドア・ツー・ドアの国内・国際エクスプレスを指す）業務量の点で，中国は初めて世界第 1 位の座を獲得したのであった。

　そうした背景には，インターネット通信販売（ネット通販）などによる商品購買の迅速な普及に伴い，中国内外での小口急送貨物の取扱量が激増していることが挙げられる。中国では近年，国内個人消費の「ネットシフト」が急速に進み，なかでも電子商取引（EC）の急成長により，この EC 関連商品の配送需要が国際部門（越境 EC）のみならず，国内エクスプレス事業でも急増傾向にある。しかも，EC 物流は少量多頻度で，かつスピード輸送が何よりも求められている。

　このため，ネット通販の取引が今や中国全体の物流拡大にとっても重要なけん引役となっている。特に広大な国土を持つ中国においては，小口貨物を航空宅配するニーズが一段と高まっており，同サービスの急速な発展を促しているのである。こうして中国内外のエクスプレス事業者は一様に，急拡大の途上にある巨大な中国 EC 市場への対応をいずれも強く迫られており，まさに世界の耳目がここに集まっていると言えよう。

　本稿では以下，中国の主として国内エクスプレス市場をめぐる内資・外資系物流企業間の競合状況について見ていくことにする。

1. 小口貨物取扱業務の急成長

　中国国家郵政局が毎年公布する統計資料によると，中国国内における小口急送貨物の取扱量がこれまで急増してきたことが大きな特徴として指摘できる。

　実際，中国全体のエクスプレス市場（国内と国際の総計）規模については，2014年に"快递"業務量が前年比52％増の139億6千万件に上り，初の年間百億件という大台乗せを実現することとなった。2010年以降，年平均伸び率が連続して50％を上回った結果，同業務量では上述した如く世界トップの米国を凌駕するまでに至った。業務収入の方は，同42％増の2,045億4千万元であった。また直近の2015年を見ると，量的には引き続き前年と比べ5割増に近い48％増の206億7千万件を記録し，金額的には同35％増の2,769億6千万元（約5兆4千億円）にも達している（表1）。しかし，業務収入の面では，総額および商品1件当たりの金額ともに米国と比べなお相当の開きが存在すると言われる。

　過去の実績推移を辿って見ると，中国の"快递"業務量は，年間数値が公に明らかとなった1990年当初の343万件から，10年後の2000年の1億1千万件を経て，2010年時点では23億4千万件へと顕著な増加を示している。この間，2006年段階の2億7千万件から翌2007年には一挙に4.4倍の12億件へと著しく増大している。これを勘案すれば，その辺が概ね急成長の分岐点であったと判断されよう。さらに単月ごとの月間業務量に関しては，2010年8月に2億件を突破したあと，翌2011年12月に倍増の4億件，2012年11月に6億件，2013年9月に8億件へと短期間に急拡大し，同年11月には早くも10億件の水準に初めて到達している（参考文献①）。これは，中国で毎年恒例となった11月11日の"光棍節"（独身者の日）での安売りネット直販が，量的発展に大きく貢献していることを物語っている。

　次に主要都市別による小口貨物取扱量では，2015年の場合，第1位の広州市（広東省）の19億5千万件を筆頭に，2位は上海市の17億1千万件，3位は北京市の14億1千万件，4位は深圳市（広東省）の14億件となっている。そして第5位には，中国のネット通販最大手であるアリババ

第5章　中国の国内エクスプレス市場と内外資系物流企業の競合状況

表1　中国における小口貨物取扱量（高）の推移

年	業務量 （億件，％）	エクスプレス			業務収入 （億元）
		国内エクスプレス		国際 エクスプレス	
		同一都市内	都市間		
2007	12.0(100.0)	3.3(27.5)	7.7(64.2)	1.0(8.3)	342.6
2010	23.4(100.0)	5.4(23.1)	16.7(71.4)	1.3(5.6)	574.6
2013	91.9(100.0)	22.9(24.9)	66.4(72.3)	2.6(2.8)	1,441.7
2014	139.6(100.0)	35.5(25.4)	100.9(72.3)	3.2(2.3)	2,045.4
2015	206.7(100.0)	54.0(26.1)	148.4(71.8)	4.3(2.1)	2,769.6
2015/2007 倍率	17.2	16.3	19.3	4.3	8.1

（出所）『中国統計年鑑』2014年版，P575および中国国家郵政局「2014年・2015年郵政行
　　　業運行情況」に基づき著者作成。

集団が本拠を置く杭州市（浙江省）が，12億6千万件で入った（参考文献
②）。第1エリアに属するこれらトップ5の大都市は年間10億件以上を取
り扱い，他都市を大幅にリードしていることが分かる。

2．都市間配送が発展を主導

　小口貨物の取扱業務をさらに国内エクスプレスと国際エクスプレスに分
けることで，中国の"快逓"業務量と業務収入の内訳につき各年別に横並
びで明らかにする。

　まず直近の2015年実績では，国内エクスプレスの中で同一都市内が54
億件（全業務量の26％），400億8千万元（業務総収入の15％）であり，ま
た都市間が148億4千万件（同72％），1,512億9千万元（同55％）であっ
た。それに対して，香港・マカオ・台湾を含む越境の国際エクスプレスは，
それぞれ4億3千万件（同2％），369億6千万元（同13％）を数えた。こ
のうち業務収入にあっては，その他の比率が17％と比較的大きな割合を
占めていることに注意を払う必要がある。

　そうした関係を2007年と照らし合わせて両時点を比較検討して見ると，
表1に示したとおり，都市間の輸送業務量だけがその間に7.6ポイントの

上昇とシェアを大きく伸ばした以外は，同一都市内および国際エクスプレスのいずれもシェアの低下を余儀なくされている。特に後者のシェアの落ち込み（8.3%→2.1%）が際立っている。またエクスプレス業界では，競争が一層激しさを増している現状を反映し，全般的に業務量の伸びに対して収入の方は必ずしもそれに追いついていない状況がうかがえる。

こうして業務量の点では，国内エクスプレスのうち都市間配送が今や全体の7割強を占めて圧倒的なシェアを誇り，小口貨物業務の発展を主導していることが読み取れる。その半面，国際エクスプレス部分は相対的にシェアを急減させており，全体のわずか2%程度にとどまって伸び悩みが見られる。なお，中国国務院は2015年10月，初の"快逓"業の発展計画を公布し，2020年までに同業務量500億件の目標を打ち出している。

3．三三対決の構図に変化

ここで，中国の国内エクスプレス市場における競争激化の最新動向について触れておく。従前は外資系企業（インテグレーター：欧米系の国際総合物流大手企業）同士の争いに加えて，中国の地場企業を巻き込んだいわゆる「三三対決」が開始され，文字どおり三つ巴の激しい競争がこれまで繰り広げられてきた（参考文献③）。すなわち，

・国有企業（中国郵政＜EMS＞，中鉄快運，民航快運）
・民営企業（順豊速運＜SFE＞，宅急送，申通快逓）
・外資企業（UPS，FedEx，DHL）

そのような状況を2007年頃の情報に基づき，上記の企業分類別に国内・国際エクスプレス業務に占める割合で比較対照したのが表2である。

これからも明らかなように，中国の国際エクスプレス市場では，外資系企業（インテグレーター）が小口貨物取扱量の80%に上るシェアを占めて断トツの状態にあった。反対に中国の地場企業は，国有と民営企業の双方を合わせても20%にしかすぎなかった。その半面，国内エクスプレス市場では，都市間の貨物業務は国有企業が70%と主に支配しており，労働集約的で利潤率も低い同一都市内のそれは民営企業が75%と優勢な局面にあった。従って，全体としてはエクスプレス市場がほぼ三分されていた

第5章　中国の国内エクスプレス市場と内外資系物流企業の競合状況

表2　企業分類別国内・国際エクスプレス業務に占める割合比較

(単位：%)

企業分類	国内エクスプレス		国際エクスプレス
	同一都市内	都市間	
国有企業	20	70	20
民営企業	75	30	
外資企業	5		80

(出所)『中国現代物流発展報告 2009 年』P338。

ことがうかがわれる。

　ただ，近年においては先にも述べたとおり，最も伸びているのは都市間の小口貨物取扱であり，国内大都市を中心に新たな需要が喚起されつつある。こうした中で，昨今（2014 年）では国内エクスプレス市場の主力に位置付けられ，特に目覚ましい発展を遂げて躍進しているのが民営企業（業務量シェアは86％）である。一方，国有企業に関しては同13％で，外資系企業に至ってはわずか同1％にしかすぎず苦戦を強いられていることが理解される（参考文献④）。

　ところで，中国には現在，全国に約8千社余りの小口貨物を取り扱う物流企業が存在し，そのうち主要な"快逓"ブランドは20社を超えると言われる。具体例を挙げると，国有の中国郵政速逓(6)や民営の順豊速運(4)，また申通快逓(1)，圓通速逓(2)，中通快逓(3)，韻達速逓(5)の通称「三通一達」に百世汇通(7)を加えた「四通一達」などが主な大手企業である（注：企業名の後の数値は2014年の業務量に基づく順位。参考文献④)。この中で上位6社合計の"快逓"業務量は，市場全体の実に8割前後にも達しており，高い集中度が見られる。

4．インテグレーターも本格的に参入

　中国政府は長い間，外資系企業に対して中国国内のエクスプレス業務には，特に厳しい制限を設け臨んできた。このため，米系インテグレーター2社は，中国側との合弁企業の事業買収による国内ネットワークの取得に

伴い，その時点でようやく国内エクスプレス・サービスを実質的に開始するようになった。例えば，UPS 社は中国側パートナーの中国対外貿易運輸総公司（略称は中外運。シノトランス）から合弁会社の株式を買い受けることで自営のネットワーク展開が可能となり，2006 年 12 月に中国国内でのエクスプレス・サービスを始動した。また FedEx 社の方は同様な方法で，2007 年 6 月から中国国内における翌日配送エクスプレス・サービスをスタートさせたのであった。

　他方，それらに先行するドイツポスト DHL（DPDHL）社においては，中国側との合弁企業 DHL シノトランス社を設立して以来 1996 年までの 10 年間に，中国市場向けのエクスプレス・サービスを次々と投入するなど，サービス面での差別化を図りつつ幅広いサービス網を構築してきた。2004 年頃には，つまり上記の米系インテグレーター 2 社が中国の国内ネットワークを拡張しようと奔走していた際，DHL シノトランス社は既に国内エクスプレス業務を営むライセンスを取得し，小包を主とする同営業が可能な状態にあった。

　その上で 2009 年に入ると，DHL シノトランス社は上海全宜快逓有限公司，北京中外運速逓有限公司，香港金果快逓有限公司など 3 社の株式百％を買い上げ，企業再編後は「中外運全一」という新しい名称の会社の下で国内エクスプレス業務を改めて再起動したのである。しかし，同社が中国国内のエクスプレス事業に積極的に乗り出した時には，同市場を取り巻く情勢が一変していた。同市場は現地地場企業（特に民営宅配企業）の台頭を受けて，受注獲得をめぐり低価格競争という価格合戦のさなかに突入していたのである。こうして同社は遂に 2011 年 7 月，上述した国内エクスプレス企業 3 社の全株式を深圳市友和道通実業有限公司に譲渡し，7 年続いた中国での国内エクスプレス業務を断念してそこから撤退したのであった（参考文献③）。

　だが，米系インテグレーター 2 社は逆に同事業へ本格的に参入しようと注力していた。なかでも UPS 社は積極的であり，2012 年に第 1 弾として全国 7 都市での営業ライセンスを取得し，翌 2013 年にはそれが 19 都市へと拡大された。また国家郵政局は 2012 年 9 月に至り，UPS 社と FedEx

社の中国法人に対してそれぞれ国内エクスプレス業務の営業許可を与えたのであった（参考文献⑤）。

　それから中国政府は2014年9月，「国内の宅配市場を外資にも開放し，内外資の公平な秩序ある競争を促進すること」を正式に決定した。ここに，国内のエクスプレス業務に関わる小包宅配市場が開放され，中国のエクスプレス市場が国内・国際を問わず，名実ともに全面的な開放段階をようやく迎えたのである。

　とはいえ，国際エクスプレス市場で大変強い欧米系インテグレーターにせよ，中国内の膨大な配送網の拡張に関しては，いまだ自前によるネットワークの確立には到底ほど遠いというのが現状で課題でもある。

5．菜鳥 vs 豊巣の両陣営に二極化

　中国の国内エクスプレス事業分野において，民営物流企業のうち，とりわけ速達宅配業に依拠しつつ急成長を遂げてきたのが民営宅配企業であった。近年における爆発的な業務量の急増が突出しており，その発展には本当に目を見張るものがある。そうした状況の下で，小口急送貨物の顧客ニーズをいち早く取り込もうと，競合企業同士の協業による“快逓”物流プラットフォームが新たに立ち上げられており，今日では主に二大陣営に分かれての対抗という形で激しい競争が展開されている。

　このような動きにまず先鞭をつけたのが，ネット直販企業のアリババ集団であった。2013年5月，同集団は銀泰百貨集団と協力して，多数のエクスプレス企業（順豊速運と「三通一達」を含む）や関連の金融機関などとの連合により，菜鳥網絡（Cai-niao Network）科技有限公司を創設した。物流の最適化を目指して互いの利点を活かしながらECと物流を統合し，「中国智能物流骨幹網（China Smart Logistic Network）」を形成することで，新しい物流プロジェクトが始動したのである。加えて，その2年後の2015年5月末に初の菜鳥江湖大会が開催される直前，同集団は雲鋒基金と組んで，同ネット参加主要企業の一つ圓通速逓に対して戦略的投資を実施するとの表明を行ったのであった。

　そうした矢先，中国の宅配業界で今や売上高・利益ともにナンバーワン

の，菜鳥網絡のメンバーにも名を連ねていた順豊速運（1993 年に広東省順徳で創業）が，2015 年 6 月，ライバルである「三通一達」のうち圓通速逓のみを除く 3 社に普洛斯（プロロジス）を加えた諸企業との共同で，正式に深圳市豊巣科技有限公司を設立した。これは，菜鳥網絡への主要参加企業がほぼ揃ってそれに反旗を翻すかのような行動であった。そして，エクスプレス配送用に 24 時間セルフサービスの開放型プラットフォーム（Smart Hive Box）を別途作り上げたのである。

　これら両陣営の確執は依然として続いており，2016 年 3 月末，今度は菜鳥網絡側が動いて「四通一達」および天天快逓といった六大エクスプレス企業などを改めて抱き込む形で，新たに菜鳥聯盟を結成したのである。当初は当日渡し，翌日渡しなどのエクスプレス・サービスを提供していくという。

　このため，今後の台風の目となりそうで，それから全く目を離せないのが順豊速運の動向である。同社は，中国国内に既に強固なサービス・ネットワークを独自に構築しているばかりか，目下，28 機の自社貨物機を保有し海外展開をも積極的に推し進めており，総合物流企業に向かって転換を図りつつある。さらに，中国湖北省鄂州市に建設が計画されている中国初の貨物専用空港を同社の貨物ハブとして捉え，新空港プロジェクトにも参画する意向であると伝えられる（『日刊 CARGO』2016 年 4 月 28 日）。

　いずれにせよ，中国の厳しい国内エクスプレス業界で合従連衡を伴いながら勝ち抜いていくためには，各社の特性を活かした良品質のサービス提供が何よりも肝要で，他社との差別化および利便性をどこまで訴えていけるか，それが改めて問われていると言えよう。最終的には結局，「最後の 1 マイル」を含む国内配送網の更なる拡充こそが今後の発展のカギを握るものと見られる。

第5章　中国の国内エクスプレス市場と内外資系物流企業の競合状況

〔参考文献〕

① デロイトトーマツ／中国国家郵政局発展研究中心「中国快逓行業発展報告 2014」
　　2014 年 5 月。
② 中国国家郵政局「2015 年郵政行業運行情況」2016 年 1 月。
③ 李芏巍『快逓来了─順豊速運与中国快逓行業三十年（全新昇級版）』中国鉄道出版
　　社，2015 年。
④ 中国物流与採購聯合会編『中国物流年鑑 2015（上冊）』中国財富出版社，2015 年。
⑤ 『中国快逓年鑑（2013 年巻）』人民交通出版社，2014 年。

II．各論：海上・航空・陸上 各輸送の視点から

1. 海運編

青島港前湾港区のコンテナ埠頭
(2012年5月,著者撮影)

第1章

減速強める中国の対外貿易と主要港湾の貨物荷動き

世界経済の低迷による影響から，2012年第1四半期の成長率（実質GDP伸び率）は8.1％と，2011年初め以降，5四半期連続でその伸びが鈍化し，約3年ぶりの低さとなった。成長率が徐々に低下している中で，市場が警戒感を強めるほどに，景気減速の一層の下振れが懸念される状況にある。この主な要因の一つが，中国経済の成長を支える輸出の大幅な急落である。

こうした厳しい情勢を受けて，中国政府は国内外の需要が鈍るなか，景気浮揚を狙い預金準備率の再引き下げや省エネ家電に対する補助金支給など一連の刺激策を相次いで打ち出している。何故ならば，新しく指導体制が入れ代わる党大会の開催が今秋に予定されている折から，安定成長の実現こそが最重要課題に据えられているからに他ならない。そのため，安定と成長維持の両立を追求するため，内需を拡大し，外需を安定させ，経済の比較的速い発展を図ることが，より一段と強調されるようになっている。

特に内需拡大が強く叫ばれる一方で，「中国の経済発展に対する外需の重要な役割を決して軽視してはならない」との温家宝総理の発言（2012年3月5日の第11期全人代第5回会議における政府活動報告）も伝えられた。

これは，中国が今後とも輸出志向型経済を堅持することを表明したものと見られ，依然として同部門が経済を牽引する必要に迫られていることを物語っている。

そこで本稿では，中国経済の安定的発展にとって必要不可欠な対外貿易の近年の動向と共に，併せて国際取引のうち最大の輸送手段である海運に

焦点を合わせ，中国沿海部における主要港湾の海上貨物の荷動きについて
も明らかにしたい。

1．世界貿易に占める中国貿易の位置付けと発展経過

　中国の対外貿易は，改革・開放政策の導入以来，ほぼ増大の一途を辿っ
てきた。とりわけ，21世紀に入り2001年12月のWTO加盟後，急速な
拡大を遂げた。2004年には貿易総額が初めて1兆ドルの大台を突破し，
世界第3位の規模になった。うち輸出額では，2009年にドイツを抜いて
中国が遂に世界第1位（シェア9.6％）へと浮上した。ちなみに，世界輸
出における中国の順位は，1980年26位，1990年15位，2000年7位。[1]

　この結果，2011年現在，中国の輸出は1兆8,986億ドルで世界第1位，
輸入は米国に次ぐ第2位の1兆7,435億ドル，総額でも3兆6,421億ドル
と第2位の水準にある。今や自他ともに認める貿易大国となった中国は，
目下，次の新たなステップとして"貿易強国"を目指しながらそのプロセ
スを推進しているところである。

　上述したように対外貿易が右肩上がりで拡大するのに伴って，中国の貿
易依存度はこれまで上昇を続けてきた。2001年段階の38.5％（うち輸出
依存度は20.1％，輸入依存度は18.4％）から，2003年に貿易依存度が初め
て50％を上回って51.9％に達し，2006年にはピークの67％を記録した。
それ以降は低下傾向にあるものの，2011年の場合，まだ50.1％という高
水準を保った。内訳としては，輸出依存度が26.1％で，輸入依存度が
24.0％。[2]参考までに他国の例を挙げると，米国と日本の貿易依存度は20
％前後，ドイツが60％台，韓国が90％台である。中国の経済活動におけ
る対外貿易の地位が依然として大きいことがうかがえる。また，中国がそ
れだけ国際競争と国際的分業に強くかかわっており，中国経済が世界経済
の発展に深く組み込まれていることをも表わしている。

　こうして輸出が輸入を上回ることが常態化したため，中国の貿易収支は
1990年以降（1993年を除く）に黒字傾向が定着するに至った。さらに
2000年代後半からは，一貫して毎年1千億ドル以上にも上る巨額な黒字
を計上し続けている。その主な根源は加工貿易に基づいており，2011年

72

では全体の貿易黒字額1,551億ドルに対し，加工貿易による黒字は2.4倍の3,656億ドル（対照的に通常貿易では904億ドルの赤字）にも及んでいる。また貿易収支の地域別構成を見ると，主に欧米と香港向けが大幅な黒字で，反対に周辺の日韓台・ASEAN向けにおいては赤字である。

　このように貿易収支の大幅な黒字累積によって，中国では長期にわたり外貨準備高が激増してきた。一般に，外貨保有ポジションの増減は，上記の貿易黒字のほか，主に外資の利用実績やホットマネーの流入規模などで決まる。2011年12月末時点の外貨準備高は，世界で断然トップの3兆1,812億ドルと同年輸入額の1.8倍を数えている。

　そうした長年の貿易不均衡という突出した問題を抱えて，中国ではアンチダンピング（AD）や輸出補助金などをめぐり，外国との通商摩擦が一段と厳しさを増している。実際，海外からの中国に対するADおよび反補助金調査の件数は，既に過去16年間，5年間もそれぞれ連続して世界一の状態にある。例えば，2010年，中国の輸出額は世界全体の10％を占めたが，諸外国から受けたADおよび反補助金調査は，それぞれ世界の33％，60％までを占めたと言われる。[3]最近では，特に米中貿易摩擦が従前にも増して厳しくなり再燃してきていることが目立つ。

　具体的には，2012年3月中旬に米国がEU・日本と共同で中国のレアアース輸出規制をWTOに提訴したほか，太陽電池や自動車・同部品などの分野で中国企業に補助金が与えられて不当に安い価格で販売されており，外国メーカーの参入が制限されていることが次の新たな火種となっていた。そして同年5月には，米国商務省が中国製の太陽光発電パネルや風力発電タワー（支柱）に対して相殺関税を課す仮決定を下している。[4]一方，中国が自国製品に対してこれまで起こされてきたAD調査を受けるという被提訴国の立場から，WTO加盟後に一転してそのADユーザー国として活発な権利行使を遂行している点には着目する必要がある。

2．対外貿易政策の中心的課題—貿易発展パターンの転換加速

　2011年よりスタートした第12次5カ年計画期の貿易政策に関しては，同要綱の中で「第51章：対外貿易構造の最適化」という箇所において，

概ね次のように要約されている。すなわち，対外貿易の総方針としては，

・外需を引き続き安定させて拡大し，対外貿易発展パターンの転換を加
速し，貿易の発展を従来のような規模の拡大から質・効率の向上へと
転換させ，コスト優位から総合的競争の優位に転換させること
・輸出構造の"転型昇級"（転換・グレードアップ）を促進し，輸入を積
極的に拡大し，輸出入のバランスの取れた発展を促進させること

が列挙されている。

こうした中で，同計画の2年目に当たる2012年の対外貿易に関わる中
心的任務（対外貿易の安定した発展を維持）では，上で述べた「対外貿易発
展パターンの転換加速」が特に強調されている。これについては，商務部
が国家発展改革委員会を始め，財政部，海関総署など他の関連省庁（合計
10の部・委員会）と共に，この貿易発展パターン転換促進に向けた具体的
な政策措置を盛り込んだ指導意見（ガイドライン）を同年2月に公表し，
初めて明確にされた。全体の概要については貿易構成の見直しに力点が置
かれ，資源エネルギーや労働力に頼った従来の対外貿易発展方式を徐々に
改め，高品質，ハイレベルで高付加価値の対外貿易発展方式に転換させる
ことが謳われている。

同指導意見によると，貿易発展パターン転換の重要な任務としては，

・対外貿易の国際市場と国内地域の二つの配置を最適化すること
・貿易パターン転換の基地（拠点），貿易プラットフォーム，国際マー
ケティング・ネットワークという三つの構築を加速すること

が指摘された。そのための具体的な外貿工作の重点として打ち出されたの
が，以下に示すような諸点である。

① 輸出商品のブランドと品質向上
② 加工貿易のレベルアップ
③ "走出去"（海外進出）の加速で貿易を牽引
④ 国境貿易とサービス貿易の発展
⑤ 貿易バランスの促進
⑥ 貿易円滑化の水準向上

これらの点を踏まえ今後の対外貿易の発展目標としては，次に掲げる6

つの原則を堅持することが肝要だと提起されている。[5]

① 輸出と輸入の協調的発展→貿易バランスの促進
② 貨物貿易とサービス貿易の協調的発展→規模の効率向上
③ 対外貿易と外資・対外経済協力の協調的発展→相互作用の強化
④ 対外貿易と国内貿易の協調的発展→有効な相互補充の実現
⑤ 多種類の所有制主体の協調的発展→各自の優位性発揮
⑥ 東部と中西部地区の協調的発展→対外貿易の全方位発展の実現

3．直近の輸出入動向と特徴

中国の対外貿易は，2008年9月に起きたリーマンショックに端を発する世界同時不況の影響を受けて，翌2009年に輸出，輸入とも前年実績を下回りマイナスを記録した。だが，2010年にはいち早くV字型の急回復を遂げ，2011年も輸出入がそれぞれ20％以上という高い伸び率を保った。しかし，2012年に入ると1～3月の累計では，前年同期比7.3％増と急激な落ち込みを見せている。なかでも欧州債務危機を主因に，2～3割増を続けた過去2年と比べ，輸出の伸びがわずか7.6％に留まった。この輸出の鈍化は，同年第1四半期の実質成長率を0.8ポイント押し下げたという。そうした輸出の伸び悩みから国内の生産活動が盛り上がりに欠け，部品や原材料の輸入も抑えられているものと見られる。

以下では，中国の直近における輸出入の動きを基に，様々な側面からその特徴について見ていくことにしたい。

まず主要相手国・地域別貿易では，最大の貿易相手であるEU向けの輸出が2011年第4四半期に一桁台の伸びへと急降下し，しかも2012年に入って第1四半期には1.8％減少したことが，何と言っても特徴的である（図1）。ただ，先進国との貿易において米国や日本向けは，依然として10％以上の伸びを維持しており比較的堅調である。欧米日の三大貿易パートナーで中国貿易全体の約37％（2011年）を占める。一方，対途上国貿易に関しては，中国が鉄鉱石や原油，石炭などの資源輸入を近年拡大させていることもあり，特にブラジル，ロシア，南アフリカなど新興国との間では，二桁台の伸びが確保されている。ちなみに，BRICsの比重は前年よ

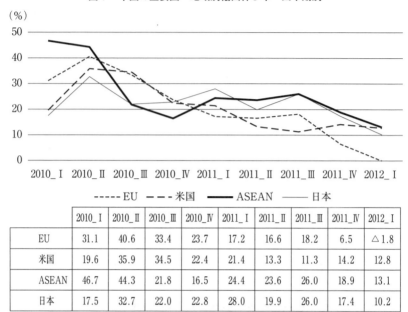

図1　中国の主要国・地域別輸出伸び率～四半期別

(出所) 中国国家統計局『中国経済景気月報』より著者作成。

り0.9ポイント上がって2011年に7.8%。また，2010年1月にFTA（自由貿易協定）が発効したASEANとの輸出入は，2011年も引き続き大きく伸びて，中国の貿易相手ではASEANが日本を抜き第3位となったことが特筆される。なお，中国と国境を接する14カ国[6]並びに日本を含む周辺国のサイドから見ると，一部不明ながら中国が今や最大の貿易パートナーになっている。

次に商品別貿易では，主力輸出商品の中で機械電気製品の輸出が第11次5カ年計画（2006年～10年）期間中の年平均増加率16.9%の後を受け，2011年には前年比16.3%増の1兆856億ドルに達し，輸出総額の57.2%を占めた。とはいえ，伸び率自体については，輸出全体のそれよりも4ポイントほど下回っている。加えて，中国機電産品輸出入商会の調査報告によると，2010年末以来，機械電気企業の生産コストは，概ね10～20%上

昇しており，その平均的な輸出利潤率はわずか3～5％と低い。[7]またハイテク製品の輸出に関しては，2011年に同11.5％増の5,488億ドルで，輸出総額に占める比率は28.9％と3割にも満たなかった。これに対して，伝統産品の輸出に関わる上記期間中の年平均増加率は，繊維が13.4％（2011年は22.9％），アパレルが11.9％（同18.3％），靴類が13.3％（同17.1％），家具が19.6％と，いずれも好調な伸びがうかがわれる。しかし，これらの品目に玩具，プラスチック製品，バッグ類を加えた七大労働集約型輸出産品の欧米市場でのシェアは，世界との厳しい競争に直面して少しずつ低下を余儀なくされている。他方，主要輸入商品では，一次産品の輸入が2011年に同39.3％増の6,044億ドルとなり，輸入総額の34.7％を占めた。特に増加が著しい原油は数量で2.5億トン（金額は前年比38.1％増の1,967億ドル），鉄鉱石は6.9億トン（同5.9％増の1,124億ドル）が通関された。これら鉱産物輸入の95％以上は現物貿易の方式で国際市場から直接購入されており，対外投資による開発輸入や買収などで権益を有する一部エネルギー資源の輸入量は，まだ極めて少ないのが実状である。[8]

　通常貿易と加工貿易に大きく分けられる形態別貿易では，中国の国有企業を始め内資企業を主体とする通常貿易による輸出入額が2011年に前年比29.2％増の1兆9,246億ドルとなり，貿易総額の52.8％を占めた。一方，中国には現在，7万社余りの加工貿易企業が存在すると言われる。だが，この加工貿易は，基本的には中国へ進出した外資系企業によって担われており，同12.7％増の1兆3,052億ドルを記録した。一般に加工貿易は，委託加工としての「来料加工・組立貿易」と「進料加工貿易」（輸出入決済を伴う）の2種類から成っており，後者が全体の約85％までを占めている。2011年の場合，前者が輸出入ともに前年より金額で減少したこともあり，加工貿易の貿易総額に占める比率は35.8％の水準まで低下し，輸出のそれは44.0％，輸入については26.9％へと落ち込んだ（表1）。過去に遡ると加工貿易の比率は1998年が53.4％とピークであり，当時は加工貿易が過半を占めていた。こうした背景には，低付加価値の代名詞的な加工貿易が賃金上昇の続く近年来，もはや次第に持続可能ではなくなってきたことがある。例えば，中国科学院の陳錫康教授の試算によれば，加工貿

表1　中国の対外貿易に占める外資と委託加工のシェア

（単位：億ドル）

| 年 | 輸出額 | | | | | | | 輸入額 | | | | | | | c+f/a+d (%) |
| | 全体 (a) | 外資系企業 | | 委託加工 | | | | 全体 (d) | 外資系企業 | | 委託加工 | | | | |
		(b)	b/a (%)	来料加工	進料加工	小計 (c)	c/a (%)		(e)	e/d (%)	来料加工	進料加工	小計 (f)	f/d (%)	
2000	2,492	1,194	47.9	411	965	1,376	55.2	2,251	1,173	52.1	280	646	926	41.1	48.5
2005	7,620	4,442	58.3	840	3,325	4,165	54.7	6,601	3,875	58.7	670	2,070	2,740	41.5	48.6
2010	15,779	8,623	54.6	1,123	6,280	7,403	46.9	13,948	7,380	52.9	993	3,181	4,174	29.9	38.9
2011	18,986	9,953	52.4	1,076	7,278	8,354	44.0	17,435	8,648	49.6	936	3,762	4,698	26.9	35.8
2012 1-3月	4,300	2,324	54.0	228	1,733	1,961	45.6	4,292	2,028	47.3	202	885	1,087	25.3	35.5

注：「来料加工」は，原材料・部品・デザインや設備を外国企業が無償で中国企業に提
供し，中国企業が製品に加工して外国企業に引き渡す（輸出）。「進料加工」は，中
国企業が原材料を有償で輸入し，製品に加工して外国企業（委託企業）に輸出販売
する。

（出所）日中経済協会編『中国経済データハンドブック 2011 年版』P115 及び中国海関総署
『中国海関統計』（月刊）より著者作成。

易による 1 ドルの輸出で創設される付加価値は 0.2 ドル前後にすぎず，中
国が米国から輸入する 1 ドルの商品は米国に対してもたらすそれが 0.8 ド
ルにも上るという。[9]

　もう一つの典型例としては，米アップル社の iPhone 携帯電話の組み立
てがある。この 1 台当たりの製造原価を約 179 ドルとすると，中国におけ
る組立コストは全体の 3.6％のみで，6.5 ドルにしか過ぎないとされる。[10]
このような状況下で，中国政府は 2011 年に加工貿易の"転型昇級"を目
指し，珠江および長江デルタ地区をモデルに，外資の進出が目立つ東莞と
蘇州の両市でモデル企業を育成するとの指針が発表されたのであった。

　所有制の観点から捉えた企業形態別貿易では，外資系企業が引き続き主
導的な役割を果たしており，2011 年のその貿易額は表 1 で示したように
前年比 16.2％増の 1 兆 8,601 億ドルとなった。とりわけ工業製品輸出の
55％以上，ハイテク製品輸出の 87％以上が，実は外資系企業によっても
たらされている。それに対して，私営企業や集団所有制企業などを含む民

第1章　減速強める中国の対外貿易と主要港湾の貨物荷動き

営企業の活動が特に顕著であり，2011年も力強い増勢を維持した。この民営企業による貿易額は同36%増の大幅増となり，1兆ドルの大台を突破した。同輸出入額の中国貿易総額に占める比率は28%と，既に国有企業の21%を大きく上回ったことが注目に値する。こうして民営企業は，今日では中国対外貿易の拡大を推進する一大支柱となっている。これら三大経営主体ごとにそれぞれ2011年における対外貿易の状況を列挙すると，表2のとおりとなる。

　さらに地方の省市別貿易では，経営単位の所在地に基づく統計によると，2011年の場合，第1位が広東省の前年比16.4%増の9,135億ドルで全国の四分の一を占める25%のシェア，第2位は江蘇省で同15.9%増の5,398億ドル（シェア15%），第3位は上海市で同18.5%増の4,373億ドル（同12%）であった。但し，この上位3省市の輸出（入）とも全国平均の伸びを下回った。そのため，上位3省市の合計貿易額は依然として中国貿易総額の52%を占めたものの，2006年の59%と比べれば過去5年間に7ポイントもシェアが下がった勘定になる。しかも，2012年に入ってから伸びが急速に低下しており，同1～3月のそれは50%ラインをようやく維持している状況で，低落傾向に一段と拍車がかかっている。なお，全国で年間の輸出入額が1,000億ドルの大台を上回ったのは沿海部の地方だけであり，東部10省市（全国シェアは86%）のうち8つの省・直轄市を数えた（表3）。また内陸部の中西部地区による輸出入額（同約10%）が，20世紀

表2　2011年における対外貿易の状況

2011年	国有企業	民営企業	外資系企業
輸出額	2,672億ドル （前年比14.1%増）	6,360億ドル （同32.2%増）	9,953億ドル （同15.4%増）
輸入額	4,934億ドル （前年比27.1%増）	3,852億ドル （同42.9%増）	8,648億ドル （同17.1%増）
貿易収支	△2,262億ドル	2,508億ドル	1,305億ドル
輸出入額	7,606億ドル （シェア21%）	10,212億ドル （同28%）	18,601億ドル （同51%）

表3　中国の地方省市別貿易

（単位：億ドル）

地区	順位	地方省市区	貿易総額			輸出額			輸入額		
			2011年	前年比(%)	シェア(%)	2011年	前年比(%)	シェア(%)	2011年	前年比(%)	シェア(%)
東部	1	広　東	9,135	16.4	25.1	5,319	17.4	28.0	3,815	15.0	21.9
	2	江　蘇	5,398	15.9	14.8	3,126	15.6	16.5	2,271	16.3	13.0
	3	上　海	4,373	18.5	12.0	2,097	16.0	11.0	2,276	20.9	13.1
	4	北　京	3,895	29.1	10.7	590	6.5	3.1	3,305	34.2	19.0
	5	浙　江	3,094	22.0	8.5	2,164	19.9	11.4	930	27.3	5.3
	6	山　東	2,360	24.8	6.5	1,258	20.7	6.6	1,102	29.8	6.3
	7	福　建	1,436	32.0	3.9	928	29.9	4.9	507	36.0	2.9
	8	天　津	1,034	25.9	2.8	445	18.7	2.3	589	32.0	3.4
		小　計	30,725	20.3	84.4	15,927	17.7	83.9	14,795	23.2	84.9
東北	9	遼　寧	960	18.9	2.6	510	18.4	2.7	449	19.4	2.6
	12	黒龍江	385	50.9	1.1	177	8.5	0.9	208	125.7	1.2
中西部	11	四　川	478	46.2	1.3	290	54.2	1.5	187	35.3	1.1
	13	湖　北	335	29.2	0.9	195	35.3	1.0	140	21.7	0.8
	14	河　南	326	83.1	0.9	192	82.7	1.0	134	83.5	0.8
		全　国	36,421	22.5	100.0	18,986	20.3	100.0	17,435	24.9	100.0

（出所）中国国家統計局『中国経済景気月報』2011年第1期より著者作成。

末から積極的に実行に移されている西部大開発の政策効果が段々と現れてきているため，近年では大幅な伸長を見せていることが際立つ。2011年の例を挙げると，輸出面で著しい伸びを示したところは，重慶市（前年比164.9％増），河南省（同82.7％増），江西省（同63.1％増）など主に中西部地区に集中しており，そうした地域の輸出力の向上が明確にうかがわれる。

　最後に輸送モード別貿易では，表4で分かるように全体的には海上輸送が約7割を占めて主流であり，とりわけ沿海部の主要港湾都市では，その外貿取引のうち海上輸送の比率が9割以上と圧倒的である。このほか，陸運（トラック）や空運については，いずれも全体のシェアが漸減しており，合算しても3割弱の水準に留まっている。[11]つまり，海運がやはり貨物輸送の中心である。

第1章 減速強める中国の対外貿易と主要港湾の貨物荷動き

表4 輸送モード別貿易

(単位：％)

	2009 年	2011 年
海　　　　運	67.9	69.5
陸運（トラック）	16.5	15.6
空　　　　運	14.3	12.9
鉄　　　　道	0.72	0.75

4．沿海主要港湾の貨物・コンテナ取扱量

　世界景気を映す鏡となっているのが他ならぬ海運の動きである。従って，ここでは特に中国の沿海主要港湾における海上コンテナ貨物の荷動きを中心に述べていくこととする。というのは，海上荷動きの貨物構成を見ると，輸送量が最も多いのは鉄鉱石，石炭，穀物などのバルク貨物（ばら積み貨物）であり，それに次ぐのがコンテナ貨物である。だが，主要な定期航路のほとんどはコンテナ化されているため，海上コンテナ輸送が今日では世界の物流を支える大切な輸送手段となっているからである。

　国際的なコンテナ流動では，北米・欧州・アジアの三極を相互に結ぶ基幹航路こそ，世界の大手船社がまさに激しい競争を繰り広げている主戦場だと言える。世界の外航海運における海上コンテナ荷動き（2010 年）を見ると，アジア発着の3航路，すなわち①アジア域内航路（世界全体の輸送量の21％），②アジア～北米間の北米航路（同18％），③アジア～欧州間の欧州航路（同18％）での輸送量が，世界のトップ3を独占していることが分かる。後述するような中国港湾の躍進を主因に，アジア発着の貨物取引が中心となっているのである。なかでも，アジアから経済規模の大きい欧米諸国へ出荷される海上貨物のうち，中国が実に約7割ものシェアを誇り，今やコンテナ荷動きの核として存在感を増している。このため，定期航路各社は中国基点の航路増強への姿勢を一段と強めつつある。

　Containerization International 誌が先頃まとめた 2011 年の世界のコンテナ港湾上位5港によると，1位の上海港（前年比8.3％増の3,150万

81

TEU：20フィートコンテナ換算）を筆頭に，2位はシンガポール港（同5.3
％増の2,994万TEU），3位は香港港（同3％増の2,440万TEU），4位は深
圳港（同0.3％増の2,257万TEU），5位は釜山港（同14％増の1,618万
TEU）の順となっている。[12]なお，日本の全港湾における外貿コンテナ取
扱量と比較すれば，同規模は前年比3.9％増の1,751万TEU（速報値）で
あった。ちなみに，世界の上位10港では2010年と取扱数量の順位に変動
はなく，深圳を除いて中国各港が引き続き前年比10％前後と比較的堅調
な伸びを記録した。これらトップ10のうちアジアの港湾が8位までを占
めており，しかも中国の港湾は上述した上海，香港，深圳港以外に，寧
波・舟山（6位），広州（7位），青島（8位）の合計6港がランクインを果
たしている。かつては香港，シンガポールの間で，長らく世界一の座をめ
ぐり争われていた。事実，1989年～2004年では香港が世界第1位，2005
年～09年ではシンガポールが同1位を占めてきた。しかし，近年では上
海港の急速な台頭が顕著となり，2010年以降は同港が遂に1位へ上りつ
めた。

　このように急成長を続ける中国のコンテナ港湾群であるが，中国政府は
これまで対外貿易を成長の主要エンジンと見なし，その基本インフラであ
る港湾整備に一貫して注力してきた。とりわけ21世紀に入って，中国交
通部（現交通運輸部）が2003年6月末に「中国港湾法」を公布した後，全
国における港湾の建設が加速されて現在に到っている。また「全国沿海港
湾発展戦略」（2001年）の提起を経て，2006年8月には全国的港湾整備の
基本方針である「全国沿海港湾配置計画」が具体的に制定された。これは，
中国沿海部にある150余りの全港湾を5つの港湾郡に分け，それぞれに中
核港を指定し，各地域の発展を図っていくことが謳われている。[13]すなわち，
この五大港湾群は，次のとおりである。
① 環渤海地区港湾群—大連，天津，青島
② 長江デルタ地区港湾群—上海，寧波・舟山，連雲港
③ 東南沿海地区港湾群—廈門，福州
④ 珠江デルタ地区港湾群—広州，深圳，珠海，汕頭
⑤ 西南沿海地区港湾群—湛江，防城，海口

第1章　減速強める中国の対外貿易と主要港湾の貨物荷動き

　これらの中で，特に環渤海，長江デルタ，珠江デルタ3地区の港湾群については，中国の華北，華東，華南地域にそれぞれあり，今日では高度経済成長を支える三大貨物集散地が形成されている。

　こうして中国沿海部の上記三大港湾群における主要7港湾の貨物とコンテナ取扱量から，直近の動きを示したのが表5である。全国に占めるシェアは前者が三分の一程度（但し，沿海部全体の61億トンのうちでは53%），後者が約70%となっている。総じて言えば，北方の港湾の伸びが南方を上回った点が特徴的である。コンテナ取扱量（2011年）の例では，大連，営口，連雲港などが20%以上，天津港が14.1%と比較的高い伸びを示した半面，中国のコンテナ取扱実績で1，2位を占める上海と深圳港が，それより低い9.3%，0.3%の伸びであった。その流れは2012年1〜3月に止まるどころか，深圳港ではむしろ更に落ち込んでマイナスさえ記録した。こうした増加スピードに差異が生じた主な原因は，2011年に国際航路の

表5　中国の沿海主要港湾の貨物・コンテナ取扱量（2011年）

| 地区 | 港湾名 | 2011年 | | | | | |
| | | 貨物取扱量（万トン） | | | コンテナ取扱量(万TEU) | | |
			前年比(%)	シェア(%)		前年比(%)	シェア(%)
長江デルタ	⑥寧波・舟山	69,335	9.5	6.9	1,472	11.7	9.0
	①上海	62,432	10.9	7.2	3,174	9.3	19.4
珠江デルタ	⑦広州	43,150	5.0	4.3	1,426	13.4	8.7
	④深圳	22,316	1.0	2.2	2,257	0.3	13.8
環渤海	⑪天津	45,338	9.7	4.5	1,159	14.1	7.1
	⑧青島	37,230	6.3	3.7	1,302	8.9	7.9
	⑲大連	33,691	7.3	3.4	640	22.1	3.9
小　計		323,818	8.1	32.2	11,430	9.2	69.7
全　国　計		1,004,100	12.4	100.0	16,400	12.0	100.0

　　注：上記の○内の数字は，2011年における世界のコンテナ取扱量トップ20港の
　　　　順位を示す。
（出所）中国国家統計局編『2012中国統計摘要』中国統計出版社，P154，中国港湾
　　　　協会編『中国港口』中国港湾雑誌社，2012年第1期，P34より著者作成。

83

貨物の伸びが国内航路より明らかに低かったことに求められる。そのため，国際基幹航路におけるコンテナ積みの比重が相対的に高くて大きな支えとなっている両港にとって，成長発展の力強さに欠けたものと見られる。[14]

　とはいえ，上海港ではコンテナ取扱量が2011年に3千万TEUの大台を突破して，既述のとおり2年連続で世界一となった。この3千万TEU超えは世界の港湾史上，初めての快挙であり，新記録が打ち立てられたことを意味している。リーマンショック後の同港におけるコンテナ取扱実績を月別増加率の推移から見ていくと，2009年のコンテナ取扱量については，上海港でも例外なく世界的金融危機の影響により，二桁台のマイナスと確かに大幅な減少を余儀なくされた。しかし，その後の2010年から2011年にかけては，前年の反動もあり急速な回復を遂げて上記の栄えある成果に結びついたことがうかがわれる。

　他方，バルク貨物主体の貨物取扱量においては，2011年を通じて全般的に"前高後低"（上半期の伸びが高くて下半期に低い）という状況が現われ，四半期ごとの伸び率では14%→11%→14.9%→9.5%であった。

　こうして中国政府は現在，港湾分野でも発展パターンの転換加速を強調しつつ，前述の輸出入の効率化を標榜し，海上貨物輸送の促進と船腹量の増加を図りながら，海運力の強化と近代化を実現すべく邁進している。また地方では，港湾の統合管理や再編の動きが活発化しているところである。

　おわりに

　今後の輸出の先行きを占うとされる中国最大の貿易見本市・広州交易会が，さる5月5日に閉幕した。当交易会での輸出取引金額は，前回（秋）比4.8%減と2009年からの対外貿易の復調以来，初の減少になった。地域別に見ると，債務危機が続くEUの契約金額は5.6%減，米国も雇用情勢の悪化に伴う影響で8.1%減少した。また契約期間別では，向こう6カ月未満の中短期契約が86.3%にも達し，為替相場の変動など警戒感も手伝って発注者が長期契約の締結に二の足を踏む傾向が強く見られた。[15]

第1章　減速強める中国の対外貿易と主要港湾の貨物荷動き

　そうした中国を取り巻く厳しい外部環境の下で，欧州の信用不安の再熱が改めて取り沙汰されるようになったことを受け，中国経済は足元の景気が更なる下振れ圧力に直面している。なかでも輸出伸び悩みの様相は，貿易が最も盛んな広東省を始め中国南部から次第に北部へ，従来型の伝統産業から新興業界に至るまで，徐々に広がりつつある。

　輸出の低迷が続く一方で，輸入を一層重視して貿易均衡を図る点が強調され，これまで以上に輸入奨励（例えば，広東省では2012年から輸入促進特別資金を創設）に積極的で強い姿勢が見られる。こうして，輸入の伸びは今後とも比較的高い水準を維持し，輸出のそれを上回るものと予想される。

　ただ，既に述べたように中国の貿易発展にとって国内外の環境は，むしろ一段と厳しさを増す状況にあることも事実である。2012年の対外貿易が政府の設定した「年間10％前後の成長目標を実現するには，かなり苦しい努力が必要だ」との率直な発言（陳徳銘・商務部長）さえ聞かれる。[11]

　いずれにせよ，全体として2012年の外需の縮小は避けられそうにない情勢にある。特にEU向けがなお不振であまり期待できないこともあり，今後の対外貿易の行方を左右するカギは，比較的好調な新興国やASEAN向けの伸びが，その落ち込みをどこまでカバーできるかにかかっている。これから貿易の伸びを安定させる政策が打ち出されていくとはいえ，欧米を中心とする経済状況が混乱を回避して落ち着かない限り，年間の伸び率目標達成にやや黄信号が灯った形であると言えよう。なお，2012年4月26日に公表された「対外貿易発展"12・5"規画」（商務部外貿司）によると，第12次5カ年計画期（2011年〜15年）における対外貿易の年平均伸び率は，2012年の場合と同様に10％前後と設定されており，最終年度に当たる2015年の対外貿易総額は約4兆8,000億ドルに達することが発展目標として掲げられている。

〔注〕
(1)　中国国家統計局貿易外経統計司編『2011中国貿易外経統計年鑑』中国統計出版社，2011年9月，P560。
(2)　『中国通信』2012年2月17日，P9。
(3)　王受文「転変外貿発展方式，推動対外貿易穏定平衡発展」『国際貿易』2012年第

1 期，P5。

(4) 『日本経済新聞（夕刊）』2012 年 5 月 31 日。

(5) 中国商務部新聞弁公室「商務部等十部委聯合発布〈関于加快転変外貿発展方式的指導意見〉」2012 年 3 月 1 日（商務部ホームページ。〈http://www.mofcom.gov.cn/column〉2012 年 4 月 3 日アクセス）。

(6) 中国と国境を接する 14 の国々は，北朝鮮，ロシア，モンゴル，カザフスタン，キルギス，タジキスタン，アフガニスタン，パキスタン，インド，ネパール，ブータン，ミャンマー，ラオス，ベトナムを指す。

(7) 霍建国「"関鍵之年" 中国対外貿易的応対之策」『国際貿易』2012 年第 3 期，P6。

(8) 注 3 に同じ。

(9) 張燕生「実施 "走出去" 戦略，加快転変外貿増長方式」『国際貿易』2011 年第 4 期，P7。

(10) 李莉「対中国加工貿易順差問題的幾点思考」『国際貿易』2012 年第 2 期，P31。

(11) *Global Trade Atlas* のデータ（中国の対世界輸送モード別貿易）に基づく。

(12) *Containerization International* 2012 年 4 月号。

(13) 三浦良雄「港湾物流」日中経済協会編『日中経済交流　2008 年—世界同時不況に協調対応を』2009 年 3 月，351 号，PP309〜311。

(14) 賈大山「中国沿海港口 2011 年回顧与 2012 年展望」中国港湾協会編『中国港口』中国港湾雑誌社，2012 年第 1 期，P10。

(15) 『日刊 CARGO』2012 年 5 月 23 日。

(16) 『中国通信』2012 年 3 月 26 日，P13。

第2章

中国北部主要港の発展過程と競合状況

はじめに

　中国では，21 世紀に入って現代物流（ロジスティクス）の発展・強化を重視した一連の政策が打ち出される中で，2003 年 6 月末に「中国港口（港湾）法」が公布され，翌 2004 年 1 月から施行されるに至った。交通部（現・交通運輸部）は同法を制定した後，国内・外国貿易双方で著しく増加した海上輸送量に対応すべく，全国レベルで港湾の建設を加速させてきた。そうした流れを受けて，2006 年 8 月には国務院は「全国沿海港口布局規画」（以下，「全国沿海港湾配置計画」）を承認したのであった。これは，中国の沿海部にある 150 余りの全港湾を 5 つの港湾群に区分しており，そのうちの一つが本章の主な分析対象となる環渤海地区港湾群である。

　本章の目的は，この環渤海地区港湾群の中で中核となる三大中枢港湾，すなわち大連，天津，青島の三大港（以下，三大港）を中心に，併せて周辺の中小港湾と共に，その発展過程をまず明らかにする。また，これら三大港と中国北部の中小港湾や北東アジアのハブ港である韓国・釜山港とも比較検討しながら，相互間の競合状況について考察する。

　そこで本章では，第 1 節で全国沿海港湾に占める環渤海地区港湾群の位置付けと同地区で進展する港湾再編や「国際航運中心」[1]（英文名称は，International Shipping Center。以下，「国際航運センター」）建設構想の動きなどについて論じる。第 2 節では，貨物輸送の中心であるコンテナ荷動き量の急増とそれに伴うコンテナ埠頭の開発促進，さらに海運・鉄道連携によ

るコンテナ輸送（インターモーダル鉄道輸送。以下，「海鉄連運」）や基幹航路の主な港湾別コンテナ船寄港実績に関して検討する。第3節では，コンテナ貨物のほかに"三大バルク貨物"と呼ばれる鉄鉱石，石炭，穀物のうち，とりわけ前二者に焦点を当て，中国北部主要港での取扱量増大と，それを処理する大型埠頭の相次ぐ建設・拡張の最新動向を明らかにする。このような論点を踏まえた上で，最後に，各種要因に照らした上記三大港をめぐる競合実態を基に，主として優位と劣位の観点から捉えた総合評価を試みることにする。

第1節 全国沿海港湾に占める環渤海地区港湾群の位置付けと再編動向

1.「全国沿海港湾配置計画」と環渤海地区港湾群

　交通部は先の「中国港湾法」公布以前の2001年時点で既に，国民経済・社会の発展要求と経済グローバル化の発展趨勢に対応するため，「全国沿海港湾発展戦略」を明確に打ち出していた。これは，約1万8,000kmにも及ぶ海岸線を有する中国沿海部の港湾発展政策の総目標を提起したものである。同戦略の公表を契機にして，交通部は国家発展改革委員会と共同で，以下に列挙するような港湾発展計画を次々と編成していくことになった（中国交通運輸部編［2009: 80-84]）。

　まず，2005年から2006年にかけて「長江デルタ・珠江デルタ・渤海湾3地域の沿海港湾建設計画（2004年〜2010年）」を，次いで「長江デルタ・珠江デルタ・渤海湾3地域以外の沿海港湾建設計画（2006年〜2010年）」をそれぞれ制定した。さらに2006年8月に上述した「全国沿海港湾配置計画」が，また2007年6月には「全国内河航路港湾配置計画」が順次まとめられ，制定された。

　これら諸計画のうち「全国沿海港湾配置計画」によると，中国沿海部に存在する全港湾を5つの港湾群に分け，それぞれに中核となる主力港湾を指定し，8つの輸送システムを形成していくことが謳われた。表1にまと

第2章　中国北部主要港の発展過程と競合状況

めたのが五大港湾群である。また，8つの輸送システムは，石炭，石油，鉄鉱石，コンテナ，食糧，自動車，離島フェリー（RORO船），旅客の八大輸送システムである。その主な狙いは，各地域の発展を一層図るために，沿海港湾の合理的配置と役割分担の明確化，秩序ある港湾開発や港湾資源の節約，効率的な水運輸送システムの形成，国家管理体制の強化などにある。

表1　「全国沿海港湾配置計画」における五大港湾群の概要

港湾群名と機能	行政区分	構成港湾	
		主力港	中小型港
環渤海地区港湾群 ・北部沿海・内陸地区の経済社会発展に奉仕	遼寧省 河北省 天津市 山東省	大連港，営口港 秦皇島港 天津港 青島港，煙台港，日照港	丹東港，錦州港 唐山港，黄驊港 威海港
長江デルタ地区港湾群 ・上海国際航運センターに依拠。長江デルタと長江沿線地区の経済社会発展に奉仕	上海市 江蘇省 浙江省	上海港 連雲港港 寧波港	南京港，鎮江港，南通港，蘇州港，舟山港，温州港
東南沿海地区港湾群 ・福建省と江西など内陸省の一部地区および対台湾「三通」の需要に奉仕	福建省	アモイ（厦門）港，福州港	泉州港，莆田港，漳州港
珠江デルタ地区港湾群 ・香港の経済・貿易・金融・情報と国際航運センターとしての優位性に依拠。華南・西南の一部地区に奉仕し，広東省と内陸地区，香港・マカオ地区との交流を強化	広東省	広州港，深圳港，珠海港，汕頭港	汕尾港，惠州港，虎門港，茂名港，陽江港
西南沿海地区港湾群 ・西部地区の開発に奉仕し，海南島と島外との物資交流を拡大させるため，輸送提供を保障	広東省 広西チワン族自治区 海南省	湛江港 防城港港 海口港	北海港，欽州港 洋浦港，八所港，三亜港

（出所）中国交通年鑑社編［2007: 143］より著者作成。

89

そのうち，環渤海地区港湾群に関しては，2006年12月に「環渤海地区現代化公路水路交通基礎設施規画綱要」（環渤海地区の現代的な道路・水路交通インフラ計画要綱）が新たに策定され，その中で「環渤海地区沿海港湾配置計画」としてより具体化された。こうして環渤海地区港湾群は，さらに次の三つの群体に分割されることとなった（三浦［2012b: 20-21]）。

まず遼寧沿海港湾群である。大連と営口を主体とし，丹東，錦州などの港湾から構成され，東北3省と内モンゴル自治区東部をサービス圏とする。大連をコンテナハブ港として，営口，丹東，錦州港とをフィーダーネットで結ぶ。次に，津冀（天津市・河北省）沿海港湾群は，天津と秦皇島を主体とし，唐山，黄驊などの港湾から構成され，北京・天津両市，華北地域およびその西部を主要サービス圏とする。また，天津をコンテナハブ港として，秦皇島，唐山，黄驊港とをフィーダーネットで結んでいく。最後に，山東沿海港湾群では，青島，煙台，日照港を中核に威海港などで構成され，山東半島およびその西部延伸地域を主要サービス圏とする。青島をコンテナハブ港として，煙台，日照，威海港とをフィーダーネットで結ぶことになっている。

2．港湾再編の進展と「国際航運センター」の建設目標

これらの港湾群が各地で一斉に大規模な港湾整備を志向するにつれて，港湾間の競争は必然的に激しさを増しつつある。その一方で，中国では港湾の管理行政面における大きな改革（主に港湾の管理体制の変更）が2002年以降，同時に進行している。例えば，中央政府が実施した港湾再編では2004年にかけて，交通部が直轄もしくは地方政府と二重指導していた沿海・長江沿いの38港湾が地方政府の管理に移譲された。また，政企分離[2]の下で地方の各港務局が株式会社へと転換された。さらに，それとは別に地方政府の主導による港湾再編も着手されるようになってきている。こうした中国における港湾再編の特徴を一言で表わせば，「中央指導・地方主導」に集約することが出来る。

環渤海地区でも港湾再編が着々と行われてきた。それを示したのが表2である。この表から明らかなように，地方政府が港湾の直接の所有者・管

第 2 章　中国北部主要港の発展過程と競合状況

理者となって，港湾再編に介入している一端がうかがわれる。特に，山東
省政府の積極的な取組みが顕著に見られる。山東省では港湾再編の新たな
一形態として，青島，日照，煙台の 3 港が，2009 年 2 月に戦略的協力枠
組み取決めに正式署名した。青島港を中核とし，日照港および煙台港を両
翼とする「北東アジア国際航運センター」の建設に向けて注力していくこ
とが約束された（『中国港口』[2012(8): 3]）。これら 3 港が戦略的協力関係
を通じて，相互の比較優位を利用するという合意をみたわけである。

　この「国際航運センター」構想に関しては，これまで既に上海を皮切り
に，大連，天津と相次いで中央政府から認可されてきた。そして青島が新
たに加わり，追いかける展開となっている。ここにようやく環渤海地区港
湾群の三大港がすべて勢揃いした。「国際航運センター」の構想提起と建
設目標は，地域経済の発展にとって重要な構成部分になっている。港湾事

表 2　中国環渤海地区における港湾再編の進捗状況

年	対象港湾	港湾再編の内容
2003	日照港，嵐山港 （山東省）	日照港が嵐山港と合併し，日照港（集団）有限公司を設立。
2005	煙台港，蓬莱港 （山東省） 青島港，威海港 （山東省）	煙台港は煙台市にある蓬莱港と合併し，煙台港集団蓬莱港有限公司を設立。 青島港と威海港は共同出資を行い，威海青威集装箱（コンテナ）埠頭有限公司を設立。
2006	煙台港，龍口港 （山東省）	煙台港は煙台市が管轄する龍口港を吸収。
2007	青島港，日照港 （山東省）	両港は合弁で日照集装箱（コンテナ）埠頭有限公司を共同経営。
2008	大連港，錦州港 （遼寧省）	両港は錦州港西部海域を共同開発する合弁会社を立ち上げ。
2009	青島港，煙台港， 日照港（山東省） 秦皇島港，曹妃甸港， 黄驊港（河北省）	青島港を中核とし，日照港および煙台港を両翼とする「北東アジア国際航運センター」の建設に向けた戦略的協力枠組み取り決めに調印。 秦皇島港務集団を基礎とし，唐山港曹妃甸港区や黄驊港の三者が連合して河北港口集団有限公司を設立。

（出所）姜［2010: 74-75］および『中国港口』[2012(8): 1-3] より著者作成。

91

業の振興こそが，当該地域の経済開発の大きな柱の一つにしっかりと組み込まれていることが読みとれる。従って，これらは政治的な色彩が極めて強く，国家と地域発展戦略とが密接に結合されたものと言える。

3．港湾群別貨物取扱量の実績推移

中国沿海部の五大港湾群別に各主要港の2000年代半ば以降における貨物取扱量の推移をまとめたのが，表3である。この表から明らかな点は，環渤海地区港湾群の急激な増加である。中国北部の諸港湾に貨物がかなり集中し，近年では沿海港湾全体に占めるシェアが40％程度の水準にある。具体的な主要取扱品目においては，原油・同製品のほか，後で詳しく述べる鉄鉱石・石炭と穀物などの太宗商品である。

2011年における全国の「規模以上港湾」による貨物総取扱量は91億1,800万トン[3]で，そのうち沿海港湾のそれは61億6,300万トン（全体に占めるシェアは67.6％），内河港湾は29億5,500万トン（同32.4％）であった。この中で年間取扱量が1億トン規模を上回った港湾数は合計26港に達し，内訳では沿海部の億トン港が17港，内河のそれは9港を数えた。沿海17港のうち環渤海地区の億トン港は，約半分の9港である。ただ，2005年当時で，貨物取扱量1億トン以上を記録したのは天津，青島，大連，秦皇島の4港にすぎなかった。その後，順次増えていき2006年に日照港，2007年に営口と煙台両港，2008年に唐山港，さらに2011年には黄驊港も加わった。このことは，短期間のうちに毎年のように大型港湾が続々と誕生したことを物語っている。

それに対して長江デルタ地区港湾群では，貨物取扱量の全国1，2位を誇る寧波・舟山，上海港を抱えながら，沿海港湾におけるシェアは依然24％前後に留まったままで，環渤海地区港湾群に大きく水をあけられた形である。しかし，長江デルタ地区港湾群には貨物取扱量1億トン超の蘇州，南京，南通などの大型河川港が別途含まれることから，それらを足し合わせると環渤海地区港湾群とほぼ似通った取扱量になる。その上，次節で取り上げる定期コンテナ船の貨物取扱量に関しては，環渤海地区は長江デルタ地区のみならず，珠江デルタ地区にも遠く及ばないのが実情であ

第 2 章　中国北部主要港の発展過程と競合状況

表 3　全国沿海港湾群別貨物取扱量の推移

（単位：億トン）

港湾群	港湾名		2005 年	2007 年	2009 年	2010 年	2011 年	沿海港順位	世界港順位
環渤海地区	天津		2.41	3.09	3.81	4.13	4.53	3	4
	青島		1.87	2.65	3.15	3.50	3.72	5	8
	大連		1.71	2.23	2.72	3.14	3.37	6	9
	唐山		〔0.34〕	0.68	1.76	2.46	3.13	7	10
	秦皇島		1.69	2.49	2.52	2.63	2.88	8	12
	営口		0.75	1.22	1.76	2.26	2.61	9	14
	日照		0.84	1.31	1.81	2.26	2.53	10	15
	煙台		0.45	1.01	1.24	1.50	1.80	12	
	黄驊		0.68	0.83	0.84	0.94	1.13	17	
		小計	10.74	15.51	19.58	22.82	25.48		
長江デルタ地区	寧波・舟山		3.59	4.73	5.77	6.33	6.94	1	1
	上海		4.43	4.92	4.95	5.63	6.24	2	2
	連雲港		0.60	0.85	1.08	1.27	1.56	14	
		小計	8.62	10.50	11.80	13.23	14.74		
東南沿海地区	アモイ(厦門)		〔0.48〕	〔0.81〕	〔1.11〕	〔1.27〕	1.57	13	
珠江デルタ地区	広州		2.50	3.43	3.64	4.11	4.31	4	6
	深圳		1.54	2.00	1.94	2.21	2.23	11	19
		小計	4.04	5.43	5.58	6.32	6.54		
西南沿海地区	湛江		〔0.46〕	〔0.61〕	1.18	1.36	1.55	15	
	北部湾港						〔1.53〕	16	
		小計					3.08		
全 国 沿 海	総　計		29.28	38.82	47.55	54.84	61.63		

（出所）中国交通運輸部編〔2012: 63, 86〕より著者作成。

（注）(1)　2011 年における貨物量 1 億トン以上の沿海港湾のみを列挙している。

　　　(2)　2005 年の唐山港の数値は京唐港区だけで曹妃甸港区を含んでいない。

　　　(3)　2011 年のアモイ（厦門）港の数値は漳州港のデータを含む。それ以前についてはアモイ（厦門）港の数値である。

　　　(4)　2009 年以降の湛江港の数値は海安港のデータを含む。それ以前については湛江港のみ。

　　　(5)　2011 年の北部湾港の数値は防城港港，欽州港，北海港の 3 港分。

る[4]。このため，大型港湾が集中する割にはコンテナ取扱量が相対的に少なく，環渤海地区経済圏にとっては大きな課題である。今後の発展に当たっては，コンテナ貨物の増加がカギを握っていると言っても過言ではない。

　ところで，貨物取扱量の能力をある程度規定するとみられるのは，バース数の多寡である。こうした視点から三大港における各港湾埠頭のバース数（2010年末現在）を見比べてみると，大連港は200（うち万トン級以上が78），天津港は140（同95），青島港は75（同59）という状態にある。上で述べた貨物総取扱量の順位（天津港→青島港→大連港）とは異なり，バースの数では大連港が1990年以来，一貫して上位にあり，天津・青島両港の各総数を大幅に引き離していることが分かる。一方で，青島港のバース数が意外と少ない点が際立っている（小島［2012: 36-37]）。ただ，そのことは大連港におけるバース当たりの運用効率が他港と比べ相対的に低く，逆に青島港ではむしろ高いことの証左とも言えよう。

第2節　コンテナ船の貨物増大と港湾拡張・寄港回数

1．中国港湾のコンテナ取扱量の急増

　世界の定期船部門においてフルコンテナ船（コンテナのみを積載する専用船）による輸送が，今日では国際海上輸送の主役となりつつある。しかも，その中心は以前の欧米地域からアジア地域へと確実に移ってきている。なかでも，東アジア地域は既に世界のコンテナ輸送量が最も多い地域の一つとなっており，アジア港湾，特に中国諸港でのコンテナ取扱量が急増している状況にある。

　では，いくつの中国の港湾（香港を除く）がこれまで世界のコンテナ取扱量上位30港以内に入ってきたのであろうか。そうした世界の上位30港の状況を一覧表にしてまとめたのが表4である。これから明らかなように，1993年に上海港の取扱量が初めて世界27位に入り，その後は1998年まで同港だけ入っていた。1999年になって深圳，青島両港が加わって3港となり，その3年後の2002年には6港，2006年にはさらに8港まで増加

第2章　中国北部主要港の発展過程と競合状況

した。そして 2011 年には連雲港港も入り，全部で 9 港（うち上位 10 港には半分の 5 港）に上るほど躍進した。

　上述した環渤海地区三大港のほか，それ以外の港湾群の中で代表的な三つの中核港を含む主要 6 港について，そのコンテナ取扱量と各期間の年平均増加率の推移を見たのが表 5 である。この表から明らかなように，1990年以降における 5 年ごとの年平均増加率を見ると，アモイ（厦門）港と並んで青島港および大連港では，伸び率が一貫して低下傾向にある。とはい

表4　世界のコンテナ取扱量上位30港における中国港湾状況

年＼港湾名	上海	深圳	青島	天津	広州	寧波	アモイ (厦門)	大連	連雲港
1993	27								
1994	25								
1995	19								
1996	18								
1997	12								
1998	10								
1999	7	11	30						
2000	6	11	23						
2001	5	8	17	27					
2002	4	6	15	23	25	30	〔35〕		
2003	3	4	14	21	23	22	29	〔43〕	
2004	3	4	14	18	22	17	26	〔34〕	
2005	3	4	13	16	18	15	23	〔32〕	
2006	3	4	11	17	15	13	22	27	
2007	2	4	10	17	12	11	22	25	
2008	2	4	10	14	8	7	22	23	〔38〕
2009	2	4	9	11	6	8	19	22	〔35〕
2010	1	4	8	11	7	6	19	21	〔31〕
2011	1	4	8	11	7	6	18	19	25
2012	1	4	8	11	7	6	19	17	26

（出所）商船三井営業調査室編［2003:94-95］および Informa Cargo Information［各年版］，
　　　　Containerisation International, March 2011, 2012 より著者作成。
（注）（1）　上記の数字は中国主要港（香港を除く）の順位を示す。
　　　（2）　〔　〕内の数字は世界ランク 50 位内に入っている場合，順位のみ列挙した。
　　　（3）　寧波港の数値は 2006 年以降，舟山港の分を含む。

95

え，直近の2000年代後半においても深圳港を除くと，三大港を含めどの港もなお二桁台の高い伸び率を維持している。環渤海地区の三大港について見ると，2011年のコンテナ取扱実績では国内順位が5位の青島港（1,302万TEU），6位の天津港（1,159万TEU），8位の大連港（640万TEU）の順

表5　中国主要港のコンテナ取扱量推移と期間別年平均増加率

年　　　港湾	コンテナ取扱量（万TEU）						年平均増加率（%）			
	1990年	1995年	2000年	2005年	2010年	2011年	1990-1995年	1995-2000年	2000-2005年	2005-2010年
青島	13.5	60.3	212〔83〕〔39.2〕	631〔342〕〔54.2〕	1,201〔598〕〔49.8〕	1,302〔498〕〔38.2〕	34.9	28.6	24.4	13.8
天津	28.6	70.2	171〔43〕〔25.1〕	480〔204〕〔42.5〕	1,009〔425〕〔42.1〕	1,159〔517〕〔44.6〕	19.7	9.5	23.0	16.0
大連	13.1	37.4	101〔27〕〔26.7〕	269〔155〕〔57.6〕	526〔196〕〔37.2〕	640〔263〕〔41.1〕	23.3	22.0	21.3	14.6
上海	45.6	152.7	561〔141〕〔25.1〕	1,808〔799〕〔44.2〕	2,907〔786〕〔27.0〕	3,174〔831〕〔26.2〕	27.3	29.7	26.4	10.0
深圳	—	28.4	399〔147〕〔36.8〕	1,620〔644〕〔39.8〕	2,251〔813〕〔36.1〕	2,257〔773〕〔34.3〕	—	69.7	32.3	6.8
アモイ（厦門）	4.5	31.0	109〔41〕〔37.6〕	334〔150〕〔44.9〕	582〔185〕〔31.6〕	647〔212〕〔32.8〕	47.1	28.5	25.2	11.7
全国沿海総計	131.4	551.5	2,348	7,002	13,100	14,600	33.5	27.8	27.3	13.9

（出所）中国港口年鑑編集部編［2012:405］，中国交通運輸部編［各年版］および『中国港口』［2012(10): 37］より著者作成。
（注）（1）コンテナ取扱量と年平均増加率の出所が異なるため，伸び率については若干の誤差がある。
　　（2）上記2000年，2005年，2010年，2011年の〔　〕内の数値は，上段が当該港における同年の空コンテナの個数を，下段が同年の空コン比率をそれぞれ示す。
　　（3）1990年，1995年，2000年に関しては全国合計を表す。

第2章　中国北部主要港の発展過程と競合状況

であった。これら3港の間では，天津港が上位の青島港を猛烈に追い上げる展開となっている。

　但し，コンテナ港湾取扱量の問題の一つとして気をつけなければならないのは，中身のない空のコンテナの取扱量もその中に含まれて計上されていることである。例えば，東アジア～北米航路では，一般的に東航（北米向け）と西航（東アジア向け）の間の貨物インバランスによって，北米から東アジア向けの空コンテナの回送やコンテナ船の積載率の低下などが発生している。この空コン問題に関して中国港湾の場合，2000年当時では中国の実入りコンテナ比率がまだ割と高く70%前後の値（反対に空コン比率は約30%）となっていた（高橋［2004: 32-33］）。その後は表5に示したとおり，空コン比率が2005年にかけて一旦，軒並み急上昇したものの，2000年代後半に再び減少している。だが，主要6港の中で三大港は他港と異なり，2011年に天津と大連両港の空コン比率は依然として4割を超え，青島港のそれも38%と比較的高い値のままの状態にある。結果として，適正水準以上の空コンテナの流動が相当程度に発生しているものと考えられる。これは三大港のコンテナ取扱面で他港と比べ競争力低下の一因にもつながることから，今後の動きを注視する必要がある。いずれにせよ，対外貿易比率の高い上海港や深圳港などの低さ（2～3割台）と好対照をなしていることは明らかである。

2．コンテナターミナル開発の積極的推進と設備過剰問題

　中国港湾での急増するコンテナ取扱量に加え，入港する外国船舶の大型化やコンテナ港湾の近代化などにも対応するため，沿海主要港では，それぞれ本格的なハブポートを目指してコンテナ埠頭の増強を計画している。既に大規模なコンテナターミナルの建設が急速に進められ次々と稼動態勢に入っていることから，一部には設備過剰の状況さえ現われているほどである。

　環渤海地区の三大港も決して例外ではなく，各港湾発展戦略の下で重要な位置を占めるコンテナターミナルの積極的開発が急ピッチで行われている。ここでは，その中核的な存在として整備が最も進む青島港の前湾港区，

97

天津港の東疆港区，大連港の大窯湾港区におけるコンテナ埠頭の建設動向を中心に検討する（詳細は小島［2012: 42-46］を参照）。

　まず青島港から見ていくと，1990年代に市街区の西岸にある黄島地区の前湾新港に大深水バースが開発された。ここのコンテナ埠頭は，2000年7月に青島港務局（現青島港集団）と英国のP&O Ports（後にドバイのDubai Ports World: DPW が買収）との合弁会社である青島前湾集装箱碼頭（コンテナ埠頭）有限責任公司（Qingdao Qianwan Container Terminal Co.: QQCT）による運営となった。その後，2003年7月にデンマークのAPMT（AP Moller Terminal: マースクライン（Maersk Lines）の親会社・AP モラーグループ傘下）と中国遠洋運輸（集団）総公司（China Ocean Shipping（Group）Co.: COSCO）の2社が，新たに資本参加する形で加わった。さらに2009年6月に香港の泛亜集団（台湾の長榮海運の子会社）と共同で投資して青島新前湾集装箱碼頭有限責任公司（Qingdao Qianwan New Container Terminal: QQCTN）が設立され，同年12月には香港招商局集団をも取り込んでそれとの新合弁会社・青島前湾聯合集装箱碼頭有限責任公司（Qingdao Qianwan United Container Terminal: QQCTU）を折半出資で立ち上げた。続いて2011年5月，今度はシンガポールのAPL（American President Line）と中国の海豊国際控股有限公司（SITC）の船会社連合との間で新たに青島前湾新聯合集装箱碼頭有限責任公司（Qingdao Qianwan United Advance Container Terminal: QQCTUA）を設立させたのであった。こうして過去10年ほどの間に前湾港区での合弁相手がめまぐるしく変動した結果，2012年央現在，大小合わせ22バース規模のコンテナターミナルに発展し，その運営は今や4カ国8社から成る連合体制となっている。青島港では目下，既述した「北東アジア国際航運センター」の建設を進めており，前湾港区の新計画によると，最終的に全体で60バースが整備される予定である。また青島港集団の常徳伝総裁の話では，2015年までに貨物取扱能力6億トン，コンテナ取扱量2,000万TEUの達成を目標に世界一流の大港を目指す計画とのことである（青島港集団ウエブサイトhttp://www.qdport.com）。

　次に天津港である。同港初のコンテナ埠頭運営事業は，1999年に開業

第 2 章　中国北部主要港の発展過程と競合状況

した天津港務集団と米国のシーランド社（Sea Land Service, Inc. 1999 年に
マースクラインにより吸収合併）との合弁会社である天津東方海陸集装箱碼
頭有限公司によるものである。しかし，肝心の外資企業の海運部門が他社
に買収されて消滅する憂き目にあい，当初からつまずきを見せてしまった
ことから本事業の立ち遅れを余儀なくされた。そのため，天津は港湾発展
の遅れを一刻も早く取り戻すべく，国家プロジェクト「濱海新区」の開発
推進を旗印に，巻き返しを図ろうと同計画を全面的に強く打ち出したので
あった。それは 2000 年に実行段階を迎えたが，本格的な始動は 2005 年以
降のことであった。この「濱海新区」における臨港産業開発の柱の一つが，
新造成地の東疆港区である。現在開発中の当港区では，水深 16.5 m，バー
ス長 2,300 m のコンテナ岸壁 6 バースが稼動している。全体計画が完成
する 2020 年には総延長約 7 km の一大コンテナターミナルが誕生する予
定である（「日本海事新聞」2011 年 11 月 9 日）。天津港全体では，2012 年央
現在，大小合わせ 26 バース規模のコンテナターミナルが運営されている。
なお，貨物荷役の設計能力では，2015 年までに貨物総取扱量が 5 億 6,000
万トン，コンテナ取扱量は 1,800 万 TEU にそれぞれ達するものと見込ま
れている（天津港集団パンフレット「TIANJIN PORT」）。
　最後に，大連港では大窯湾港区の開発が中心で，第 1 〜第 3 期に分けて
整備が進められており，1990 年代後半から建設が始まった。大連におけ
るコンテナ新港の開発着手は，中国で上海に次ぐ早さであった。そのうち，
第 1 期ターミナルについては，大連港務局とシンガポール港運営株式会社
（Port of Singapore Authority: PSA）の二者による合弁事業として 1996 年 7
月にスタートし，翌 1997 年 11 月には APMT が新たに加わった。当初よ
り拡張されて既に 7 バースが稼動している。次いで 2005 年から 2006 年に
かけて，大連港集団，PSA，APMT，COSCO による 4 社合弁の第 2 期
ターミナル（6 バース）が完工し，供用中である。さらに 2007 年 7 月に第
3 期ターミナルの建設が着工され，これには大連港集団のほか，中国海運
集団と日本郵船が日本企業初のパートナーとして参画している。当該計画
は 4 バースの開発であるが，2011 年 10 月時点ではうち 2 バースのみの稼
動で，残り 2 バースの建設に関しては未定との話であった（大連港集団で

99

のヒアリング，2011年10月24日）。このように大窯湾コンテナターミナル
は，現在のところ合計14バース体制となっている。大窯湾新港開発では
将来の大発展計画が天津や青島に先駆けて打ち出されたものの，実際のコ
ンテナ取扱量は三大港のなかで最も少なく低迷しているのが実情である。
遼寧省の陳政高・省長が2011年3月に大連市を訪問した際，大連港湾当
局に対して，「向こう3年以内に年間コンテナ取扱量1,000万TEUを全
力で突破する」との努力目標が提示された。ただ，地元関係者の話では，
現状から判断するとかなり実現が難しいのではないかというのが大方の見
方である。むしろ，大連港における建設ラッシュが原因で，過剰な港湾設
備の存在が懸念されている。

　この港湾インフラの設備過剰問題に関しては，例えばコンテナ埠頭の稼
働率（バース当たり取扱量）により調べて見ると，次のような点が判明する。
中国港湾では，一般的に稼働率が高く，設計取扱能力に比して実際のコン
テナ取扱量がそれを大幅に上回り，2〜3倍に及ぶケースさえ散見される。
事実，全国平均で見るとバース当たり年間70万TEUも可能であり，世
界一の取扱実績を保つ上海港では79万TEU（2011年）にも達している。
そうした状況を三大港に当てはめてみたのが表6である。バース数につい
ては先に見比べたとおりだが，コンテナ取扱量の伸び悩みが見られる天津，
大連両港のバース当たり取扱量は，年間40万〜45万TEUの水準に留ま
っている。これは上海港と比較して稼働率が相当低く，両港ともバース供
給が需要をかなり上回った状態にあると考えられる。この点に関して天津
港の現場では，「コンテナ取扱能力が現在1,700万〜1,800万TEUと非常
に高いこともあり，能力過剰の状態にさえある。そのため，今後はコンテ
ナ取扱量の拡大を図るというよりは，ソフト面での充実・強化に注力して
いきたい」との率直な意見が聞かれた（天津港集団でのヒアリング，2012年
9月10日）。これは，天津港の2011年の取扱実績が1,159万TEUであり，
取扱能力と大きく乖離していることからも分かる。他方，青島港ではバー
ス当たり取扱量が年間62万TEUと上記の全国平均に近くほぼ適正な水
準にあると見られ，今までのところ需給調整が比較的うまく行われている
ようである。

第2章　中国北部主要港の発展過程と競合状況

表6　中国北部三大港のコンテナターミナル稼動率～バース当たり取扱量

港湾名	バース数			コンテナ取扱量(万 TEU)	
	小型	大型	大型相当	2011 年	バース平均
青島港	2	20	21	1,302	62
天津港	9	22	26	1,159	45
大連港	4	14	16	640	40

（出所）三浦［2012b: 28］。
（注）2 小型バースを 1 大型バースとして換算。

3．「海鉄連運」方式の鉄道コンテナ輸送

　地球温暖化に伴い世界中で CO_2 削減が叫ばれる中，広大な国土を有する中国では，大量のコンテナ貨物を運ぶ内陸輸送手段として鉄道の役割が再び見直され始めている。特に長距離の貨物輸送においては，トラックよりも出来る限り鉄道を用いる選択肢が一段と強まっているのである。

　こうして海上輸送と鉄道輸送を連携させて運送する「海鉄連運」（または「鉄水連運」）[5]方式のコンテナ輸送サービスが，中国で大きくクローズアップされるようになった。その背景には，2011 年 5 月，中国交通運輸部と鉄道部が，「『鉄水連運』の発展を共同で推進することに関する協力取決め」に連名で調印したことが挙げられる。次いで同年 10 月に「『鉄水連運』によるコンテナ輸送の展開に関するモデル項目の通達」が両部合同で出された。その中で以下に掲げる 6 鉄道ルートが，重点項目の第 1 弾として選定された。すなわち，①大連－東北地区，②天津－華北・西北地区，③青島－鄭州および隴海線（蘭州～連雲港）沿線地区，④連雲港－阿拉山口沿線地区，⑤寧波－華東地区，⑥深圳－華南・西南地区である。さらに，同じ 10 月には，両部から「『鉄水連運』の発展加速に関する指導意見」も出されるに至った。これら一連の文書を契機に両部の後押しもあり，「海鉄連運」量は着実に増加する傾向をみせている。

　近年の「海鉄連運」による鉄道コンテナ取扱量を港湾ごとの具体的な数字で見たのが，表7である。2010 年の「海鉄連運」量は 162 万7,000TEU で，中国の全国港湾のコンテナ総取扱量 1 億 4,500 万 TEU に占めるシェアはわずか 1.1% にしかすぎなかった。しかし，2011 年には

101

表7 「海鉄連運」による鉄道コンテナ取扱量

(単位：万TEU)

会社名	2009年	2010年	2011年		2012年	
				前年比 (%)		前年比 (%)
営口港務集団	18.6	30.1	29.2	△3.0	30.2	△5.3
大連港鉄路公司	n.a.	26.3	31.4	19.6	15.3	△35.7
連雲港鉄路運輸公司	n.a.	12.3	15.0	21.8	12.8	△14.4
防城港鉄路管理中心	n.a.	5.8	7.2	24.1	7.9	11.6
天津新港	10.5	16.6	29.4	77.1	n.a.	
全国「海鉄連運」量	122.4	162.7	194	19.2	198	2.1

(出所)『中国港口』[2011(1): 32]，[2012(1): 35,(10):59]，[2013(1): 22] および『中国鉄路』
　　　[2012(7): 27] ほかより著者作成。
(注) 前年比については原文のまま。

　前年比19.2%増の194万TEUへと，全国取扱量のまだ1.2%の水準なが
ら量的には大幅な増加を示したのであった。上記の鉄道ルートの起点とな
っている大連港，天津港，連雲港や営口港の4港における「海鉄連運」方
式のコンテナ輸送は，全国総量の約三分の二以上を占めており，これら4
港が中心的存在である（『中国港口』[2012(4): 28]）。とりわけ営口港が，最
多の取扱量を記録している。
　この営口港では，2005年から「海鉄連運」の業務が開始されており，
初年度の実績は1万6,000TEUであった。その後，2007年〜2009年の3
年間に連続して倍増を実現し，2009年には18万6,000TEUまで上昇した。
そして2010年時点では，「海鉄連運」量が30万1,000TEU（前年比61.8%
増。同港のコンテナ総取扱量403万TEUのうちシェア7.5%）へと増加し中
国沿海港湾最大の取引量になった。これに伴い，同港は「海鉄連運」業務
において“三つの全国第一”を達成することとなった。すなわち，一つは
国内貿易の「海鉄連運」量，次に「海鉄連運」量の増加率，最後にコンテ
ナ総取扱量に占める「海鉄連運」量の比率である。翌2011年には29万
2,000TEUと若干減少したが，その中で国際複合輸送は急速な発展を遂げ，
同港の発着総量が1万TEUを超えている。具体的な輸送経路としては，
例えば釜山港〜営口港〜満州里〜ロシア（モスクワ）および欧州などの

ルートがある（中国港口年鑑編集部編 [2012: 286-287]）。

4．基幹航路のコンテナ船港湾別寄港回数

アジア出し貨物全体の約7割を占める中国での好調な荷動きが下支えとなって、アジアを起点とするコンテナトレードがシェアを大きく伸ばしている。そのため、中国発の航路を一段と強化するようなサービス改編が、荷動きの活況と共に多く見られるようになった。各船社・アライアンスとも、中国配船サービスに以前にも増して重点を置くようになっており、中国港湾への寄港回数が大幅に増加している背景がそこにある。

2000年～2010年の過去10年間にわたる中国主要港へのフルコンテナ船の年間寄港回数について、その変化を示したのが図1である。これから明らかなように、2010年実績で見ると、コンテナ取扱量の順位を反映して取扱量の多い港ほど寄港回数も多く、取扱量と寄港回数とが正の相関で連動していることが分かる。伸び率の点においても同様で、同期間に上海港の5.4倍を筆頭に、深圳港は4.5倍、青島港は4.1倍であった。環渤海地区三大港の中では、青島港の堅調な伸びが目立つ。それに対して、天津新

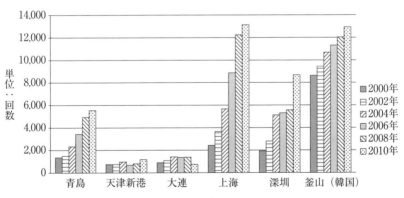

図1　港湾別フルコンテナ船の年間寄港回数の推移

（出所）赤倉・後藤・瀬間 [2012: 13] より著者作成。
（注）(1) 深圳港は塩田、赤湾、蛇口の3港の合計。
　　(2) フルコンテナ船は、コンテナのみを積載する専用船。そのほか、コンテナと同時にコンテナ以外の一般貨物などを積載できるセミコンテナ船がある。

港は 1.6 倍の増加に留まった。これは，伸び率が釜山港の 1.5 倍とほぼ同じ低さである。釜山港はコンテナ取扱量が世界 5 位と多いにもかかわらず，寄港回数の方ではそれに対応するほど伸びていないことを物語っている。つまり，寄港 1 回当たりのコンテナ取扱量が相対的に多い港に属すると言える。ただ，天津新港の場合，2011 年には寧波港などと並んで寄港回数が前年より 2,818 回増えて計 3,984 回へと急激に伸長した点が特筆に値しよう[6]。なお大連港の 2010 年実績については，2000 年時点の寄港回数を下回る水準であった。

　次に，LMIU（Lloyd's Marine Intelligence Unit）船舶動静データ（2010 年）を用いて，環渤海地区の三大港と釜山港を対象とするコンテナ船の船型（船の大きさ）別寄港回数につき検討を行う。同データに基づいて算出すると，5,000TEU 以上の大型コンテナ船の寄港回数が総数に占める割合は，天津新港が 25.7%，青島港が 23.5% とそれぞれ全体の四分の一前後のシェアに達している。その半面，釜山港は 16.0%，大連港に至ってはわずか 5.4% の比率と極端に低い。とはいえ，ハブ港としての釜山港には，周辺のフィーダー港から多数の小型コンテナ船が寄港するほか，同時に 3,000TEU 以上の中・大型コンテナ船も寄港していることが特徴的である。そして就航船の大型化が一段と進む中，注目を集める 1 万 TEU 以上の超大型船の入港に関しては，釜山港が年間 45 回，天津新港が 44 回を数えたのに対して，青島港では 26 回に留まっている。他方，大連港については皆無の状態であった。

　さらに，別の資料を基に上記三大港に寄港する基幹航路（6,000TEU 以上の大型船）のサービス数の状況を詳細に調べると，その差異が一層鮮明となる。すなわち，英国の調査・コンサルタント会社である MDS Transmodal の資料から集計された調査報告によれば，2011 年 2 月末現在，ウイークリー・サービスは合計 27 航路に上る。3 港のうち青島港への寄港が 21 航路で，天津港へは 14 航路，大連港へは 9 航路であった。これら 27 航路のうち，寄港地が一つのループ内で同時に 3 港経由に及んでいるケースは，4 航路のみに留まっていた。それに対して，3 港のなかで基幹航路の寄港地が 1 港だけ選択される場合，ほとんどが青島港を中心とする

第2章　中国北部主要港の発展過程と競合状況

華北寄港サービスとなっており，その数は約半分の13航路であった。船社による青島港への配船重視の姿勢が浮かび上がってくる。一方，天津港だとそれが1航路にすぎず，大連港については1航路もなかった。なお，これら三大港に寄港する基幹航路の延べ寄港総数は，年間で合計2,281回に達している。その内訳は，青島港が1,085回，次いで天津港の728回，大連港の468回である（深海［2011: 10-11］）。この事実を一つ取ってみても，環渤海地区三大港のコンテナ埠頭に基幹航路が配船される際，青島港が優位な立場に立っていることは明らかである。

第3節　主要バルク貨物の取扱量拡大と埠頭整備

　世界の海上荷動き量が拡大基調にある中で，それを押し上げる中心的な主要貨物がドライバルク貨物（ばら積み貨物）である[7]。このドライバルク貨物のうち，本節では，「三大バルク貨物」と称される鉄鉱石，石炭および穀物の中で前二者を取り上げる。その理由は，中国では外航と内航にかかわらず，鉄鉱石と石炭の取扱量が大幅に伸びて大きな割合を占めているためである。とりわけ，中国北部地域の主要港においては，これら品目の輸入が急増するにつれて，大型専用船の接岸できるような大深水埠頭などを備えた港湾施設の開発・建設が急ピッチで展開されている。

1．中国における資源・エネルギー需要の激増と輸入依存の高まり
　資源・エネルギー・穀物などのバルク貨物は，国民生活や産業活動にとって必要不可欠なモノであるが，中国の旺盛な国内消費を背景に，そうした物資の需給がますます逼迫する状況にある。とりわけ2000年代を通じて，中国が資源などを大量に消費し国内外で買い漁る姿は，"爆食"とさえ揶揄されるほどである。そのため，中国では主要資源でも今や海外からの輸入に依存する度合が，以前と比べて格段に高まるといった構図が出来上がりつつある。通常，そのほぼ全てが国際バルク貨物として，「バルカー」と呼ばれるばら積み船によって海上輸送されていることから，結果

105

的に世界の海運業界に対しても大きなインパクトを与えているのである。

　中国は現在，主要資源の既に一大輸入国となっている。例えば，中国は1993年から原油の輸入量が輸出量を上回る純輸入国に転じており，2011年の原油輸入は2億5,400万トン（世界の海上輸送量に占める比率は13.5%）に上り，輸入依存度が56.5%になった。しかも，この石油の対外依存度は今後も上昇すると予測され，2015年までに60%まで増えると見込まれている。

　次いで，鉄鉱石は2000年から純輸入国となっており，2011年の同輸入量は6億8,600万トンであった。この規模は世界の海上輸送量の中で70.7%を占める。さらに，中国で今日なお一次エネルギー消費の60%強を占める石炭（原料炭と一般炭）は，2009年から純輸入国への転換を余儀なくされ，2011年の輸入量は1億8,240万トン（同27.7%）となった。また食糧については，2011年に輸入量が約6,000万トン（同24.6%）まで増大した（『中国港口』[2012(5):1, 2012(10):28]）。

　そうした中，世界的に資源の獲得競争が激化する下で，大量輸送のための船舶の大型化にも対応した大型埠頭の新規建設が進んでいる。つまり，資源輸入を目的にバルク貨物の輸入の拠点を目指して，各港湾間の競争が激しくなっているのである。

　2．輸入鉄鉱石積み卸し量の急拡大と大型鉱石埠頭の建設ラッシュ

　中国の粗鋼生産は1993年に米国を，1996年には日本を追い抜き世界最大となったが，その後も急速な拡大を続けている。今や中国は，文字通り世界最大の粗鋼生産・消費大国かつ鋼材輸出大国へと躍進した。第12次5カ年計画（2011年～2015年。以下，12.5計画）の初年度に当たる2011年には，粗鋼生産が6億8,000万トン，粗鋼消費が6億7,000万トン，鋼材輸出が4,900万トンをそれぞれ記録した。これまで11.5計画（2006年－2010年）の期間中には，鉄鋼の慢性的な過剰生産体質が以前より指摘されているにもかかわらず，臨海一貫製鉄所として鞍鋼集団の営口プロジェクト（営口市，年産500万トン）と首鋼集団の曹妃甸プロジェクト（唐山市，年産1,000万トン規模）などが中国北部地域に新たに建設され稼動している。

第2章　中国北部主要港の発展過程と競合状況

加えて，中国鋼鉄工業協会が12.5計画の中で重点プロジェクトとして位置付けている一つが，山東鉄鋼集団の日照プロジェクト（年産1,000万トン規模）である。

　鉄鋼メーカー別粗鋼生産（2011年実績）の上位10社を見ると，トップ3のうち1位は河北鉄鋼集団（唐山鋼鉄，邯鋼集団など）で7,114万トン，2位は鞍鋼集団（鞍山鋼鉄，本渓鋼鉄など）の4,624万トン，3位は宝鋼集団の4,334万トンであった。以下，環渤海地区関連では，6位に首鋼集団，7位に山東鉄鋼集団（済南鋼鉄，莱蕪鋼鉄など），8位に渤海鉄鋼集団（天津冶金集団，天鋼集団など）が入り，これらのうち上海の宝鋼集団を除き10位以内の半分の5社が環渤海地区の企業である（日中経済協会編［2012: 125, 130]）。同地区において主原料の鉄鉱石需要が相対的に高い理由がここにある。特に中国の鉄鋼業界では，この鉄鉱石とコークスを主な原料とする高炉一貫製法による生産が，総生産量の約8割を占めると言われることから，鉄鉱石の安定的確保が何よりも重要な課題となっている。

　その鉄鋼増産を支える鉄鉱石については，中国は世界最大の生産国（2011年：13億2,700万トン）であるものの，含有鉄分の少ない低品位の貧鉱が多いことから不足感は否めず，旺盛な国内需要を賄いきれないため輸入量が年を追うごとに急拡大している。2000年の鉄鉱石輸入量はまだ年間7,000万トン程度の規模であったが，2011年には6億8,600万トンの水準まで膨れ上がり，過去10年余りの間に10倍近くへと著しく増大した。

　こうした鉄鉱石輸入の状況を，中国沿海部の主要港の角度から明らかにしたのが表8である。まず北部地域の主要港における鉄鉱石積み卸し量を見ると，2009年には合計4億1,772万トンに上り，沿海部全体の66.2%を占めていた。長江デルタ地区のシェア23.9%と比較すれば，その差は歴然である。とりわけ，日照港の輸入量は9,204万トンであり，全国港湾の中で最大の鉄鉱石取扱港となった。その需要先として，上述した済南鋼鉄，莱蕪鋼鉄，邯鄲鋼鉄など数多くの大型鉄鋼企業を背後に抱えていることが大きな要因であり，これら企業の鉄鉱石輸入は年間約8,000万トン規模にも達するという。また2009年時点において，10万トン級以上の鉱石バースが沿海部の17港湾に合計36バースを数えたが，そのうち北部地域

107

表 8　中国主要港港の輸入鉄鉱石積み卸し量

(単位：万トン)

地域	港湾	2007 年	2008 年	2009 年	埠頭取扱能力	バース数
北部	日照	5,831	6,741	9,204	3,500	2
	青島	6,090	7,591	8,513	4,120	3
	天津	4,663	5,768	8,383	3,000	3
	唐山	3,516	4,730	8,395	3,000	2
	営口	1,182	1,373	2,299	1,795	3
	大連	1,054	1,143	2,086	2,300	2
	煙台	970	1,362	1,851	680	2
	秦皇島	729	709	1,041	2,000	1
	合 計 (その他を含む)	27,626	34,147	41,772	20,395	
長江 デルタ	寧波・舟山	6,170	7,226	7,574	7,000	4
	上海	2,905	2,851	2,809	4,400	4
	合 計 (その他を含む)	11,565	12,552	15,120	14,800	
南部	湛江	1,587	2,006	2,595	1,500	1
	防城	930	1,396	1,906	1,500	1
	合 計 (その他を含む)	3,693	4,777	6,246	3,095	
総合計		42,884	51,476	63,138	38,290	
全国取扱量		73,117	90,400	101,550		

(出所)　中国港口協会港口研究中心編［2010: 26, 95］などより著者作成。
(注)　(1)　唐山港の 2009 年値については，その内訳は曹妃甸港区が 5,739 万トン，京唐港区が 2,656 万トン。上記表の取扱能力とバース数は　前者のそれのみを表わす。
　　　(2)　寧波・舟山港の 2009 年値のうち，寧波港は 4,282 万トン，3,000 万トン，2 バース，舟山港は 3,292 万トン，4,000 万トン，2 バースをそれぞれ占める。
　　　(3)　長江デルタ地域の太倉港に関しては，当時，国家統計の中に組み入れられていなかったため，本表では除いてある。

の 8 港湾には 18 バースあり，設計取扱能力は 2 億 395 万トン（全国総計の 49.4%）であった。これから明らかなことは，同地域で設計能力より 2 億トン以上も上回る大量の鉄鉱石が実際に処理されていたということである。つまり，秦皇島，大連両港以外は，軒並み能力不足に陥っていた勘定

になる（中国港口協会研究中心編［2010: 25-26, 93-96]）。さらに 2 年後の 2011 年になると，北部地域港湾の鉄鉱石積み卸し量が合計 4 億 3,594 万トン（沿海部全体の 62.5%）まで増加している。

この結果，第 1 節で述べた鉄鉱石輸送システムの環渤海地区における配置に関して，唐山，青島，日照，天津港を主とする港湾では，大型で鉄鉱石専用の中継・保管施設を建設して各港の取扱量がいずれも 3,000 万トン以上とし，営口，大連，煙台などの諸港では同 1,000 万トン以上とする体系が形成されているのである（『中国港口』［2012⑩: 29]）。

それを後押しするように，当該地区では鉱石埠頭の建設が次々と推進されている。直近の主な動きだけを挙げてみても，2010 年には営口港の 30 万トン級 1 バースが 10 月に新規稼動，大連港では同年から 40 万トン級バースの拡張工事に着手，また 2011 年にも唐山港京唐地区で 20 万トン級 2 バースが試験運営，唐山港曹妃甸港区や日照港で大型鉱石専用埠頭の建設工事を実施している。目下，建設中ないしは建設済みの主要プロジェクトとしては，天津港南疆地区（バルク貨物を主体。30 万トン級），青島港董家口地区（世界最大 40 万トン級），煙台港西地区での鉱石埠頭などの例がある。

ところで，中国にとって鉄鉱石の主な輸入相手国は，2011 年にオーストラリア（シェア 43%），ブラジル（同 21%），インド（同 11%），南アフリカ（同 5%）となっている。輸送距離が比較的長い国が多いことから，一般的には大型の鉱石運搬船を使う輸送方式が利用されている。すなわち，大型の鉱石船（ばら積み船）で主要港に輸入された鉄鉱石を，小型船に積み替えて沿岸や長江流域の港まで運ぶというものである。これらの国の中で積極的な働きかけをしているのがブラジルであり，同国最大手の鉄鉱石会社ヴァーレの対中輸送計画（40 万トン型鉱石船の運航方針）が，海運業界では特に関心を集めている。

3．強まる北部 7 港の石炭水運発送量

中国は，2005 年時点では石炭輸出量が 7,172 万トン，同輸入量が 2,617 万トン，差し引き 4,555 万トンの純輸出国であった。しかし，既に述べた

ように 2009 年に純輸入国へと転じて以来，海外炭の輸入は急激な増加を続けている。2011 年実績を見ると，石炭輸入量が前年比 10.8% 増の 1 億 8,240 万トンと過去最高を更新し，同輸出量の 1,466 万トンを引いた 1 億 6,774 万トンが純輸入量となった。世界最大の石炭生産国（同年に 35 億 2,000 万トン）が，国外から大量の石炭を輸入するという，ある意味で異常な事態がここでも発生している。この主な要因としては，①輸入炭の品質が高いこと，②輸入炭の価格（CIF 価格）が国内炭より格安であること，などが指摘できる。

　火力発電の主要なエネルギー源の石炭だが，その生産基地は主として山西省，陝西省，内モンゴル自治区西部地区のいわゆる"三西"地区に分布している半面，同消費地は華東・華南地域に集中しているという特徴がある。しかも，両地域への石炭輸送は基本的に沿岸航路を利用する海運を通じて行われてきた（『中国港口』［2012(6): 26]）。ただ，石炭輸送の大きな部分は，「北煤南運」の言葉で表現されるように，主に中国北部の炭田から同南部の消費地への輸送で占められている。その代表的なルートは，山西省にある中国最大級の大同炭田から中国最大の石炭積出港である秦皇島まで石炭専用線の大秦鉄道（複線電化。年間輸送能力 4 億トン超）で運び，そこから沿岸用の小型船に積み替えて南部に向かうのである。この秦皇島のほか，黄驊・唐山・天津の北部石炭主要 4 港での石炭積出量の合計は 4 億 6,800 万トン（2010 年）に達し，石炭の内航輸送量全体の約 60% を占めている[8]（日本郵船調査グループ編［2011b(10-11): 41]）。

　さらに全体的には，これら 4 港に日照港，青島港，連雲港港を加えた北部沿海 7 港が，今日では中国にとって重要な石炭積出港とされる。そうした北部 7 港における石炭発送量は，2001 年時点の 2 億 1,600 万トンから 2011 年には 6 億 1,723 万トンへと大幅な伸びを見せている。他方，表 9 で示したように，北部 7 港での 10 万トン級以上の石炭専用バースは計 17 を数え，設計取扱能力は 3 億 6,500 万トンである。従って，実績との差分の約 2 億 5,000 万トンが不足状態にあり，声高に埠頭拡張が叫ばれる理由がここにある。いずれにせよ，環渤海地区は今や世界で石炭取扱量が最大であり，石炭専用埠頭のバース密度が最高の石炭積出港湾群を擁している

第 2 章　中国北部主要港の発展過程と競合状況

表 9　中国北部7港の石炭水運発送量と取扱能力

(単位：万トン)

港湾	2010 年 発送量	2010 年 前年比(%)	2011 年 発送量	2011 年 前年比(%)	接岸能力 10 万トン級以上	バース数	取扱能力
秦皇島	22,400	11.5	25,267	12.8	15	1	3,000
					10	3	4,200
唐山	8,756	80.7	11,773	34.5	10	3	8,000
黄驊	8,903	13.5	10,026	12.6	10	1	3,000
天津	6,448	20.4	8,587	33.2	20	2	4,300
					15	1	4,500
日照	2,974	156.8	2,800	△5.9	15	2	4,500
青島	2,040	78.3	945	△53.7	20	1	2,300
					10	2	1,500
連雲港	1,289	81.0	2,325	80.4	10	1	1,200
北部 7 港 小　計	52,810	28.3	61,723	16.9	—	17	36,500

(出所)『中国港口』[2012(10): 28] より著者作成。
(注) 連雲港港に関しては長江デルタ地区港湾群に属する港湾であるが，通常石炭取扱の北部主
　　要 7 港の一つに数えられているため，ここでは一緒に掲載している。

と言えよう。

おわりに

　本章では，これまで環渤海地区港湾群のうちの三大港を中心に，他の周
辺諸港や他地区の沿海港湾とも相互比較しながら，その発展過程と競合状
況について検討し分析を行ってきた。

　これら主要 3 港は，「国際航運センター」の建設を旗印にいずれも中国
北部地域のハブ港になろうとの強い姿勢を全面に打ち出している。貨物総
取扱量，コンテナ取扱実績など，どの指標を取ってみても，中国の高成長
を追い風に港勢拡充に懸命に注力してきたことは疑いのないところである。

しかし，そうした一方で，深水バースの増設など港湾施設の拡張とともに厳しい貨物争奪をめぐり，港湾やターミナル間の競争が段々と激しさを増してきつつある。

以上で考察したような点を踏まえ，ここでは最後のまとめとして，中国北部地域の中核港である上記三大港の総合評価を試みることとする。

まず，中国北部三大港の特性を当てはめながら，既に明らかとなった各港湾の優位点と劣位点を基にその競争力をまとめてみると，概ね次のようになる。

第1に，地理的な利便性に関しては，青島港が相対的に優位な立場にある。天津と大連両港は，奥まった渤海湾に面していることから，基幹航路上のルートより離れているため，韓国経由の貨物（トランシップ比率は2011年に両港とも7割強）が依然として多い特徴を持つ。ただ自然条件では，特に夏の7〜8月頃には青島港で濃い霧の影響を受けやすくなるとも伝えられ，この面でハンディがある。

第2に，大型船の接岸能力に関わる港湾の水深については，天津港が他の2港と比べ劣勢の立場にある。中国最大の人工港である天津港にとって，その弱点は水深の問題にある。しかも，泥が沈殿するため，常に浚渫する必要が生じる。その費用はかなりの額に達すると言われる。事実，唐山港曹妃甸港区でのヒアリング（2012年8月15日）によれば，「黄驊港（河北省）では年間約6億元（約80億円）の費用がかかり，天津港の場合でも数億元単位の費用を要する」とのことであった。このため，天津港は現在，30万トン級の船舶に関しては，潮位を利用してのみ入出港が可能という状態である。

第3に，ネットワークと連携性については，青島港を中核とする山東沿海港湾群がより優れている。海運と鉄道の連携による「海鉄連運」量の点では，トップの営口港に次いで，大連港，天津港の順に多くなっており，青島港はこの面でまだ弱いのが現状である。しかし，中国北部地域でより広域連携が取れているのは山東沿海港湾群である。

具体例を挙げると，2009年2月に青島，日照，煙台の3港が「戦略的協力枠組み取決め」に署名し，2010年11月には広域の地域間連合として

青島，日照，煙台，威海各港と韓国の釜山港が，「中韓"4＋1"港湾戦略連盟枠組み取決め」に署名した。そして2011年6月には中韓両国のこれら5港は，北東アジア地域の国際物流拠点と国際航運センターを共同で構築するという「戦略連盟協定」にも調印した。同協定では中国と韓国の陸海複合一貫輸送と自動車運送の推進に力を入れ，物流手段を改善し，地域経済の発展を促していく内容が盛り込まれた。さらに，2012年8月には青島港と釜山港が「戦略的協力協議書」に調印した。このように山東省では地域内の連携強化だけでなく，国際的な連合へとより高い次元の協力体制が着々と整備されつつある。

　他方，天津港と河北港口集団との間では，相互の連携がまだあまり上手くいっていないようである。天津港集団でのヒアリング（2012年9月10日）によると，「中国北部三大港において競争関係は基本的に存在しない。あえて言うならば，天津港にとっての競争相手は，隣接した河北省の港湾群である。」との見方が示された。また従来から大連港と営口港の間の厳しい競合状態がよく指摘されてきたが，2012年に入ってようやく両港間の協力取決めに署名がなされたという状況である。

　だが，輸出志向型の成長限界がはっきりとしてきた昨今，コンテナ取扱量のうち対外貿易と国内貿易コンテナに分けて見た場合，後者の比率が2011年実績で天津港44.8%，大連港25.9%，青島港17.1%（『中国港口』[2012(2):43]）と，天津港の高い割合が突出していることが分かる。それだけ国内貿易のコンテナ貨物流動に強く支えられていることの裏返しでもある。内需拡大を一段と推進させていこうと成長方式の転換を図っている新体制下の中国の中で，天津港によるこれからの発展の余地がある意味では大きいとも指摘できよう。

　以上で見たように，さながら中国で有名な「三国志」の世界を思わせる環渤海地区三大港の間の激しい競争が展開されてきたとはいえ，3港がともに拮抗状態にあるとは言いがたく，実態は二強一弱の状況にあることが鮮明となった。そうした中で，中国北部地域の青島港と天津港の2港に着目して総合的な評価を下すとすれば，現時点ではやはり青島港が基幹航路の寄港頻度を確保しながら，巨大プロジェクトを軸に徐々に同地域の拠点

となりつつあることが見てとれる。コンテナ取扱量の点で一歩先行した形の青島港を，激しい追い込みで迫る天津港がこれからどう追い上げるか，また伸び悩む大連港の巻き返しが果たして奏功するか，さらには三者間で港勢を高めるべく一定の棲み分けや差別化が上手く進み港湾調整がなるか，などの動向が今後の注目すべきポイントである。

〔注〕
(1) 「国際航運中心」は，海運業の総合力を備える大港湾都市を目指した海運港湾物流センターとでも訳出されるものである。それは，港湾での金融や保険サービスなども含む総合機能を持つステータス・シンボル的な意味合いがあり，世界のロンドン，香港などの例を主にイメージしたものと考えられる。
(2) それまで一体であった港湾行政と港湾の企業経営が分離されることを意味する。
(3) このデータは，貨物取扱量が年間100万トン以上に達する「規模以上港湾」のものである。2011年の中国全体としての貨物総取扱量は100億4,100万トンで，うち外貿貨物取扱量は27億8,600万トンであった（中国交通運輸部編〔2012:2〕）。
(4) 2011年の場合，長江デルタ地区の中核港である上海，寧波・舟山両港のコンテナ貨物取扱量は合計4,646万TEU，また珠江デルタ地区の中核港である深圳，広州両港のそれは3,682万TEUであった。一方，環渤海地区三大港のコンテナ貨物取扱量は3,101万TEUにしか過ぎない。
(5) 「海鉄連運」は，海運と鉄道の連携によるコンテナ輸送のことを言い，英語の"Sea & Rail"を指す。交通運輸部はこの呼び方を専ら使用している一方，鉄道部では「鉄水連運」という言葉を使用している。前者は主に海上輸送コンテナの鉄道輸送との意味で用い，後者の方は鉄道による海上コンテナの輸送ということに力点が置かれている違いだと見られ，基本的には同義と考えてよい。
(6) 2011年における港湾別フルコンテナ船寄港回数を見ると，世界1位は香港の1万7,541回で，以下，シンガポールの1万7,162回，上海の1万4,911回，釜山の1万3,715回，深圳の1万1,024回と続き，第5位までが年間1万回を超えている。ちなみに，青島港は世界10位の7,559回（前年より2,008回の増加）であった。
(7) 世界全体の国際海上輸送貨物は，主に①鉄鉱石や石炭などのドライバルク貨物，②原油やLNGなどの液体バルク貨物，③コンテナ貨物から成る。Clarkson Research Services社による推計では，2011年の同貨物総量は合計で約90億トンであった。その内訳をみると，上記の「三大バルク貨物」が23億トン（シェア25.6%），原油が18億トン（同20.0%），コンテナ貨物が14億トン（同15.6%）などであった。
(8) 中国北部地域のこれら石炭主要4港は，海外から輸入した石炭の保管と積み替え基地にもなっており，内航輸送する石炭には輸入分も含まれている。とりわけ，4港のうちトップ3を占める秦皇島港，唐山港，黄驊港は，中国河北省の三大港として，特に石炭の積出量では中国北部7港のうち76%（2011年実績）を占めている。

第 2 章　中国北部主要港の発展過程と競合状況

〔参考文献〕

＜日本語文献＞

赤倉康寛・後藤修一・瀬間基広［2012］「世界のコンテナ船動静及びコンテナ貨物流動
　　分析（2012）」（『国土技術政策総合研究所資料』第 689 号，6 月）。

池上寛編［2012］「アジアにおける海上輸送と主要港湾の現状」調査研究報告書，日本
　　貿易振興機構アジア経済研究所。

池上寛・大西康雄編［2007］『東アジア物流新時代——グローバル化への対応と課題
　　——』日本貿易振興機構アジア経済研究所。

川井伸一編［2013］『中国多国籍企業の海外経営——東アジアの製造業を中心に——』
　　日本評論社。

姜天勇［2010］「現代中国港湾の再編成とその問題点」（『海事交通研究』59 号，PP71-
　　83）。

黒田勝彦・家田仁・山根隆行編［2010］『変貌するアジアの交通・物流——シームレス
　　アジアをめざして——』技報堂出版。

国際貿易投資研究所編［2009］『平成 20 年度報告書　中国現代物流の発展動向と課題』
　　国際貿易投資研究所。

小島末夫［2012］「中国環渤海地区における三大港の発展比較」（池上編［2012］PP29-
　　56）。

—— ［2013］「中国海運企業の国際物流戦略　2000 年～2010 年」（川井編［2013］
　　PP169-195）。

商船三井営業調査室編［各年版］『定期海運の現状』（但し，2008 年版を以って廃刊）。

高橋宏直［2004］『わかりやすい港湾・空港工学シリーズ　コンテナ輸送とコンテナ港
　　湾』技報堂出版。

日中経済協会編［2012］『日中経済産業白書 2011/2012—復興とともに拓け日中協力の
　　新次元—』日中経済協会。

日通総合研究所編［2008］『実務担当者のための最新中国物流』大成出版社。

日本郵船調査グループ編［2011a］『世界のコンテナ船隊および就航状況（2011 年版）』
　　日本海運集会所。

—— ［2011b］『2011　Outlook for the Dry-Bulk and Crude-Oil Shipping Markets　海
　　上荷動きと船腹需給の見通し』日本海運集会所。

—— ［各月号］『調査月報』日本郵船。

深海八郎［2011］「基幹航路が日本に寄港しなくなる日」（『海事プレス』8 月 22 日，
　　PP10-12）。

福山秀夫［2012］「中国鉄道輸送の最新状況と今後の方向性　上中下」（『日刊 CARGO』
　　11 月 20 日-22 日，P4）。

三浦良雄［2008］「青島・天津・大連 3 港の発展と競合　渤海コンテナ『三国志』」
　　（『CONTAINER AGE』5 月，PP26-32）。

—— ［2012a］「董家口開発のメガプロジェクト　青島港の壮大な発展戦略」（『CON-

TAINER AGE』8 月，PP4-11）。

── ［2012b］「中国環渤海地域における港湾整備の状況と課題」（『ERINA REPORT』
　　No. 108，11 月，PP19-29）。

＜中国語文献＞

李宏［2008］『中国煤炭運輸：能力，消耗和価格』北京：中国市場出版社。

張麗君・王玉芬主編［2008］『改革開放 30 年中国港口経済発展』北京：中国経済出版社。

中国港口年鑑編集部編［各年版］『中国港口年鑑』上海：中国港口雑誌社。

中国港口協会港口研究中心編［2010］『中国港口発展報告 2009 － 2010』上海：中国港
　　口協会。

中国交通年鑑社編［各年版］『中国交通年鑑』北京：中国交通年鑑社。

中国交通運輸部編［2009］『中国交通運輸改革開放 30 年─水運巻』北京：人民交通出版
　　社。

中国交通運輸部編［各年版］『中国航運発展報告』北京：人民交通出版社。

『中国港口（月刊）』［2012］　上海：中国港口雑誌社。

『中国鉄路（月刊）』［2012］7 月号　北京：中国鉄道科学研究院。

＜英語文献＞

Informa Cargo Information［各年版］*Containerisation International Year Book*, Lon-
　　don。

第3章

中国海運企業の国際物流戦略
2000年～2010年

はじめに

　FTA（自由貿易協定）を通じた貿易自由化の進展により関税の削減や撤廃が実行される中で，今や世界の成長センターとなったアジアの域内貿易比率が高まっており，2009年には約44％の水準まで上昇した。加えて，世界的に経済のグローバル化と企業活動の積極的な海外展開が進むに従って，同地域では輸出入貿易の増大のみならず，対外投資もM&A（合併・買収）を柱に急増しており，モノやカネの流れが一層活発になってきた。

　このように近年，中国およびASEANを軸とする東アジア地域での貿易や投資の拡大傾向が顕著であり，域内経済依存度の深まりと共に，同地域において旺盛な物流需要が生まれ，とりわけ交通運輸部門でのインフラ整備競争をもたらすに至った。陸運のウエイトが相対的に高い国内物流と異なり，一般に国際物流面における輸送モードは，主たる手段として海運と空運の二つに分けられる。しかし，前者の取扱量が後者を圧倒的に上回っていることは明白で，海運が何と言っても世界の貨物輸送の主流である。なかでも，主要な交易品目である自動車部品，電気製品，繊維・アパレル，食料品などの移動に適した海上コンテナ輸送が大きな発展を遂げつつある。

　国際的なコンテナ流動では，北米・欧州・アジアの三極を相互に結ぶ三大基幹航路こそ，世界の大手船社が激しい競争を繰り広げている主戦場である。航路別に外航海運における国際コンテナの荷動きについて見ると，アジア発着の3航路，すなわち①アジア～北米間の北米航路，②アジア～

欧州間の欧州航路，③アジア域内航路での輸送量が，世界のトップ3を独占していることが分かる。これらアジア発着貨物の合計は，世界の海上コンテナ総輸送量に占める割合が57％と全体の5割強（2010年実績）に達しており，アジア地域が文字通りコンテナ貿易の中心で最大の市場となっている[1]。

そのため，もはやアジア航路を無視して国際コンテナ物流は語れないというのが現状である。これまで台湾や韓国，それに中国を含むアジア船社が，コンテナ輸送事業を中核にして同航路で急速に台頭してきた。近年では，特に中国船社の目覚ましい成長もみられる。中国においては，従前の外資導入ばかりでなく，国内の豊富な資金と生産過剰などを背景に2000年頃から国策として海外進出（"走出去"）政策にも力が注がれている。そうした中国の大型国有企業の海外進出に伴う対外事業の推進と海外経営の展開を，側面から強力にサポートしてきたのが物流事業者としての海運企業にほかならない。

だが，上記のようなアジアにおける荷動き量の急増という新たな局面を受けて，同地域での国際物流の実態は大きく変貌を遂げつつある。成長著しいアジア市場に重点を置いた航路体制が組まれ始めたほか，以下に示す特徴が挙げられる。つまり，①大手・中小船社のアジア（域内）航路への参入拡大，②コンテナ船の新規導入と船舶の大型化，③複数の船社によるコンソーシアム（協調配船）の結成などである。この点に関して中国の海運業界では，国際海上輸送のニーズが高まる中で，改めて商船隊の輸送能力の拡充と海外航路の開拓に努めながら，保有船腹量の増強を鋭意図ろうとしている。

本論に入る前に，当該分野における先行研究について簡単に整理しておきたい。従来，中国物流関連の研究では，ともすれば日系事業者を対象とする研究がメインであった。中国物流を主に担う国有物流事業者に関する研究でも，確かに総合物流を志向する企業分析として中国海運業の成長過程について詳しく論じた文献はある（伍露〔2007〕）。また個別の事例研究としては，中国最大の規模を誇る中国遠洋運輸（集団）総公司（中遠集団，英文名はChina Ocean Shipping〈Group〉Company。以下，COSCOと略称）

第3章　中国海運企業の国際物流戦略

を取り上げ，同グループの経営戦略と事業展開について述べた論評も見られる（山岸〔2008〕）。

　これらを含む一連の先行研究を踏まえて言うと，上述したようにアジア各国間の相互貿易・投資が進展する中，同地域の中心に位置する中国の海運業界に対して，その状況変化に対応した分析が十分にはなされていない。何故ならば，米国向けに主眼を置いたアジア～北米航路（往復航）重視の姿勢が，依然として研究面でも色濃く反映されているからである。総じて言えば，アジア船社を始めライバル企業が更なる発展の見込まれるアジア域内航路において，今後どう就航し配船しようとしているのか，その動向につきもっときめ細かな分析を加えていくことが，何よりも不可欠であると考えられる。

　そこで本稿では，主としてアジア地域における中国の主要海運企業の対外事業展開に着目し，重点的に過去10年間の発展経過と現在抱える問題点について分析する。本論の構成は，以下のとおりである。

　第1に，中国での"物流"に対する見方の変遷から説き起こし，現代物流の発展段階について概説する。その上で，中国海運業に関わる最新状況から特徴点を導き出す。特に，急増する海上貨物輸送を支えている中国の主要船社に焦点を絞りながら比較検討する。なお，本稿では世界の定期船部門においてその主力である定期コンテナ船の輸送動向を分析対象とする。

　第2に，中国企業の主な対外投資先である東南アジア進出を念頭に，中国とASEANを中心とするアジア域内の航路網およびコンテナ流動について，就航状況を基に考察する。併せて海運物流の視点から，中国船社がアジア域内航路のほか，いかにグローバル・ネットワークを構築しようとしているか明らかにする。

　第3に，中国最大の海運企業で中核的存在でもあるCOSCOを主に取り上げ，同グループが対外事業の拡大に際してどのような国際物流戦略を実行しているか考察する。さらに，グローバル・アライアンス（企業連合による共同運航）への取組みとその運航体制にも触れながら，今後の航路戦略について日本の同業他社との相違点などを検討する。

　最後に，中国海運企業に残された課題と若干の展望を述べてみたい。

119

第1節　中国の現代物流産業の重視と海運業の発展

1. 輸送から物流，そしてグローバル・ロジスティクスへ

　中国で"物流"という言葉が初めて紹介されたのは，1978年末に現行の改革開放政策が導入された以降であり，その概念が一般レベルまで普及し始めたのは，概ね10年後の1990年代に入ってからのことである。

　実際，改革開放以前にあっては，中央政府の中で主に物資部が管轄している生産財の物流は「物資流通」，商業部が主管している消費財のそれは「商品流通」と呼ばれていた。また改革開放以後も1980年代頃までの中国では，交通インフラの建設に力が注がれた半面，まだ計画経済の名残で基幹物資の調達輸送が行われていても，消費物資の配送物流はそれほど浸透していなかった。つまり，ある意味ではなお"輸送"の段階にあったわけで，物流サービスは不要という状況に置かれていたのである。そして1990年代における初期"物流"の段階を経て，21世紀に入りようやく内需（国内消費）拡大への本格的な物流対応の時代を迎えているのである。

　一方，こうした流れに呼応する形においては，1992年に商業部が発表した「商品物流センター建設に関する意見」の中で，"物流"の用語が初めて公式に使用された。翌1993年7月に商業部と物資部が統合され，新しく国内貿易部（現商務部）が設置をみた際に，改めて"物流"が登場した。その後ほぼ10年近い年月を経て，ようやく物流概念の浸透もあって2001年3月に物流政策の統合という試みにより，国家経済貿易委員会，鉄道部，交通部（現交通運輸部）など中央6部署が初めて共同で「我が国現代物流発展に関する若干の意見」（日本の「総合物流施策大綱」に相当）を公表した。また2004年8月には，国家発展改革委員会を筆頭に商務部，交通部等が再び共同で「我が国現代物流業発展の促進に関する若干の意見」を公表した[2]。ここに至り，中国の物流分野での対外開放を加速させるための基本方針を含む物流産業の強化策が直接に指示されたのである。

　加えて，2009年2月には国務院が「十大産業振興策」を打ち出し，そのうち物流産業の振興を図るガイドラインとして，「物流産業調整および

振興計画」を発表した。これは当初，十大振興産業の中に入るであろうと見られていた不動産業を尻目に物流産業が最後に指定を受けたもので，しかも非製造業では唯一のものであった。この物流産業については，「輸送，倉庫貯蔵，フォワーディング，情報を融合する複合型サービス産業」と定義付けられ，それは国民経済にとって重要な構成要素であるとの見解が示された[3]。このように中国政府は現在，物流産業を極めて重視している。

2．急増する国際海上貨物輸送

　グローバル事業展開を目指す荷主企業を支援するため，中国では陸・海・空の輸送力拡充が以前と比べ格段に強化されつつある。そうした荷主企業の海外進出に際して，生産設備の輸送から，生産開始後の部材調達，生産ラインより押し出される製品の販売市場への投入に至るまで，この間の全プロセスに関わる様々な総合物流サービスが提供されているのである。

　こうして世界の隅々に至る長距離輸送のニーズが一段と高まりをみせていることから，中国物流の大動脈ともいうべき水運のうち，外航海運の果たす役割が大幅に増大している。実際，中国発着の国際海上貨物輸送が，これまでほぼ一貫して高い伸びを維持している。特に2001年末のWTO加盟以降，中国の国際貿易貨物量は拡大の一途を辿っており，なかでも国際海上コンテナ貨物の取扱い急増が大変目立っている。

　2009年における世界の地域別港湾コンテナ取扱量の分布状況を見ると，先進地域である欧州（17％）と北米（8％）の合計25％に対して，極東・中国・アジアの合計は55％と世界の過半を占めている。そのうち中国単独で，世界の実に四分の一余りに当たる26％を占め世界一の量を誇っていることが特筆される。ちなみに，中国の内訳は，国際輸送（外貿コンテナ）が16％で，国内輸送（内航フィーダーを含む国内コンテナ）が10％となっている。つまり，中国1カ国の取扱量が，欧米の合計値をも上回っていることになる。この意味する重大さは，もし仮に中国港湾のコンテナ取扱量が20％増加した場合，それだけで世界全体の港湾取扱量を5％強も上昇させる効果があるという点である[4]。

　このように急成長を続けている中国のコンテナ取扱量であるが，中国交

通運輸部発行の『中国航運発展報告』によれば，2010年の中国全港湾の
それは，前年比19.4%増の1億4,600万TEU（Twenty-feet Equivalent
Unit。20フィートコンテナ換算）を記録し，9年連続で世界一の座を保持
した。リーマンショック後の影響を免れなかった2009年の同4.6%減か
ら完全に急回復したことが読み取れる。中国の十大コンテナ取扱港を構成
する上海港，深洲港，寧波・舟山港，広州港，青島港などは，各港湾の取
扱量がいずれも前年比二桁増となり，合計で1億1,797万TEU（注：内
航コンテナも含む）に達した。これら十大港における海上コンテナ取扱量は，
全国コンテナ貨物総量の81%を占めている。

　さらに中国の港湾別に取扱量を調べると，第1位の上海港から第6位の
天津港までがそれぞれ1,000万TEUの大台に乗っており，特に上海港
（2,907万TEU）と深圳港（2,251万TEU）におけるコンテナ取扱の発展が
突出している。いまや両港とも世界トップレベルの大港に躍進したことが
分かる。なかでも上海港の急伸ぶりには目を見張るものがある。世界のコ
ンテナ港湾上位10港の取扱量では，シンガポールが2005年に香港を抜い
て世界1位になってから5年間にわたり首位の座を守ってきたが，2010
年にはついに上海港が史上最高記録を更新し，入れ替わって初の世界一に
浮上した。また過去10年間における上位10港の順位変動を見ると，海外
の主要港が次々と圏外に落ちているのとは対照的に，中国港湾が上位に進
出し，香港を含めればベスト10内に6港もランクインを果たしている。
なお，上海港のコンテナ取扱量は，既に5～6年前から日本の全港湾取扱
量を大きく上回る規模にまで到達している。日本で一番取扱量が多い東京
港でさえ，420万TEUで世界27位（2010年実績。日本全国では1,627万
TEU）と下位に低迷したままの状態にある。

3．中国海運業の発展と特徴

　アジアから欧米へ出荷される海上貨物のうち，今や中国が約7割のシェ
アを占める。従って，海運業界では世界の中心がかなり以前から中国に移
っており，運賃の決定でも，中国が遂に主導権を握り始めたとさえ言われ
る。そうした中国を主体とする世界の海上荷動き量の急伸によって，これ

らの貨物を輸送する各種船舶と運航する船会社の更に充実した物流対応が一段と強く求められるようになってきている。

そのため，従前はあまり海運の発展に注力してこなかった中国も，1990年頃を境に方針転換して，自国船の拡充や確保などに乗り出している。また国内での港湾整備と同時に，新造船の建造や船舶修理にも大量の資本を投入してきた。このような情勢の変化を受けて，中国政府は，輸出入の効率化を標榜し海上貨物輸送の促進と船腹量の増加を図りながら，海運力の強化と近代化を実現させていこうとしている。

以下では，こうした中国海運業をめぐる新たな事態をも踏まえ，最近の特徴について見ていくことにする。

(1) 強力な「バイ・チャイナ」政策

中国での海運業に対する強化策の第1は，何といっても「国貨国輸」（自国貨物の輸送は自国船で運ぶ）というスローガンに代表されるごとく，押しなべて自国船船舶に大きく依存する基本方針にある。このために中国は必要な定期航路会社を設立し，日用品など消費財を中心に運ぶコンテナ船，鉄鉱石，石炭や穀物などを運ぶばら積み船（バルカー），石油タンカー，LNG船といった船種別の運航専用部門が，それぞれ立ち上げられている。そして同部門が船腹保有計画を策定し，船腹量を増加させながら，効率的な運営を前向きに推進しているのである。

ところで，中国では近年，生産に必要な石油のほか鉄鉱石や石炭なども国内で賄いきれず，輸入に頼る必要性に迫られている。そのため，中国政府は「国輸国造」（自国船は自国内で建造する）を合言葉に，輸入に使う船を国産することに注力している。事実，中国はこの5年ほどで5倍以上も船の生産量を増加させた[5]。また「国船国融」のスローガンの下で，政府系金融機関や民間銀行が中国建造船への船舶融資を進んで行っている。

とはいえ，中国のこのような独自路線に基づく自国企業優先については，米国の議会や産業界からも差別的な優遇策に当たるとして，強い懸念と批判が出ている。

123

(2) 保有船腹量の増強と船舶の大型化

中国は貿易量の急増に伴って，自国商船隊の増強を急速に図っており，海運企業も保有船隊の規模拡大にとても積極的である。こうして中国は，2008年には中国籍船腹量が2,681万総トンまで達して世界有数の海運国に成長した。

中国船社の保有船腹量は，100トン以上の商船を対象とした英国のロイズ統計によると，1960年時点ではまだ約40万重量トンと世界合計のわずか0.3%程度のシェアに留まっていた。だが，30年後の1990年になるとそれが一気に1,390万重量トンまで増加し，2001年の1,900万重量トンを経て，2005年段階では2,230万重量トン（世界シェア3.3%）に達した。さらに2009年には，運航キャパシティーが世界全体の7%を占める5,900万重量トンへ，翌2010年には6,600万重量トンと2001年より3.5倍も増え同7.5%にまで拡大している（IHS Fairplay社調べ）[6]。このように中国海運の船隊規模は，建国60周年を迎えた2009年時点に世界第4位へ躍進しており，中国籍の商船隊はアジアで最大規模を誇る状況にある。

他方，中国海運業界としては，保有船舶の大型化にも並行的に取り組んでいる。一般的に言えば，コンテナ船型の標準は，1990年代の3000〜5000個積みから現在の6000〜1万2000個（15万トン）積みと大型になった。ただ，中国海運は多くが小規模企業から成り立っており，加えて船齢が20年以上も経過した船舶が多数を占めるため，船舶の老朽化という問題にも直面している。しかし，特に中国政府の推進してきたスクラップ・アッド・ビルド政策が奏功したことにより，今日では1隻当たりの平均重量は確実に増大している。今後とも船舶の大型化や老朽船の廃棄などが一層活発になっていくものと見られる。

(3) 大型港湾とコンテナ埠頭の建設

1990年代後半からの旺盛な輸出入貨物の増大を背景にして，そうした物流需要の高まりに対応すべく前述した船腹の多様化と共に，各種港湾の更なるインフラ整備が必要とされるようになってきた。このため，中国沿海部にある上海，寧波，天津，大連，広州など既存港湾の再開発や新たな

第3章　中国海運企業の国際物流戦略

大型港湾・埠頭の建設（深圳諸港，青島港前湾・董家口港区など）が，WTO
加盟と共に急ピッチで進められ整備・拡充されている。

　沿海港と内河港を比較すると，2010年末現在，バース数の面では後者
が2万6,181と前者の5,453よりも5倍近く上回っているものの，大型
バースになるとその多くが沿海地域に集中している。具体的には，万トン
級以上の大型バースが1,343を数える（内河港のそれは318）。このうち他
より抜きんでている所が，上海港（2010年末，150バース）と寧波・舟山
港（同120バース）である。その中で代表的な例が，浙江省の舟山群島の一
角に東海大橋をかけて開発建設した，上海市の東方沖30km付近に位置す
る海上ターミナルとも言うべき人工の深水港「洋山港」である。これは
2002年に着工され，2008年末に第3期工事が完工した。ここに合計16
バースの本格的な大型大深水コンテナターミナル（埠頭延長5,600m，水深
16〜17.5m）の陣容が整い，コンテナ取扱能力は1,000万TEU体制とな
った[7]。まさに大深水港湾開発の象徴的存在である。前節で既に述べたよ
うに，中国のコンテナ港湾取扱量の大躍進をもたらした一翼を担っている。

(4)　中国の主要三大海運企業

　中国では，国際海上輸送の業務に従事する船会社が2005年末の時点で
合計268社を数え，うち定期船会社は176社に上っていた。それが2009
年段階になると，国際定期船輸送企業は約140社と公表された。また
2010年末現在では，国際船舶経営の許可証を所有する海運企業が220社
に達したという[8]。

　だが，中国の海運企業は国有系大手の寡占状態にあり，船舶運輸・港湾
とも政府系企業が圧倒的で，それぞれ傘下に複数の上場企業を抱えている。
この中国海運業界には，内航・外航の両方を運営する有力船社グループが
代表格として存在する。船隊の規模，保有数などの視点から見ると，中遠
集団（COSCO），中国海運（集団）総公司（中海集団，China Shipping
〈Group〉Company），中国対外貿易運輸（集団）総公司（中外運集団，Sino-
trans），中国長江航運（集団）総公司（長航集団）が，以前は中国における
「四大海運集団」──中国全体の約7割のシェア──を構成していた。し

125

かし，後に挙げた両グループは2009年3月に合併・再編され，新会社の中国外運長航集団有限公司（中外運長航）が設立された[9]。この結果，今日では中国の海運企業は主にこれらの「三大海運集団」に集約されている。

またサブセクターごとの特色を述べると，概して外航の遠洋輸送については COSCO，沿海輸送に関しては中国海運，フォワーダー・内陸河川輸送は中外運長航が，相対的にそれぞれの強みを発揮している。但し，フルコンテナ船の総輸送力の観点から捉えると，中国の海運企業の中では，COSCO と中海集団（うちコンテナ部門は CSCL）の2グループが輸送力全体の約85％を握っていて双璧をなしていることが分かる（表1参照）。参考までに，中国海運大手3社の船舶保有数と重量トンを示すと表2のようになる[10]。

いま世界のコンテナ船社上位20社に関する2010年末のオペレーター別運航船腹規模を見てみると，中国の COSCO と CSCL は，リーマンショック発生以前の2008年8月末に比べ，就航中の船隻数および投入船腹量とも着実に拡大している。両社の運航船腹規模は約55万 TEU と約46万 TEU（ちなみに，世界トップであるマースクラインのそれは約215万 TEU〈シェア15.1%〉）であり，世界に占める運航シェアは3.8%（世界8位）と3.2%（同10位）になっている。これは，フランスの海事コンサルタントの AXS アルファライナー社が発表した統計に基づくものである。

さらに，2010年における特徴の一つとして挙げられるのは，上記のような定期船社の運航船隊ランキング外ではあるが，新規参入組の躍進ぶりが目立ったことである。中国関係では，特に海南泛洋航運有限公司や大新華輪船有限公司という中国コンテナ船隊規模の点から第5位，6位に入る2社が，定期航路業界へ新たに参入して運航キャパシティーを伸ばしてきたことが特筆される。なかでも2009年1月設立の前者はより積極的で，過去20カ月ほどの短期間に外航定期航路の運航船隊を16隻に引き上げ，運航能力で3万 TEU を超えるまでに成長した[11]。それと好対照な動きを示しているのが日本の船社であり，大手邦船3社はいずれも世界のコンテナ船社トップ10圏外へと順位を落とした。

第3章　中国海運企業の国際物流戦略

表1　中国海運企業のコンテナ船隊の規模と順位

順位	海運企業	隻数	個数(万TEU)	2005年 順位	2006年 順位	2007年 順位	2008年 順位	2009年 順位
1	中国遠洋運輸（集団）総公司	114	25.40	2	1	2	1	1
2	中国海運（集団）総公司	129	20.02	1	2	1	2	2
3	中国対外貿易運輸(集団)総公司	83	3.82	(3，10)	(3，10)	(3，10)	3	3
4	山東省烟台国際海運公司	28	1.76	4	5	5	4	4
5	新海豊航運有限公司	20	1.30	7	7	7	7	5
6	中国長江航運（集団）総公司	47	0.66	6	6	6	5	6
7	上海海華輪船有限公司	12	0.64	9	9	8	9	7
8	上海錦江航運有限公司	7	0.41	-	-	-	6	8
9	中国揚子江輪船股份有限公司	9	0.21	-	-	-	10	9
10	福建省輪船総公司	7	0.18	8	8	9	11	10

順位	海運企業	総輸送力 隻数	総輸送力 個数(万TEU)	自社保有分 隻数	自社保有分 個数(万TEU)	他社傭船分 隻数	他社傭船分 個数(万TEU)
1	中国遠洋運輸（集団）総公司	150	61.41	101	35.91	49	25.50
2	中国海運（集団）総公司	168	51.01	86	28.45	82	22.56
3	中国外運長航集団有限公司	197	5.81	88	2.00	109	3.81
4	新海豊集装箱運有限公司	49	4.44	15	1.26	34	3.19
5	海南省泛洋船務有限公司	18	3.37	5	1.32	13	2.05
6	大新華物流控股集団	25	2.67	15	1.91	10	0.75
7	民生輪船有限公司	52	1.64	24	0.58	28	1.06
8	上海海華輪船有限公司	17	1.05	15	0.92	2	0.13
9	中国揚子江輪船股份有限公司	21	0.93	5	0.13	16	0.79
10	上海集海航運有限公司	45	0.79	23	0.42	22	0.37

注1：中国外運長航集団有限公司は，2009年に中国対外貿易運輸（集団）総公司と中国長江航運（集団）総公司が合併して新設された会社。そのため，2005年～2007年の順位については，それぞれ両者の順位を示してある。

注2：2005年～2009年の順位に関しては，2010年における海運企業の規模別順位に基づく。

（出所）中国交通運輸部『中国航運発展報告—2003，2005，2007，2009，2010』各年版より著者作成。

表2　中国海運大手3社の船舶保有数

	COSCO		中国海運		中外運長航	
コンテナ船	188隻	（76万TEU）	143隻	（51万TEU）	70隻	（3万TEU）
ドライバルク船	278隻	（2,569万トン）	100隻	（430万トン）	35隻	（480万トン）
タンカー	30隻	（507万トン）	69隻	（555万トン）	330隻	（240万トン）
その他	99隻	（197万トン）	16隻		26隻	

（出所）町田〔2011〕P98。

第2節　中国海運企業の対ASEAN・日本配船と　アジア域内航路網の整備

1．ASEANにおける中国の存在感

　中国とASEANの間では，2004年にASEAN中国自由貿易協定（ACFTA）が発効し，翌2005年7月よりアーリーハーベストとして一部製品の早期関税引下げが開始され，2010年1月からは中国とASEAN原加盟6カ国が約9割の品目を無税化した。また同年1月には投資協定が発効し，相互の投資活動に法的なルールが整備された。それ故に，双方の経済一体化が更に進んで取引は活発化しており，経済関係がますます拡大発展している。

　過去10年間における対ASEAN投資のシェア変化を詳しく調べてみると，1位のEUが徐々に低下している半面，韓国や香港と並んで中国がシェアを大きく伸ばしていることは明らかである。2010年の中国の対ASEAN投資は25.7億ドルで，累計額は108億ドルに達した。貿易面においても同様に，中国は対ASEAN貿易総額で2003年時点のシェア7.2%から，2009年には11.6%（輸出は10.1%，輸入は13.3%）へと増加し，遂にEUや日本をも上回るようになった。そして2010年には往復2,928億ドルとなり，2001年実績と比べ7倍余りも拡大した[12]。リーマンショック後の金融危機下で，経済力を背景に中国のASEANにおける存在感が確実に増していることがうかがわれる。

　こうして中国にとってのASEANは，今日では単にマーケットや生産

第3章　中国海運企業の国際物流戦略

拠点としての役割に留まらず，資源供給地や物流ルートのほか，政治的にも外交上の位置付けなど様々な側面で大切な地域パートナーとして強く認識されるようになっている。とりわけ，実体経済の緊密化が予想以上に進んでいることから，国境を越えた生産・販売構造の変化をも反映する形で，ASEAN 物流の重要性が一層高まっていくものと考えられる。

2．中国～ASEAN・日本間の航路網と配船社

　中国の港湾と ASEAN 各国の主要港との海上輸送ネットワークの状況について見ると，やや時点は古いものの 2007 年当時では，中国本土（香港を除く）と ASEAN の港を連結する航路数[13]は合計 120 航路に上っていた。これら 120 航路のうち，中国と ASEAN をそれぞれ発着地（始発と終着）とする航路は 6 航路と極めて少なかった。ただ，1995 年段階がわずか 1 航路しかなかった点を想起すれば，同期間中にかなり増加したことが分かる。さらに中国～ASEAN 航路の ASEAN 側の寄港地を辿ると，最も寄港数が多かった港はシンガポールで，全 120 航路のうち 76 航路が寄港していた。これは，シンガポールが ASEAN のみならず世界的にもハブ港としての地位にあることを端的に示す証左である。次いでマレーシアのポート・ケラン（40 航路），タイのレムチャバン（18 航路），マレーシアのタンジュン・ペレパス（17 航路）などと続いていた。

　一方，中国船社による中国と東南アジア間の定期航路運航体制（2010 年末現在）に関して，最新の寄港ルートを提示したのが表 3 である。

　前述した中国の主要三大海運集団を構成する COSCO，中海集団，Sinotrans の 3 グループは，全てアジア域内航路への配船サービスを展開している。このうち，COSCO グループでは，その傘下にコンテナ配船社として上海汎亜航運有限公司（Shanghai Pan-Asia Shipping）を持ち，主に日中間の港を結ぶラインを開設・運営している。

　このアジア域内航路におけるフルコンテナ船の配船状況について，同航路（ここでは中東・南アジアまで含む）を 4 航路に分けて検討する。2010 年 11 月末時点での投入船腹量を大きい順に並べると，①東アジア～中東・南アジア航路（278 隻，91 万 TEU，シェア 47%），②北東アジア～東南アジ

129

表3　中国船社による主な中国・東南アジア間定期航路運航体制（2010年末現在）

船社名	運航サービス	ローテーション・寄港地	週便数	航海日数 （往復）	オペレーター	
COSCO/ KMTC (CMC)	CSE（中国・東南ア ジアエクスプレス・ サービス）	上海～大連～天津新港～青島～ 寧波～南沙～マニラ～ジャカル タ～シンガポール～タンジュン ペレパス（マレーシア）～ポー トケラン（マレーシア）～上海	4	28	COSCO KMTC	3 1
CSCL/ Evergreen	CPT（中国・フィリ ピン・タイエクスプ レス・サービス）	上海～寧波～マニラ北部～レム チャバン（タイ）～香港～上海	3	21	CSCL Evergreen	2 1
KMTC (CMC) / Sinotrans	CKI（中国・韓国・ インドネシアサービ ス）	釜山～光陽～上海～寧波～香港 ～ジャカルタ～シンガポール～ 高雄～釜山	3	21	KMTC Sinotrans	2 1
SITC	CJT（中国・日本・ タイサービス）	バンコク～レムチャバン～寧波 ～上海～門司～博多～上海～寧 波～レムチャバン～バンコク	3	21	SITC	3
	CKV（中国・韓国・ ベトナムサービス）	仁川～平澤（韓国）～上海～香 港～ハイフォン（ベトナム）～ 厦門～仁川	2	14	SITC	2
	CTV（中国・タイ・ ベトナムサービス）	ホーチミン～レムチャバン～ハ イフォン～防城～香港～蛇口～ ホーチミン	2	14	SITC	2
Hanjin/ Sinotrans	HES（ハイフォンエ クスプレス・サービ ス）	釜山～上海～ハイフォン～上海 ～釜山	2	14	Sinotrans Hanjin	1 1

（出所）オーシャンコマース〔2010〕より著者作成。

ア航路（368隻，60万 TEU，同31%），③北東アジア域内航路（301隻，28
万 TEU，同14%），④東南アジア域内航路（184隻，16万 TEU，同8%）の
順であった。これら4航路の中で1年前の2009年11月末との比較におい
て，増加割合が最も大きかったのは，②北東アジア～東南アジア航路であ
り，前年比34%増を記録した。さらに投入船腹量の上位10社を一覧して
見ると，船社別にシェア1位は NOL（シンガポール），2位は長栄海運（エ
バーグリーン，台湾），3位は萬海航運（台湾）であり，各社のシェアはそ

れぞれ 8.0％，7.2％，6.8％であった。厳しい競争下にあって変動激しい
アジア域内航路を反映して，船腹量で 5 番目にランクされる COSCO もシェア 6.3％と，トップの NOL とはわずか 1.7 ポイントの僅少差しかないことが目立っている。ちなみに中国船社に関しては，COSCO のほか CSCL（15 位，2.4％），SITC（21 位，1.6％）が主な参入企業である[14]。

　これらの中で，上述した中国大手 3 グループがいずれも，台湾のエバーグリーンや韓国の韓進海運などと協調して共同運航しているのとは異なり，単独で東南アジア向け三国間サービスに配船して国際物流業務を担っているのが山東省の新海豊集装箱運輸有限公司（SITC Container Lines Co. Ltd.）である。同社は日中航路で最大の輸送実績を上げているが，ASEAN 諸港などにもいち早く進出し，タイ，ベトナム，フィリピン，韓国，台湾向けに就航してネットワークを広げている。例えば，主なサービス例を一つ挙げると，CTV（ベトナム～タイ～華南サービス）航路の寄港地・ローテーションは，ホーチミン～レムチャバン～ハイフォン～防城～香港～蛇口～ホーチミンとなっている。同航路では小型の 700TEU 型船の週 2 便体制が敷かれている。なお，この親会社である山東海豊国際航運集団有限公司は 1991 年に設立され，翌 1992 年からコンテナの配船をスタートして，2001 年には 100％民営となった物流企業グループである。現在，本社が上海にあって 1,000TEU 級のコンテナ船隊 42 隻を中心に 48 ループ（通常はウイークリー・サービスで，1 週間のうちに寄港する航路寄港数）を運営している。コンテナバンの運用本数は約 10 万 TEU とされる。今後は自社船隊の増強やロジスティクス事業への投資を実行し，向こう 5 年間に船腹量を 80 隻まで増やして航路サービス網を拡充する計画が打ち出されている[15]。

　次に日中航路に関して言及すると，初めてコンテナ船が配船されるようになったのは 1976 年春のことであった。日本の商船三井と川崎汽船が，中国対外貿易運輸公司の外国傭船部門である中国租船公司（SINOCHART）との合作で，前者が天津・青島航路，後者が上海航路でそれぞれセミコンテナ船によりフィーダー輸送を開始したのが始まりである。そして先発の日本船社を追い，COSCO がまず 1978 年に豪州航路からコンテナ化に着手し，日中航路のコンテナ化を実現したのは 1981 年 6 月であった。以来，

同社はその後の船腹拡充が目覚ましく，飛躍的に輸送実績を伸ばしてきた。1984年に至ると，それまでCOSCOが半ば独占していた外航海運への地方船社の新規参入が活発化した。このため，1986年頃の時点で既にコンテナ積取比率は，中国船が9割とほとんどを押さえていた[16]。

　こうした日中間の積取りアンバランス状態は，若干改善されたとはいえ，いまなお継続されている。中国発日本向け船社をみると，大部分が中国系船社で占められている状況にある。中国系が多い理由は，日系を含め他の外資系船社の運賃競争力が低下したためである。ちなみに，日中航路のコンテナ配船社は2010年末現在，日本船7社，中国船18社，三国船7社の構成となっている。

　これまで日中航路では，新興船社の参入・撤退が繰り返され，過当競争が長らく展開されてきた。とりわけ後発の中国の中小地方船社による無節操な運賃値引き競争は，時に"ゼロ運賃""マイナス運賃"にまでエスカレートさせた。実際，中国側輸出業者（荷主企業）と輸送業者である船社の間で，つまり中国発日本向けのコンテナ海運航路では，このマイナス運賃が激しい船社間競争を常態化した。何故このようなことが発生するのか。中国出しの雑貨のほとんどは，CIF（運賃保険料込み条件）あるいはC&F（運賃込み条件）ジャパンの契約のもと，中国で船積みとなっているために本来なら海上運賃は輸出業者負担が原則である。ところが，現実には船社が運賃を請求するはずの中国側企業（輸出業者）に対価支払いの下で荷物を受託し，基本運賃のほか各項目の費用（諸チャージ）を日本側企業に逆請求しているからである[17]。

　このような理不尽な請求を受け入れている日本側企業にも責任がある。しかし，日本側もこれまでただ手をこまねいてきたわけではない。中国当局に対して，海上運賃の無秩序状態を早期に改善するよう重ねて強く働きかけてきた。その結果，中国側も国際コンテナ輸送市場価格の行為を規範化すべく，ようやく重い腰をあげて2009年6月には「国際コンテナ船運賃届出実施法」を公布し，同年8月から厳格運用を開始した。こうして少しずつではあるが，事態の改善に向け乗り出している。ただ，違反への罰則規定はあるものの，届出の実行性になお疑問があり，適切な対応が引き

第3章　中国海運企業の国際物流戦略

続き望まれる。

3．中国の東アジア向けコンテナ荷動き量の拡大

上で述べたように，アジア経済の一体化・域内連携の強化と並んでアジア航路網の整備につれて，アジア域内の海上コンテナ荷動きが更に活発化している。なかでも中国発コンテナ貨物の輸送需要が一段と高まり，増勢が鮮明になった。

それでは，東アジア（日中韓香台＋ASEAN 6を指す）でのコンテナ荷動き変動を国・地域別に捉えた場合，これまで一体どのような方向に流れどんな特徴があるのか，次に見ていくことにする。

IHS Global Insight 社が「World Trade Navigator」から作成した東ア

表4　アジア域内のコンテナ荷動き量

2010 年							（千TEU）
輸出(Fr) ＼ 輸入(To)	日本	韓国	中国	香港	台湾	ASEAN 6	合計
日本	–	687	1,242	292	390	1,036	3,647
韓国	333	–	1,353	116	126	572	2,500
中国	2,109	1,699	–	497	536	2,358	7,199
香港	4	17	728	–	72	151	972
台湾	169	74	1,113	184	–	552	2,092
ASEAN 6	1,055	509	1,228	282	391	2,231	5,696
合計	3,670	2,986	5,664	1,371	1,515	6,900	22,106
2010 年対 2000 年							（倍）
輸出(Fr) ＼ 輸入(To)	日本	韓国	中国	香港	台湾	ASEAN 6	合計
日本	–	2.66	3.22	1.08	1.33	1.80	2.05
韓国	1.27	–	2.78	0.66	1.45	1.88	1.90
中国	2.03	4.49	–	1.29	2.91	5.09	2.94
香港	0.57	1.06	1.10	–	2.88	1.51	1.20
台湾	0.81	2.00	1.56	0.75	–	1.61	1.35
ASEAN 6	1.35	1.88	2.79	0.82	1.01	2.26	1.78
合計	1.60	3.11	2.11	0.97	1.55	2.49	1.99

（出所）IHS Global Insight 社資料より著者作成。

ジア地域におけるコンテナ荷動き量のOD表（2000年と2010年の比較）によると，過去10年間に驚異的な伸びを示していることが目立つ。全体的に明らかとなった点は，この間にコンテナ荷動きが東アジア全体では2.0倍（2000年：1,111万TEU→2010年：2,211万TEU），ASEAN域内では2.3倍（同99万TEU→223万TEU）と，取扱数量が大幅に増加したことである。国別では，特に中国からの輸出の伸びが顕著であり，ASEAN 6に対して実に5.1倍，韓国に対して4.5倍，台湾に対して2.9倍，日本に対して2.0倍などとなっている（表4参照）。一方，日本の地位は輸出国としても輸入国としても共に低下が著しい。

これを表4により輸出入に分けて2010年時の特徴を示すと，表5のようにまとめられる。

このように東アジアでの生産・販売ネットワークが拡充されつつある中で，同地域の海上貿易動向を探ってみると，過去10年間に東アジアから発出されるコンテナ数量の世界合計に対する割合は，中間財を中心に着実に増大していることが分かる。しかも，東アジア，とりわけ中国が，今やコンテナ荷動きの核となってきたことを改めて示している。

表5　アジア域内の輸出入からみたコンテナ荷動きの特徴（2010年）

	輸出	輸入
東アジア	ASEAN 6向けが全体の31.2%（690万TEU）を占めて最多。次いで中国向けが566万TEU，日本向けが367万TEUと続く。	中国出し貨物（720万TEU）がASEAN 6出し貨物（570万TEU）を上回って最大。
ASEAN	域内向けが最多（223万TEU）。日本と中国向けが110〜120万TEUとほぼ同程度で，域内向けの概ね半分。	中国貨物が最多（236万TEU）。域内からも同規模（223万TEU）。
中国	ASEAN 6向けが最多（236万TEU）。日本向け（210万TEU）がそれに次ぐ。但し，伸びの点では韓国向け（170万TEU）が大。	韓国貨物が最多（135万TEU）。日本貨物（124万TEU），ASEAN貨物（123万TEU）をいずれも上回る。

第3章　中国海運企業の国際物流戦略

第3節　中国企業の海外進出を牽引する COSCO

　ここでは，中国の海運業界において今や世界のトップクラスに並ぶ存在の COSCO を取り上げる。同社は中国の海上貨物輸送で重要な担い手であり，これまでメガキャリアとして急成長を遂げてきた。船社の立場から，同社が荷主企業からの要請に応えるため，国際物流事業をどのように海外展開しながらグローバル・ネットワークを構築してきたかについて，主に明らかにしたい。

1．中国初で最大の海運企業グループ

　現在の中国遠洋運輸（集団）総公司の前身は，1961年4月に外航海運専門の国営企業として創立された中国遠洋運輸公司である。創設時から数えると，2011年で丁度満50周年を迎えた。 1993年2月には同総公司を中核企業とし，コンテナ船事業など海運を中心業務とする多角経営のグループ会社として新たに発足した。本社を北京に置く中国初の最大国際海運企業集団である。今日では世界のコンテナ船社の中で，有数の船隊規模（世界第2位，うちコンテナ船隊は同6位，ドライバルク船隊は同1位）を誇るキャリアでもある。

　設立時の1961年当初こそ，わずか4隻の船舶と2万2,600積載総トン数に留まっていたが，2009年現在，船隊が800隻以上の商船と総積載量5,700万重量トンの輸送力を有し，年間の貨物取扱量は4億トン超の総合グローバル企業にまで発展している。そして同グループの傘下には，子会社を始め国内外に1,000社近いメンバー企業を抱え，約7万人の従業員を雇用している。

　業務内容としては，上で述べた海運業を中心に，船舶代理店，航空代理店，倉庫・ターミナル運営，船舶・コンテナ・舶用設備と部品製造，コンテナリース，内陸輸送，貿易・金融・不動産開発・旅行など多岐にわたっている。こうして米経済誌『フォーチュン』が2011年7月25日号で発表した世界企業500社番付（2010年の売上高に基づく順位）によれば，

135

COSCO は売上高 242 億ドルで 398 位（2008 年度には 327 位）にランクさ
れた。また年間収入に基づく中国物流企業番付（上位 50 社）では堂々とト
ップに輝いている。

　このような COSCO の業績向上に大きく貢献した幹部の一人が，同グ
ループの現総裁を務める魏家福である。同氏は 1950 年生まれの 61 歳。彼
は大連海事大学で学び，後に母校で教えたこともある経歴を持つ。シンガ
ポールの子会社で駐在員として実績を積み，帰国後はその海外経験を生か
しつつ，船舶運航に一元管理を導入するなど業務の効率化に目覚ましい成
果を上げたとされる。 1998 年には COSCO の新しい総裁に任命され，経
営責任を担うようになった。それ以降，同社を健全で競争力のある企業と
して発展させるため，特に資金調達力の強化（株式上場）や債務の圧縮な
どによる財務体質の改善と，新造船の推進や運航コストの徹底した削減な
どに注力してきた[18]。文字通り COSCO の経営強化に大きな役割を果たし
てきたといえる。こうした方向に沿って，同グループでは現在，企業買収
の取組みを推進しており，改めてそのターゲットを模索中と伝えられる。

2．世界の八大ブロックを軸に海外展開

　COSCO は，1963 年 6 月にエジプトの地中海に面したポートサイド
（Port Said）港に代表処を設置後，その海外事業を積極的に展開してきて
いる。中国の全国各地に子会社・拠点（広州，上海，天津，青島，大連など）
を設ける一方，海外に関しては世界を①北米，②欧州，③日本，④韓国，
⑤シンガポール，⑥オーストラリア，⑦西アジア，⑧南アフリカという八
大ブロックに分けて，それぞれ拠点を配置している[19]。地域的に見ると，
アジア大洋州に重点が置かれている。今日ではこれらの拠点を中心にして，
航路は全世界で 160 余りの国・地域にある 1,600 以上の港湾に寄港するグ
ローバルな物流ネットワークを構築している。

　このように同社は，早い時期から常に中国企業の海外進出の先頭に立ち，
世界中に航路網を張り巡らせてきた。そうした意味では，中国荷主企業に
よる海外経営の展開に際して，同社がまさにその先兵としての役割を担っ
てきたと言っても過言ではない。

第3章　中国海運企業の国際物流戦略

近年の新たな活動として注目されるのは，COSCO 傘下の中遠太平洋公司（香港上場）が 2009 年にギリシャ最大のピレウス港のコンテナ埠頭（第2，3 埠頭の二つ）を，向こう 35 年間にわたり独占使用する権利を獲得したことである。これは中国企業が海外港湾の経営権を取得した初めてのケースとなった。ギリシャと言えば世界有数の海運国の一つであり，同国港務局が実施した公開入札（AP モラー・マースクや香港のハッチソン・ワンポアなど世界の大手 8 社が参加）で，同社が最終的に競り勝って見事に落札したという。

さらに 2010 年 6 月，欧州で金融不安を引き起こし債務危機が色々と取り沙汰されていたギリシャを張徳江副総理が訪問した際，同国との要人会談で中国企業による投資拡大で合意した。それを受けて，COSCO は上記ピレウス港の貨物処理能力を 3 倍に高めるため，7 億 700 万ドルを投資することを明らかにした。同社は，同港の取扱能力を拡張することにより，中国製品を欧州各地に配送するための拠点として活用し，本格的な欧州進出の橋頭堡に位置付けようとしていることがうかがえる。事実，ドイツのあるメディアは，これを「中国が欧州に通じる新しい海上のシルクロードを作り上げる重要な一歩だ」と論評している程である。いずれにせよ，バルカン半島から欧州全域における中国製品の地位を増強するという点で，ピレウス港は中国にとって重要な戦略拠点になるとの見方が支配的である[20]。

なお，上で述べた中遠太平洋公司は，中国内の環渤海，長江，珠江デルタ地区などでコンテナ埠頭を経営している以外，今回のギリシャのほか，シンガポール，ベルギーのアントワープ，エジプトのスエズ運河など 3 カ所で港湾埠頭会社に出資を行っている[21]。

3．海運アライアンスの結成と航路戦略

世界のコンテナ輸送業界においては，昨今，共同運航によるグループ化と M&A によるグループ化が一つの潮流となっている。その背景には，世界中に広がるネットワークの定期航路を運営・維持していくため，巨大化するコンテナ船の建造も手伝い莫大な投資資金が必要とされる事情がある。この点は中国の大手海運企業にとっても全く例外ではない。

こうして COSCO は 2000 年以降，輸送の効率化を目指して積極的に共同運航を展開している。それには二つの傾向が見られる。一つはアライアンスに加盟して効率性を追求する戦略であり，もう一つは主としてアジア船社を重視した共同運航である。前者のアライアンスに関しては，後述する日韓台の 3 社と手を組んだ輸送方法が功を奏している。さらに後者のアジア船社との共同運航では，とりわけ韓国の韓進海運と台湾の長栄海運（エバーグリーン）との共同運航が多い[22]。ここから COSCO の共同運航を重視した経営戦略の一端が見てとれる。

　上記のアライアンスの結成について具体的に述べると，2001 年 8 月に韓国の韓進海運が所属していたアライアンスが解散したのを契機に，同年 9 月に現在の「CKYH アライアンス」が形成された。この CKYH は，4 つの船会社の英文名称である Cosco，K-Line，Yangming，Hanjin のそれぞれ頭文字を取ったもので，中国の中遠集団，日本の川崎汽船，台湾の陽明海運，韓国の韓進海運を指す。これは，4 社で構成される定期コンテナ船の共同運航組織である。

　2010 年 4 月に中国の鎮江で開催された CKYH サミットは，回を重ねて第 8 回目を迎え，今後のアライアンス体制について協議を行い，次のような点で合意したという。

① アジア～北米航路（東岸と西岸の合計で週 17 便）やアジア～欧州航路（北欧州と地中海の合計で週 8 便）を始めとする，既存の東西基幹航路のサービスの競争力強化。

② フィーダー（積替え）サービス網の構築および南北航路・新興マーケットへのサービス拡張。

③ ターミナルや機器等のメンバー船社間での有効活用とコスト削減。

　併せて，当アライアンス 4 社は，エネルギー資源の節約や CO_2 排出量の削減などを目指す環境に配慮した運航体制を更に推進していくことでも合意し，アライアンスの名称が以後は「CKYH-the Green Alliance」と改められることとなった[23]。

　一方，COSCO 自体の航路戦略について見ると，上述したメインの東西航路のサービス強化を優先させてはいるが，南北航路のネットワークの充

実にも力を入れている。この東西航路の中で，アジア〜北米航路のうち米国向け往航荷動きを例にとると，特に中国積み貨物が依然として圧倒的地位を占めている。いま主要船社別に中国積み米国往航荷動き量の暦年推移を基に過去10年間の経過を辿ると，中国船社では，全体の荷動き量が拡大しているにもかかわらず，両社の占める割合が異なった傾向を示しているのが目立つ。つまり，COSCOが往航における積取量のシェアを徐々に落としているのに対して，中国海運集団のコンテナ部門であるCSCLは逆に同シェアが増大傾向（たとえば，2000年の3.4%から2010年の8.0%）にある。COSCOの場合，2000年時点ではトップのマースクラインに次ぐ11.4%と高いシェアだったものの，2005年段階の8.1%を経て2010年には7.2%までシェアを低下させていることが分かる。ただ，両社のシェアを合わせても，これまで一貫して約14〜15%のシェアに留まってきた。換言すると，このゴールデン路線でさえ他国の船社が取り扱う量的割合がかなり大きいということになる。

　これに対して大変興味があるのは，日本の海運大手がコンテナ船事業で対照的な航路戦略を打ち出している点である。具体的に比較して見ると，超大型船をフル活用する日本郵船は，アジアと欧米を結ぶ東西航路を主力と捉えている。同社のコンテナ船事業は，取扱高（輸送重量ベース）の7割弱を東西航路が占める。米欧への海上輸送が収益源になるとの読みから，基幹航路に大型船を投入して輸送力を高め，1航海当たりのコストを引き下げる戦略である。他方，商船三井のコンテナ船隊規模は，東西航路経営では日本郵船とほぼ同様であるが，中型船を中心にアジアとアフリカ・南米を結ぶ南北航路を強化しており，新興国の消費拡大に着目して取扱高の約半分が，南北航路とアジア域内の輸送で占められている[24]。さらに邦船各社では従来，北米・欧州航路などの基幹航路こそが花形であるという意識が働き，変動激しいアジア域内航路においては高品質なサービスが売りの差別化戦略が必ずしも強みにならなかった経緯がある。このため，中国船社だけでなく邦船社も，今や世界で最激戦区となったアジア域内の航路戦略が転換期を迎え対応を迫られている。

おわりに

　以上で指摘したように，中国企業の海外進出が活発化するにつれて，グローバルな物流ネットワークの整備が一段と強く要求されるようになった。しかも，最近の国際水平分業の動向を見ると，従前のような単に一方向だけの物流ネットワーク構築では不十分で，日中韓 ASEAN 間の相互輸送からもう一歩進めて，欧米など他地域への広範囲な枠組みを視野に入れた高度な広域物流の体制作りが重要になった。

　こうした情勢の下で，「世界の工場」と呼ばれる中国からの製品輸出は突出している。中国の港湾は，かつて日本がそうであったように，今では東西基幹航路の基点となったばかりでなく，豪州航路やインド航路，はては中近東航路の起点にもなっている[25]。

　本稿の主題である船社の視点から物品輸送を捉えると，東アジアにおける荷動き量の急増を反映して，アジア域内航路が現在のみならず中長期的に見ても有望視されている。これまで同航路では，そこを基盤に専業サービスを行うアジア船社（例えば，韓国の KMTC，台湾の萬海航運，香港の TS ラインズ等）が急ピッチで事業規模を拡大して高成長を遂げてきた。それに伴い新規の参入船社も増える趨勢にあり，船腹過剰の恐れさえ出ている。今や，「アジア航路は他航路からの余剰船転配などのリスクが常にある」とまで言われるようになった。

　このように，拡大するアジア全体の膨大な輸送需要を取り込んでいかなければ，どの船社でも同地域での更なる成長戦略は描けなくなっている。とりわけ，需要拡大の著しい中国を基点としたアジア域内サービスの増設をどのように強化していくかが，各船社に問われている。しかし，航路が短くて貨物の動きが煩雑なアジア航路は，中小型のコンテナ船の主な投入先となっている。なかでもコスト競争力の高いアジア船社がひしめく中国〜アジア航路では，船社にとってどこまで新たな安定した収益源となりうるのかが，これからの大きなポイントである[26]。というのは，アジア域内の航路運営においては，そのサービスを常に向上させなければ，利益を出し続けるのは困難だと思われているからである。

第3章　中国海運企業の国際物流戦略

　中国海運企業の現状について言えば，日中間航路では確かに9割余と圧倒的な配船シェアを維持しているものの，基幹航路の一つとして大切なアジアから米国向け路線では，上述したごとくCOSCOも含めシェア7〜8％の水準に留まっている。アジア航路に至っては，SITCなどの新たな参入があるとはいえ，中国船の取扱シェアは概ね下位で安定している。これは，自国貨物の取扱いが中心と見られがちな中国船社でも，実際には"中国船優先"という世界が，海運業界のオープン化と共に次第に失われていることを物語っている。現実は，それだけ競争が激化しているわけで，先に「バイ・チャイナ」政策の項で触れたのとは相反する様相を呈している。この点については，COSCOジャパンでのヒアリングによれば，「中国系企業は中国船を使用するという意識がもはや薄くなってきている」とのことであった。サービスの質が良くて，運賃レベルが安ければそれで良いとの考えが，市場経済体制の下で大勢を占めているようだ。

　いずれにせよ，中国企業（メーカー）による対外投資は増大しているものの，資源・エネルギー獲得を主目的とするものが少なくなく，中国からの生産シフトが進み現地で本格的な海外経営の時代を迎えるのは，これからがまさに本番であろう。そのため中国海運企業にとっては，今後想定される内外物流環境の変動に照準を合わせながら，日韓米欧などの主要企業との当該事業をめぐる厳しい受注合戦に対応できるような力が強く求められている。従って，そうした時代の要請に応えるべく，国際物流市場での更なる競争力向上に一層力を注いでいくことが必要である。航路運営におけるポートフォリオ選択の多様化など経営の多角化を進めることも重要であるが，改めていま一度，本業の海運・物流業務の原点に立ち返り，同部門の再編強化と顧客を満足させられるグローバル・ロジスティクス・ネットワークの再構築こそ肝要だと考えられる。加えて，上記の競争激化時代にも十分適応できるように，物流現場における職業訓練の充実と人材育成の強化を図っていくことが何よりも急務であると言えよう。

　なお本稿では，海運物流との関連で，国際的な調達・販売物流に関わるグローバル・サプライチェーンについて海運企業がどのように関与しているのか，中国最大手の総合家電メーカーである海爾（ハイアール）集団の

141

ケースを実例に併せて検討を加える予定であった。しかし，紙幅の関係も
あり今回は分析対象から落とさざるをえなかった。今後の課題としたい。

〔注〕
(1) 国土交通省海事局（編）〔2011〕『平成 23 年版　海事レポート』日本海事広報協
　　会，P63。
(2) 日通総合研究所（編）〔2008〕P123。
(3) 町田〔2010〕PP14-17。
(4) 日本郵船調査グループ（編）〔2010〕P31。
(5) 『朝日新聞（夕刊)』2011 年 8 月 9 日。
(6) 日本郵船調査グループ〔2011b〕P114。
(7) 三浦〔2011〕PP16-20。
(8) 中国交通運輸部〔2011〕『中国航運発展報告 2010』P18。
(9) 『経済観察報』2009 年 2 月 9 日。
(10) 町田〔2011〕P98。
(11) 『日刊 CARGO』2010 年 9 月 22 日。
(12) 日本国際貿易促進協会〔2011〕P3。
(13) 中国～ASEAN 航路数は，東南アジア航路に限らず全航路のうち，中国国内（香
　　港を除く）のいずれかの港と，ASEAN 各国のいずれかの港を寄港する航路。
(14) 日本郵船調査グループ〔2011a〕PP38-43。
(15) 日本郵船調査グループ (2010) P48。
(16) オーシャンコマース〔2010〕P156。
(17) 石鍋〔2009〕PP30-33。
(18) 井上（編）〔2004〕P181。
(19) 注(2)に同じ，P253。
(20) 『産経新聞』2010 年 6 月 17 日および同 2010 年 7 月 13 日。
(21) 『21 世紀経済報道』2008 年 12 月 18 日。
(22) 山岸〔2008〕P57。
(23) 2010 年 4 月 19 日付の川崎汽船のニュースリリースに基づく。
(24) 『日本経済新聞』2010 年 9 月 23 日。
(25) 山本〔2008〕P39。
(26) 有村〔2011〕P4。

第3章　中国海運企業の国際物流戦略

〔参考文献〕

有村智成〔2011〕「船社の新たな安定収益源になるか──拡張続くアジア航路」『日本海事新聞』2011年5月16日，P4。

石鍋圭〔2009〕「日中航路マイナス運賃のカラクリ」『LOGI-BIZ』2009年4月号，PP30-33。

井上隆一郎（編）〔2004〕『中国のトップカンパニー躍進70社の実力』ジェトロ，P181。

オーシャンコマース〔2010〕『2011年版　国際輸送ハンドブック』P156。

国土交通省海事局（編）『海事レポート　各年版』日本海事広報協会。

伍露〔2007〕「中国海運企業の成長に関する研究─総合物流を志向する企業分析」流通経済大学大学院『物流情報学研究科論集』第5号。

ジェトロ上海センター舶用機械部〔2003〕『中国主要海運企業の概要と事業展開に関する調査』シップ・アンド・オーシャン財団，日本舶用工業会．（http://nippon. zaidan. info/seikabutsu/2003/00175/contents/0003.htm アクセス日：2011年2月18日）。

中国交通運輸部『中国航運発展報告　各年版』人民交通出版社。

日通総合研究所（編）〔2008〕『実務担当者のための最新中国物流』大成出版社。

日本国際貿易促進協会〔2011〕『国際貿易』3月29日，P3。

日本郵船調査グループ（編）〔2010〕『世界のコンテナ船隊および就航状況2010年版』日本海運集会所，2010年11月，P31。

日本郵船調査グループ〔2010〕『調査月報』2010年12月号，P48。

日本郵船調査グループ〔2011a〕『調査月報』2011年1・2月合併号，PP38-43。

日本郵船調査グループ〔2011b〕『調査月報』2011年3月号，P114。

町田一兵〔2010〕「物流─十大産業調整・振興計画で進む産業高度化」，日中経済協会『日中経協ジャーナル』2010年8月号，PP14-17。

町田一兵〔2011〕「中国商船隊とシーレーン」『世界の艦船』2011年9月号，P98。

三浦良雄(2011)「中国の港湾政策に"変動"？世界一になった上海港」『CONTAINER AGE』2011年3月号，PP16-20。

山岸寛〔2008〕「China COSCOの経営戦略と事業展開」『海運』通巻No. 975，2008年12月号，P57。

山本裕〔2008〕「アジアコンテナ定期船航路の実相と課題─ASEANを中心として」日本海運経済学会『海運経済研究』第42号，P39。

2. 空運編

香港エアカーゴターミナル社（HACTL）から見た香港国際空港（チェクラップコク空港）
（2016年7月，著者撮影）

第**1**章

中国の航空貨物輸送と空港の整備状況・計画

交通運輸部門の中で，著しい伸びを示しているのが航空である。この航空分野では，貨物・旅客とも輸送の目覚しい拡大ぶりが目立っている。とりわけエアカーゴ（貨物と郵便物を含む。以下，貨物と略称）輸送の伸びが顕著である。製品の高付加価値化やリードタイムの短縮化の要求を始め，従来のような"重厚長大"型から次第に"軽薄短小"型への商品シフトも相俟って，航空貨物輸送に対するニーズが着実に増大している。中国は今，従前の民航大国からさらに一歩進めて「民間航空強国」の確立を視野に邁進中であり，航空インフラの整備をこれからも一段と強化していく方針である。

本章では，主として航空貨物に焦点を絞りながら，第1に今日に至る中国の航空政策の変遷，第2に航空輸送の発展と貨物取扱量の急増，第3に航空インフラ（特に空港）建設および今後の空港整備計画と課題などについて明らかにする。

第1節　中国の航空政策と民航体制改革

1．民間航空事業の発展政策

中国の民間航空事業を主管するのが，中国民用航空局（Civil Aviation Administration of China，CAAC。以下，民航局）[1]である。主たる業務内容は，「民間航空事業政策，航空インフラの整備計画，および航空ネットワーク

の建設・運営の管理・指導を図ることである。また，航空輸送の実運送業務のほか，それに関連する対外交渉・金融・教育等の業務も担当している。」[2]この中国民航局の直属機関として，東北・華北・華東・中南・西南・西北の地区管理局や新疆管理局などの地方局がそれぞれ置かれている。その上，同傘下には，首都機場（空港）集団も含まれる。

　中国における民間航空事業は，建国の翌年に当たる 1950 年に計 5 本の航空路が初めて開設されたことに始まる。しかし，その本格的な発展がスタートしたのは，改革開放政策が導入された 1979 年以降，つまり今から丁度 30 年前のことである。1990 年に航空路は 437 路線まで増加し，その後の高度成長期を経て 2000 年には 1,165 路線へと伸び，2007 年末の段階では，航路数が 1,506 路線（うち国際航路は 290 路線），航空路線の総延長距離は 234 万 km に達している。定期便が就航している空港の数は，全国で 148 カ所となった。また航空機の保有状況を見ると，航空路線の伸びと同様に 1990 年代以降，急速に増加している。2007 年時点では，大中型機の保有数は合計 1,050 機（うちボーイング 747 型機は 35 機，エアバス A320 型機は 160 機）であり，その他の小型機は 84 機を数える。

　ところで，中国における航空輸送に関する基本法は，1996 年 3 月に施行された「民間航空法」である。旧中国民用航空総局（現民航局の前身）が，従来採ってきた主な関連政策の概要は以下のとおりである。[3]中国の航空輸送，なかでも航空貨物輸送の発展に関する政策は，簡潔に言い表せば概ね「国内的には経済統制を緩和し，対外的には市場開放を逐次拡大していくこと」に要約される。一連の政策の動き並びに具体的な内容を示すと，次のようになる。

(1) 2004 年に「国内航空貨物輸送の発展加速に関する若干の政策意見」を公布
① 貨物航空会社の発展奨励
② 貨物輸送ハブの建設奨励
③ 国内貨物輸送路線・便数の審査批准に対する管理方法の改革
④ 航空機の購入・リースに関する審査批准の管理方法を調整

第1章　中国の航空貨物輸送と空港の整備状況・計画

⑤　国内航空貨物輸送の価格体系を完備

⑥　国内航空貨物輸送の発展を奨励する優遇措置の実施など

　これらの諸点のうち，②について補足的に説明すると，全国の空港の中で天津，上海，広州，深圳，武漢，昆明の6空港を貨物輸送ハブの建設面で一歩先行させ，航空会社がそうした空港に国内貨物輸送基地を設立するよう奨励したものである。

　また2005年8月から試験的に「国内資本の民間航空業への参入規定（試行）」（民航総局令第148号）が施行開始となった。これにより，国有・非国有の投資主体を問わず，全ての国内資本による民間航空業各分野への投資が可能となった。但し，同規定はその付属文書で，中国国際航空（CA），中国東方航空（MU），中国南方航空（CZ）の三大航空会社および各省・自治区・直轄市政府所在地の空港と深圳，厦門（アモイ），大連，桂林，汕頭，青島，珠海，温州，寧波の9空港は，国有または国有資本が筆頭株主，つまり政府の全額出資か過半出資でなければならないと言及している。[4]

(2)　**2005年に「国際航空輸送の発展を加速する若干の政策措置の意見」を公表**

①　国際航空貨物輸送市場の優先的開放

②　新設された国内の貨物航空会社に対し，国際路線経営のための直接申請を許可—自己保有機の最低条件は機材1機

③　貨物輸送ハブを設立した国内の航空運輸会社は，国際定期便の経営許可を取得する際に審査批准の面で優先権を享受など

(3)　**航空貨物輸送に関する対外開放政策**

　2002年8月から「外国企業による民間航空業への投資に関する規定」（民航総局，対外貿易経済合作部，国家発展計画委員会の三者連名）が施行された後，2005年には同規定の補充規定が改めて公布された。例えば，外資系企業が中国の航空フォワーディング事業に参入して業務を展開する場合には，同規定に基づく許可取得が義務付けられている。

　また中国は，米国，オーストラリア，タイ，シンガポール，インドなどの国々と，航空路線表，輸送力，第5種運輸権[5]，コードシェア（共同運航）便，チャーター機等の事項につき二国間輸送協定を締結した。このう

149

ちその動向が最も注目されたのは，2004年7月に正式調印された「米中航空協定」である。これにより，米中両国を結ぶ航空路を運航する指定航空会社は2倍以上に増え（双方各4社から2010年までに各9社まで拡大可能），1週間当たりの運航可能便数は双方各54便から2010年までに各195便（うち貨物便111便）増やして週249便まで拡大可能となった。[6]貨物・旅客便の輸送枠が一挙に拡大されたことで，米中間における輸送力の大幅な拡充が図られてきている。中国は初めて米国の貨物航空会社に対して，中国内での貨物輸送ハブの建設と全面開放された運輸権の享受を認可したのであった。事実，中国は海口，三亜，厦門，南京，上海などの各都市で貨物輸送の第5種運輸権を対外開放したことから，外国の航空会社より強い関心を集めており，第三国に至る国際航空貨物輸送路線が開設されていた。こうして世界の代表的な大手物流企業である米国のインテグレーター[7]UPSは，上海浦東国際空港でその第5種運輸権を行使する初の外国キャリアとなった（当初は上海～ケルン線を週5便運航）。ちなみに，同空港貨物の第5種運輸権については，2006年4月より正式に開放された。[8]

　さらに中国政府は2006年3月に，物流業における外資への全面的な開放政策として「物流領域の外資導入を一層行う業務に関する通知」を発出した。これにより外国の物流企業が中国で独資企業（100％外資の会社）を設立することが可能となり，なかでも中国におけるエクスプレス市場に大きな影響をもたらすこととなった。とりわけ中国の航空物流事業を考える上で大変重要なのが，世界の四大インテグレーター（米国のUPS，FedEx，ドイツのDHL，オランダのTNT）の動向である。これらの欧米系インテグレーターは，急成長が今後も見込まれる航空貨物市場に着目し対中進出を加速させており，中国での拠点設置とネットワーク拡充の動きを一段と強めている。

2．航空業界の再編と航空会社のグループ化

　中国では航空市場への参入規制の緩和が進むにつれて，航空会社の新規参入と再編成が繰り返し行われてきた。かつて中国の国内・国際航空は，「中国民航」1社によって長らく独占されていたが，段々と複数の航空会

第1章　中国の航空貨物輸送と空港の整備状況・計画

社が誕生し乱立状態を呈するほどになった。そこで1988年に航空会社の
管理と運営を分離し，中国民航総局の解体・分割が行われた。

　その後も中国航空業界の再編は進められたが，民間航空業をめぐる新た
な発展趨勢を踏まえ，それに合致した民航管理体制を構築するための施策
が打ち出された。ここに新しく公布されたのが，中国国務院の第6号文件
「民航体制改革方案」（2002年3月）である。それから約2年間の歳月をか
けて，以下に示すような7つの分野に関する包括的改革が実行に移された。
2004年7月初めを迎え，中国民航史上において最大規模と言われる行政
改革がようやく基本的に全て完了するに至った。[9]

①　航空会社と航空サービス会社の再編
②　空港管理体制の改革
③　民航行政管理組織の改革
④　航空管制管理体制の改革
⑤　空港公安局は空港所有権と同様に所在地の地方政府に移管
⑥　空中警察隊を新規に設置（2003年末より乗務開始）
⑦　航空運賃改革案と路線資源有償使用制度は2004年より施行開始

　以上の7項目の中で，まず①については，中国民航総局直属の航空会社
9社と航空サービス会社4社を基礎に，2002年10月，六大企業集団が正
式に発足した。すなわち，中国航空集団，中国東方航空集団，中国南方航
空集団の三大航空会社グループに再編され，同時に航空関連企業も，中国
民航信息（情報）集団，中国航空油料集団，中国航空器材進出口（輸出入）
集団という三大グループに分けられた。この結果，官民分離の原則の下で，
これら六大企業集団の資産・人員の所有権は，全て中国民航総局より国家
資産委員会に移管された。

　次に②については，政治的な理由から除外された北京首都国際空港とチ
ベット自治区内の空港を除き，それまで中国民航総局が直接管理していた，
その他の省・自治区・直轄市にある90カ所の空港の国有資産と人員は，
2003年末までに全て所在地の地方政府に移された。

　また③については，中国民航総局──地区管理局（7カ所）──航空安
全監督管理弁公室（26カ所，従来の省管理局に代わる新組織）という三階層

151

から成る新しい管理体制が構築された。以後，中国民航総局の職務は，安全管理，市場管理，マクロコントロール，航空管制，対外関係の5つに限定されることとなった。

　そして④については，中国民航総局空中交通管理局——地区管理局空中交通管理局（7カ所）——空中交通管制センター（32カ所）の三段階から成る新しい航空管制管理体制が確立された。

　そのほか航空輸送に関しては，今や"航空産業の競争時代"と形容されるほどに，民営航空会社の参入ラッシュなどもあり，航空市場への新規参入が一層活発化している。例えば，異業種（旅行業）からの参入（春秋航空）や外資の参入（華夏航空）を始め，地域限定（雲南祥鵬航空），ローカル線限定（大新華快運航空），貨物限定（揚子江快運航空——海南航空の貨物子会社）の参入など極めて盛んである。[10]これらの中で貨物輸送事業に限ると，貨物部門の強化を図るために貨物航空会社の設立が数多く見られた。すなわち，中国東方航空の貨物子会社である中国貨運航空（中国初の貨物航空会社）を皮切りに，中国国際航空の貨物子会社である中国国際貨運航空，加えて翡翠国際貨物航空（深圳航空とルフトハンザ航空の合弁）や上海国際貨物航空（上海航空と台湾・長栄集団の関連企業との合弁）などが挙げられる。なお，上記の三大航空会社グループに属さない独立系の航空会社においては，特に海南航空と上海航空の活動が活発である。

　さらに2007年の主要各社の動きとして特筆されるのは，世界のアライアンスグループへの加盟が続いたことである。世界の航空業界では現在，航空会社間の厳しい競争激化を受けて大規模な提携が進んでおり，スターアライアンス（全日空，米ユナイテッド航空など），ワンワールド（日本航空，アメリカン航空など），スカイチーム（エールフランス航空など）といったアライアンスグループが形成されている。こうした中で，中国の民間航空業界でも同メンバーとして加盟する動きが目立った。具体的には2007年11月，中国最大のネットワークを有する航空会社である中国南方航空が，スカイチームに加盟した。同社は，アライアンスに加盟する中国キャリアの第1号となった。次いで上海航空は同年11月にスターアライアンスに加盟し，同年12月には中国国際航空が同じくそれに続いた。世界を代表す

第1章　中国の航空貨物輸送と空港の整備状況・計画

る航空会社のそうしたネットワークに参加することは，これから航空輸送事業の国際化を更に展開していく上で有益だと判断した結果と思料される。ただ，中国東方航空だけは，中国のビッグスリーの中で唯一アライアンスグループへの未加盟のままである。

第2節　拡大する航空輸送市場と航空貨物の取扱実績

1．航空輸送の発展促進を重視

　中国における民間航空会社の航空輸送（旅客と貨物）動向から見ると，最近まで二桁台の急成長が続いてきた。実際，2000年と2005年の実績を相互に比較すると，この5年間の年平均伸び率が，航空総輸送量は16.2％，旅客輸送量は15.5％，貨物輸送量は13.6％と，いずれも10％以上の大幅な伸びを記録した。同期間の達成目標がそれぞれ年平均10％，8％，13％であった点を想起すれば，そうした伸びをかなり上回っていたことが分かる。さらに2006年から2007年にかけては，航空業界全体として成長の質や利益幅が低いなどの問題が指摘されていたにもかかわらず，対前年比の伸び率では結局，以前よりむしろ一層高まった。ちなみに，2007年の場合，上記の3つの指標順に前年より19.5％，16.3％，15.0％の増加であった。

　とはいえ，こうして順調に拡大推移してきた中国の航空輸送市場であったが，2008年後半には遂に様相が一変することとなった。米国発の世界的な金融危機の影響もあり内外景気の急減速のあおりを受けて，航空輸送分野も決して例外ではなく，大幅な伸びの鈍化を余儀なくされたのである。

　2009年1月15日に開かれた「2009年全国交通工作会議」の席上で，李盛霖・交通運輸部長は，事業報告の中において次のことを明らかにした。それによると，2008年の中国の航空総輸送量は375億トンキロ，旅客輸送量は1億9,200万人，貨物輸送量は405万トンに達したものの，対前年比の伸び率ではそれぞれ2.6％，3.2％，0.7％に留まった。2007年の伸びより一挙に10数ポイントも下落するという，過去にほとんど例を見ない

153

ほどの稀に見る激減ぶりで，特に貨物輸送に関わる伸び率の大幅な落ち込みが際立った。

　このため，中国民航局は中国の航空業界にもたらされた大変厳しい情勢に対処すべく，以下のような取り組みを重点的に且つ積極的に行っていく方針を新たに打ち出した。[11]

　・民間航空輸送の堅実で比較的速い発展を促進するよう努める。

　・引き続き幹線輸送を発展させ，さらに支線輸送，国際輸送，航空貨物・郵便輸送などを併せて重視する。

　・サービス活動の強化・改善と優れたサービスで航空市場を開拓し，航空便の定時運航率の保証に注意を払う。

　・経営管理を強化し，コスト計算を強め，経営効率の向上を図る。

　・空港や航空管制などインフラ建設の強化に注力し，航空輸送の能力保証を増強する。

　中国民航局の情報（2009年1月7日）によれば，たとえ景気後退下にあってもこれを基に2009年の全国航空輸送目標としては，

　総輸送量　　：413億トンキロ　（2008年比　約10％増）

　旅客輸送量：2億2,000万人　（　同　　約11％増）

　貨物輸送量：437万トン　　　（　同　　約8％増）

との強気な見方が発表されている。

　2．急速に高まる航空貨物輸送の割合

　中国の国内・国際線を合わせた航空貨物の輸送量は，2001年秋に発生した9.11テロ事件の影響による減少を除き，今日までトンベース，トンキロベースともほぼ一貫して増加傾向にあり，急速な拡大を遂げてきた。しかし，上述した如くこれまでにない不振を極めた2008年実績に関しては，2009年2月現在のところ詳細データをまだ未入手のため，ここでは2007年までの指標を中心とする分析になることを予めお断りしておく。

　"世界の工場"と呼ばれる中国への外国直接投資の急増に伴い，航空貨物輸送が世界的なサプライチェーンの中で新しく捉えられるようになった。従前はともすれば「納期遅れの海上貨物輸送の補完手段」としてのみ位置

第1章 中国の航空貨物輸送と空港の整備状況・計画

付けられていたが、そうした見方が変わり、今やその使用頻度が一段と増しているのである。こうして2007年時点では、中国の航空貨物輸送量は402万トン（前年比15.0％増）となり、その内訳は、国内航空貨物が117万トン（同27.2％増、全体に占めるシェア29％）、国際航空貨物が285万トン（同10.6％増、シェア71％）であった。表1で示したように、国内航空貨物の方が国際航空貨物の伸びを大幅に上回っていることから、前者の比重が3割近くまで上昇している。

　国内路線と国際路線別に航空貨物の輸送量（2007年）を見ると、中国全土において貨物輸送の多い国内線ルート・ベスト3は、①北京〜上海（14万トン）、②上海〜深圳（11万トン）、③香港〜上海（9万トン）といった区間であり、いずれも上海が基点となっている。一方、国際線ルートでも同様に、①ロサンゼルス〜アンカレッジ〜上海（5.6万トン）、②大阪〜上海（5.2万トン）、③ルクセンブルク〜北京〜上海（5.2万トン）と、やはり上海が上位に名を連ねていることが分かる（表2参照）。貨物便に関しては、その拠点として上海（浦東および虹橋空港）に集中しているのが特徴的である。また主要な航空会社ごとに見た2007年の貨物輸送実績によると、表3のとおり、大手航空3社が上位を独占し、次いで貨物航空会社の中国

表1　航空貨物輸送量（国内・国際）の推移

	1990年		1995年	2000年	2005年	2006年	2007年	
		構成比（％）						構成比（％）
貨物輸送トン数（千トン）	370	100	1,011	1,967	3,067	3,494	4,018	100
うち国内線	81	21.9	230	492	772	922	1,173	29.2
国際線	289	78.1	781	1,475	2,296	2,573	2,845	70.8
貨物輸送トンキロ（100万トンキロ）	818	100	2,230	5,027	7,890	9,428	11,639	100
うち国内線	438	53.5	1,159	2,916	4,525	5,641	7,481	64.3
国際線	380	46.5	1,071	2,111	3,365	3,786	4,157	35.7

（出所）『中国統計年鑑』2008年版、P633より著者作成。

表2 国内・国際路線別航空貨物輸送量（2007年）

順位	国内路線		国際路線	
	航空ルート	貨物輸送量 （千トン）	航空ルート	貨物輸送量 （千トン）
1	北京〜上海	135.6	ロサンゼルス〜アンカレッジ〜上海	56.4
2	上海〜深圳	111.4	大阪〜上海	51.8
3	香港〜上海	91.9	ルクセンブルク〜北京〜上海	51.5
4	北京〜広州	83.4	アムステルダム〜上海	48.3
5	広州〜上海	78.8	フランクフルト〜北京〜上海	47.2
6	北京〜深圳	78.0	ダラス〜シカゴ〜アンカレッジ〜北京〜上海	36.9
7	北京〜成都	46.7	ソウル〜上海	33.7
8	北京〜昆明	45.1	上海〜シンガポール	32.3
9	成都〜上海	38.5	北京〜上海〜アンカレッジ〜ニューヨーク	27.6
10	広州〜成都	37.3	上海〜東京	23.5
1〜10	上記合計	746.7		409.2
	全ルート総計	1,173.1		2,845.4

（出所）『中国交通年鑑』2008 年版，PP698〜712 より著者作成。

表3 主要航空会社別貨物輸送実績（2007年）

順位	航空会社	保有機(機)	飛行距離 （万 km）	利用率 （%）	貨物輸送量	
					（万トン）	（100 万トンキロ）
1	中国南方航空	339	51,194	64.7	69.44	1,693
2	中国国際航空	216	46,545	67.1	65.97	1,799
3	中国東方航空	n. a.	38,001	62.5	49.08	1,023
4	中国貨運航空	11	2,669	66.1	36.9	1,465
5	中国国際貨運航空	n. a.	2,435	71.8	27.44	1,791
6	上海航空	56	9,549	71.7	21.3	293
7	深圳航空	55	11,423	76.7	13.96	220
8	海南航空	70	11,068	78.2	13.11	238
9	厦門航空	45	7,622	74.5	12.15	151
10	四川航空	n. a.	1,440	60.4	12.05	167

（出所）『中国交通年鑑』2008 年版，PP698〜699 などより著者作成。

第1章　中国の航空貨物輸送と空港の整備状況・計画

貨運航空と中国国際貨運航空が続く展開である。三大航空会社の貨物輸送量は合計184万トンで，全体に占める割合は45.8％に上っている。

　航空貨物の取扱品目については，加工・組立産業に携わる外資企業の中国への大量進出に伴い，自動車部品・電子部品等の輸入，それにより国内生産された高付加価値製品の輸出が主力となっている。加えて，国際線で海外から中国沿海部に輸送されたハイテク品目や電子機器類の部品などが，再び同内陸部の地方空港へと転送されるケースも増えている。こうして中国の対外貿易依存度が高いことを背景に，金額ベースでの輸出入貨物に占める航空貨物の割合が年々右肩上がりの高いペースで増加し，今や輸出入貨物全体の2割前後にも達している。[12]しかも，世界の航空貨物輸出国ランキングでは，中国が2005年に米国を抜いて第1位となり，翌2006年も首位の座を守っている。

　だが輸出入双方から見てみると，中国の航空貨物市場において何よりも懸念される問題は，中国の強い輸出競争力を反映した形で，中国からの輸出量が輸入量の2〜3倍も多いという不均衡な状態が恒常的に続く構造にある点である。中国発の航空貨物便がほぼ満載されているのに対し，中国着のそれについては空スペースが目立つ，いわゆる"片荷現象"の慢性化にほかならない。[13]ただ，中国向け日本発の貨物需要に関しては，部材，半製品，製造機械などを中心に高い伸びが見られる。

第3節　航空インフラ整備の進展と空港拡張計画

1．旺盛な貨客需要と空港施設の増強

　以上で述べたように，中国では貨物・旅客とも根強い需要に支えられ，これまで航空輸送の大幅な伸びが実現されてきた。特に航空旅客需要については，2008年に北京オリンピックが成功裡に終了したものの，2010年には上海万博や広州アジア大会というイベント開催が控えていることから，今後さらに拡大していくものと予想されている。

　ここで改めて主要空港別に貨物取扱量[14]の実績推移を辿ると，2007年に

は全国の空港での貨物取扱実績が，総重量861万トン（前年比14.3％増）の大幅増となった。上海浦東，北京首都，広州白雲の順で多く，これら上位の三大空港は，トンベースで総取扱量の実に5割以上を処理している。また同年の空港貨物需要分布をみると，表4のとおり，中国では貨物取扱量が年間1万トン以上の空港は43カ所（全国には合計148カ所，香港・マカオを除く）を数える。地域的には，外資の進出が最も多い上悔を中心とする長江デルタを含む華東地区が，貨物取扱量全体の45.8％を占めて他を圧倒している。次に輸出生産基地としての性格が強い広東省を含む中南地区が20.1％，首都の北京や天津市などを含む華北地区が18.7％などの実績となっている。

　一方，2007年の国内・国際を合わせた旅客取扱実績は，前年比16.8％増の延べ3億8,800万人に上った。このうち，北京，上海，広州各都市にある上位の4空港では，計1億3,600万人と全体の35.1％を占めている。これら混雑空港の発着回数には制限が設けられているものの，依然として高い伸びを示している。また年間の旅客取扱量の点で上位10空港全てが，1,000万人以上の取扱規模となった。なかでも「中国の表玄関」である北京首都国際空港のそれは，年間延べ5,361万人を記録し，世界の空港で第9位を占めるに至った。地域的に見ると，航空旅客の乗降者は華東地区（30.3％）が第1位で貨物取扱の場合と何ら変わらないが，中国全土の北部・東部・南部と概ね分散されていることが分かる。

　こうして中国の主要都市にある空港は，三大経済圏の中核である北京，上海，広州を筆頭に，軒並み繁忙を極めており，航空機の発着回数（2007年に394万回，うち国際線は34万回）がほぼ上限に達し飽和状態にある。他方，各空港間では，貨物や旅客の獲得をめぐって激しい争奪戦さえ繰り広げられている。それ故に，中国の各地では旺盛な貨客需要に十分対応しようと，航空インフラの整備，とりわけ空港・同ターミナルの拡張ないしは新設が急ピッチで推し進められているところである。

　特に1990年代後半から，そうした受け皿としての大中型空港の整備・拡充が相次いで行われてきた。なかでも国際空港の役割が以前にも増して一層深まるにつれ，大規模なハブ（拠点）空港の建設を次々と着工あるい

第 1 章　中国の航空貨物輸送と空港の整備状況・計画

表 4　空港貨物・旅客需要分布（2007年）と中長期空港整備計画（～2020年）

	貨物項目	シェア(%)	旅客項目	シェア(%)	空港数(うち新設)
規模別	貨物取扱量 1 万トン以上の空港（43 カ所，06 年比 4 カ所増）	98.7	旅客取扱量 100 万人以上の空港（47 カ所，06 年比 3 カ所増）	95.4	11.5 計画期（2006 年～10 年）（45）
	北京・上海・広州 3 都市の空港	58.8	旅客取扱量千万人以上の空港	57.9	2011 年～2020 年（52）
			北京・上海・広州 3 都市の空港	35.1	
地域別	・北方＜華北＋東北＞（北京・天津・河北・山西・内モンゴル）（黒龍江・吉林・遼寧）	22.3	・北方＜華北＋東北＞	22.7	54（24）
	・華東（山東・安徽・江蘇・上海・浙江・江西・福建）	45.8	・華東	30.3	49（12）
	・中南（河南・湖北・湖南・広東・広西・海南）	20.1	・中南	25.5	39（14）
	・西南（重慶・四川・雲南・貴州・チベット）	9.0	・西南	15.1	52（21）
	・西北（陝西・甘粛・青海・寧夏・新疆）	2.8	・西北	6.3	50（26）
	合計	100.0	合計	100.0	244（97）

（出所）中国民用航空局「2007 年民航機場生産統計公報」および同「全国民用機場布局規画」2007 年 12 月より著者作成。

は完工させているのが目立つ。この空港施設については実際，既述の三大空港以外でも，内陸部における地域的な中型ハブ空港の存在感が徐々に高まっている。その好例が，西部大開発や ASEAN・インドとの交易などで最近脚光を浴びている，雲南省の省都にある昆明空港（2007 年の貨物取扱量は 23 万トンで全国第 7 位）である。同空港は現在，同じく中国西南部のゲートウエイとして知られる四川省の成都空港との間で，中国第 4 のハブ

空港をめぐる激しい競争を展開している。事実，内陸部の西部地区にある各空港では，それぞれ航空物流園区を大いに発展させようとしており，将来的には同地区の航空貨物輸送ハブになろうとの狙いから空港プロジェクトの推進に懸命である。

またこのような状況に鑑み中国民航局では，「昆明や成都のほか，西安，重慶などの内陸都市を中枢として沿海部の都市との間の路線網を充実させ，併せて中西部地区の都市に放射状に伸びる支線の路線網を構築する」，いわゆる“ハブ＆スポーク”路線網の導入[15]を鋭意進めている。

中国では今日，先に紹介した上海浦東，北京首都，広州白雲の各国際空港を全国規模の大型総合ハブ空港と位置付けている。いずれも東アジアでの国際ハブ空港となるよう目指しており，今後の空港整備の強化重点と目される。そこで，これら三大空港をめぐる直近の動きについて，以下詳しく見ていくことにする。

2．国際ハブ空港を目指す中国の三大空港

今から10年前の建国50周年に当たる1999年，国家プロジェクトと名付けられた北京首都空港の新旅客ターミナルおよび上海浦東空港が完成した。次いで広州の新空港建設にも着手された。それ以来，航空輸送の急速な需要拡大と共に壮大な空港拡張計画に基づいて，中国政府によりこれら三大ハブ空港の拡充・建設事業に対し多額の投資がつぎ込まれてきた。

とりわけ上海浦東空港の開港に伴い，上海への増便や貨物専用機の乗り入れなどが相次いだため，同空港の輸送力が大幅に向上している。上海の浦東と虹橋両空港を合わせた旅客・貨物は，ともに2004年の段階で既に北京首都空港のそれを抜き中国で最大となった（表5参照）。ただ，両空港間の棲み分けによる結果，コスト高やリードタイムの増加などの問題も指摘されている。とはいえ，中国の三大空港は現在，いずれも1,000 ha以上の空港用地面積と3,000 m級以上の滑走路（ジャンボ機の離着陸が貨物満載時にも可能）を複数備え，ハブ空港としての最低条件が満たされつつある。

国際的な基準から見ても，世界の国際航空貨物取扱量における順位では，

第1章 中国の航空貨物輸送と空港の整備状況・計画

表5 北京・上海・広州各空港の取扱実績

空港		2005 年			2006 年			2007 年		
		旅客 (万人)	貨物 (万トン)	発着回数 (万回)	旅客 (万人)	貨物 (万トン)	発着回数 (万回)	旅客 (万人)	貨物 (万トン)	発着回数 (万回)
北京首都		4,100	78.2	34.2	4,875	120.2	37.9	5.361	141.6	39.9
上海		4,146	221.7	37.5	4,613	253.2	41.0	5,155	294.8	44.1
	うち浦東	2,366	185.7	20.5	2,679	216.8	23.2	2,892	255.9	25.4
	虹橋	1,780	36.0	17.0	1,934	36.4	17.8	2,263	38.9	18.7
広州白雲		2,356	60.1	21.1	2,622	65.3	23.2	3,096	69.5	26.1

(出所)『中国交通年鑑』2006 年版，P753&2007 年版，P729&2008 年版，P713 より著者作成。

表6 世界の国際航空貨物取扱量十大空港

順位	2005 年			2007 年		
	空港名	トン数(万トン)	前年比(%)	空港名	トン数(万トン)	前年比(%)
1	香港	340.2	10.0	香港	374.2	4.5
2	成田	223.3	△3.4	仁川	252.4	9.4
3	仁川	212.0	0.8	成田	221.2	△1.1
4	アンカレッジ	197.6	10.8	フランクフルト・マイン	203.0	1.7
5	フランクフルト・マイン	183.6	8.3	パリ・シャルルドゴール	199.4	8.8
6	チャンギ	183.4	3.3	チャンギ	189.5	△0.9
7	台北・桃園	169.2	0.2	浦東	182.6	△0.2
8	パリ・シャルルドゴール	168.7	7.9	アンカレッジ	166.3	△20.9
9	浦東	160.2	16.8	マイアミ	161.1	5.9
10	アムステルダム・スキポール	145.0	2.0	アムステルダム・スキポール	161.0	5.5

(出所) 日本航空協会『航空統計要覧』2006 年版&2008 年版，各 P81 より著者作成。

上海浦東空港の躍進ぶりが特に目立っている。表6に示したとおり，香港，
仁川，成田という東アジアの空港が近年ずっとベスト3を独占してきた。
同 10 傑の中には，シンガポールのチャンギ空港，台湾の桃園空港，上海
の浦東空港など他のアジア諸国・地域の空港もランクインしている。この

中で特筆されるのは，世界の主要空港において順位を大きく押し上げてき
ている上海浦東空港の台頭である。同空港の地位は，2004年時点の14位
から，翌2005年にベスト10圏内に入る9位，そして2007年には遂に7
位へと短期間で一気に急上昇した。

　また国際空港評議会（ACI）が公表した航空貨物総取扱量（国内と国際
の合計）による世界の最新空港ランキングでは，上海浦東空港が仁川，成
田空港よりもさらに順位を上げて2007年に第4位まで浮上した。ちなみ
に，中国の北京首都空港は20位，広州白雲空港は30位であった（表7参
照）。これを見てもその差は明らかである。また米国のインテグレーター
であるFedExとUPSの本拠地のメンフィスおよびルイビル両空港が，そ
れぞれ第1位と9位を占めている。

　既に述べたように中国には，全国に約150カ所の空港を数えるが，旅客
取扱量の約3割，貨物取扱量に関しては全体の半分を超える54.2％が，

表7　世界の国際・国内航空貨物取扱量上位空港

2007年順位	2006年順位	都市名	2007年積込積卸貨物	
			トン数（万トン）	増減率（％）
1	1	メンフィス（米テネシー州）	384.0	4.0
2	2	香港	377.4	4.5
3	3	アンカレッジ（米アラスカ州）	282.6	0.6
4	6	上海・浦東	255.9	18.0
5	4	仁川	255.6	9.4
6	7	パリ	229.8	7.9
7	5	成田	225.4	△1.2
8	8	フランクフルト	212.8	8.4
9	9	ルイビル（米ケンタッキー州）	207.9	4.8
10	12	マイアミ（米フロリダ州）	192.3	5.1
20	20	北京	119.3	15.9
30	－	広州	69.5	6.4

（出所）Airports Council International『ACI Information Brief』2008年7月より著者作成。

第1章　中国の航空貨物輸送と空港の整備状況・計画

北京，上海（浦東），広州の三大空港に集中している。従って，航空輸送市場の急伸張もありこれら三大空港の拡充整備こそが，国家の最重要プロジェクトとして強調され優先的に遂行されているのである。今や東アジアでの国際ハブ空港を目指す中国の三大空港の整備状況について以下に個別に見ていくと，活況を呈するマーケットであるが故に，規模拡大に向けた相互間の競争激化に直面している姿がうかがわれる。

(1)　北京首都国際空港：
　　　1959 年開港，滑走路 3 本（3,800 m×2，3,200 m×1），第 1 〜第 3
　　　ターミナル

当空港は，これまで数次にわたり拡張工事を行ってきたが，開港から40 年後の 1999 年にほぼ現有の規模にまで到達した。上述したとおり建国50 周年記念行事の目玉として同年 10 月 1 日の国慶節には，新ターミナルビル（T2）が供用開始となった。また年間処理能力 800 万人の第 1 ターミナル（T1）の改修工事が終わり，2004 年 9 月より再オープンしたことで，その第 2 ターミナルと合わせ，同空港全体の旅客対応能力は合計 3,500 万人に増大した。ただ，2004 年当時の実績で年間旅客取扱量は，既にほぼ能力一杯の 3,466 万人を記録するに至っていた。

このように取扱能力が予想よりもはるかに早く限界に近づいたため，空港施設の更なる充実化を図るべく，大掛かりな新規拡張工事が 2004 年 3 月末に着工されたのである。北京首都空港は元々，2015 年までに年間旅客取扱量が 7,600 万人，貨物取扱量が 180 万トン，航空機の発着回数が年間 58 万回（2007 年実績は 40 万回。ちなみに同年の羽田空港では 33 万回）とそれぞれ想定して建設されていた。だが，北京オリンピックも間近に控えて当初目標より 7〜8 年繰り上げ達成の見通しとなったことを受け，急遽工事の前倒しが決定されたという背景がある。

こうして機能拡張の主軸として建設されたのが，長さ 3,800 m，幅60 m の第 3 滑走路である。それには国内最先端の計器着陸装置が設置されており，2007 年 10 月末に供用開始となった。これにより離着陸便数が一挙に約 3 割増加し，世界最大の旅客機であるエアバス A380 の発着も可

能となり，五輪開催期間中の増便（1日当たり1,500便〜1,600便）に対する対応も問題が無くなった。この新滑走路と並んでもう一つの拡張工事の柱であり，北京オリンピックの重点工事の一つとされた第3旅客ターミナルビル（T3，総建築面積98.6万m²）も完工し，2008年2月末より併用して営業開始された。当該ターミナルの総面積は，既存の第1と第2ターミナルを合わせた総面積の2.5倍にも上るという。

2008年8月8日の北京オリンピック開催に向けた第3ターミナルと3本目の滑走路の拡張工事が予定通り終了したことで，同空港は中国では初めて，第1〜第3ターミナルおよび計3本の滑走路を同時に運営する空港になった。その後も着実に貨物，旅客量とも，同数値を大幅に伸ばしてきた。しかし，当空港はもはやこれ以上の拡張が困難なことから，年間の旅客取扱量が6,000万人（2007年実績は5,361万人）を超える場合に備えて，北京市南部の豊台区良郷（軍民両用）を軸に第2首都空港の建設場所の選定作業が進んでいると言われる。[16]その際，近隣の天津空港との棲み分けをどうしていくのか，改めて政治的判断も含め問われるところである。

(2) 上海浦東国際空港：
1999年開港，滑走路3本（4,000m×1，3,800m×1，3400m×1），
第1＆第2ターミナル

中国一の貨物取扱量を誇る浦東国際空港は，現在，国内外179都市との間で直行便が就航している。

当空港は，その第1期工事が1999年9月に完成し，丁度建国50周年の記念日に当たる同年10月より開港した。当初は旅客ターミナル1の西側に位置する第1滑走路（4,000m）だけであったが，続いて2005年3月には発着枠不足を解消するため，同東側に2本目の滑走路（3,800m）がオープンした。また貨物処理能力の不足を補う目的で，2005年6月の供用開始を目指して東貨物地区の整備が急ピッチで進められた。

ただ，これら2本の滑走路が運用できるようになったとはいえ，その処理能力は次第に上限に近づきつつあった。そこで同空港の第2期拡張工事が，上海市の重点建設プロジェクトとして2005年12月から全面着工され

第1章　中国の航空貨物輸送と空港の整備状況・計画

ることになったのである。具体的な工事内容としては，フレイター専用とも言われる第3滑走路（3,400 m）のほか，第2ターミナルビル（建築面積53万 m²），西貨物地区，誘導路など付帯施設の建設が含まれた。

当該工事は2007年末までに一応完成し，2008年8月の北京オリンピック開催前の同年3月末までには，それらの空港関連施設が相次いで使用に供された。特に第3滑走路の開通により，貨物用の駐機スペースが一気に38カ所へと増えた。また第2ターミナルの建設によって，年間4,200万人の旅客対応が可能になった。ここに浦東空港は，中国では北京首都空港に次ぐ，3本の滑走路を同時併用する空港となった。

ところで上海市では，浦東空港をアジア太平洋地区のハブ空港として育成することを目指している。そうした国家戦略の目標実現に向けて，中国民航総局と上海市政府の合同により，上海ハブ空港整備推進本部が2003年12月に発足した。同推進本部が取りまとめた「上海航空ハブ戦略計画」によると，同計画は次のような三段階から成っており，その骨子については以下のとおりである。[17]

2005年〜07年（第1＜基盤整備＞段階）

　　完成時の能力は，旅客取扱量が4,900万人，貨物取扱量が250万トンに達する。

2007年〜10年（第2＜調整＆上昇＞段階）

　　第2期計画の全面供用を開始。虹橋空港の改修完了で，上海市の航空旅客数は8,400万人，貨物取扱量410万トンに達し，アジア最大のハブ空港を目指す。

2010年〜15年（第3＜成熟＆拡張＞段階）

　　航空ハブとしての地位を確固たるものにし，上海市の旅客数は1億人，貨物取扱量は700万トン規模に達する見込み。

こうした中長期計画を踏まえながら，浦東空港では上記の空港施設の完成により，2015年までに年間6,000万人の旅客が利用でき，420万トンに上る貨物の取り扱いが可能で，年間の発着回数が49万回（2007年実績は25万回）に達するとの想定がなされている。今後も2010年の上海万博を控えて引き続き空港施設の更なる整備拡充が実施される予定であり，新た

に2本の滑走路を追加し，第3ターミナルの建設プロジェクトも計画されている。なお，浦東空港を運営する上海空港集団の呉念祖・董事長（会長）が語ったところによれば，同空港の年間貨物取扱量を最終的には500万〜550万トンに引き上げるとの新たな目標が明らかにされている。

さらに，浦東空港がいま最も力を入れているのは貨物取扱の拡大で，2008年には航空貨物輸送センターの供用が開始された。そうした状況の中で特記すべき点は，世界の大手物流企業の米UPSと独DHLの両社が，同空港内にそれぞれ国際貨物ハブを設置あるいは建設中ということである。後者のそれが完成すれば，当空港は全世界で初めて2つの国際貨物輸送センターを擁する空港となる。これは世界の二大国際物流業者が浦東空港を極めて重視している証左であり，その結果，上海が国際貨物輸送の中心的な地位を確立したとも言えよう。

このうち2007年に創立100周年を迎えたUPSは，同空港内に大規模な「上海国際航空貨物中継基地（ハブ）」（敷地面積9.6万m²）を建設することに決定した。[18]同貨物基地は，2007年8月に空港の西貨物地区で着工され，ほぼ1年後の2008年12月には稼動態勢に入り正式に開業した。投資額は1億2,500万ドル。米国の航空会社として中国初となるこの新しいハブは，24時間通関検査エリア，ベルトコンベア117台と荷積みドック47カ所などを装備。また1時間当たり1万7,000個の貨物処理能力を備え，開業から1年以内に年間貨物取扱量は13万トン以上に達し，その中で中継貨物量が20%〜25%を占めるようになるという。[19]

他方，DHLは浦東空港に北アジア地区を対象とした大型ハブ（国際中継センター）を建設する計画である。[20]同社では，2006年から北アジア地区の物流拠点として場所の選定作業を行っていたとされる。選択された22都市の中で最終的に残ったのはソウルと上海で，地理的条件および設備から上海が最後に選ばれたという経緯がある。投資額は1億7,500万ドルで，DHLの中国プロジェクトとしては過去最大のものになる。2007年8月に既に着工されており，2010年下半期には完成してこの新しい国際中継輸送センター（第1期工事の面積は8.8万m²）が稼動する見通しである。完成後の貨物処理能力は，1時間当たり2万個に上る予定。[21]

第1章　中国の航空貨物輸送と空港の整備状況・計画

　いずれにせよ，繰り返しになるが欧米系インテグレーターのUPSとDHLが，このように一つの同じ空港内で国際中継拠点（ハブ）を設置し共存させていこうとしている例は，全世界でも稀なケースと言え現状では浦東空港が初めてである。同空港の最終的な将来目標は，アジア最大の航空貨物ターミナルになることであり，さらには世界の航空ネットワークにしっかりと組み込まれていく戦略を着実に実践していくことである。

(3)　広州白雲国際空港：
　　2004年開港，滑走路2本(3,800 m×1，3,600 m×1)，第1ターミナル
　中国初の本格的なハブ空港として設計された当空港は，2004年8月初めに完成し正式に開港した。

　華南経済圏の中心地である広州市では以前，旧白雲空港が稼動していた。しかし，既存の空港施設は，貨物処理の面で輸送力が制約されていた。何故なら，旧白雲空港には，一つの貨物輸送ステーションしか設置されていなかったために，荷捌きが既に飽和状態に達していたからである。そこで広州市内の別の場所に，大型空港が新しく建設されたのであった。この新白雲空港（本稿では単に白雲空港と呼称）の完成により，旧白雲空港から運営が全て移管された。

　白雲空港は現在，国内外の航空ルート120以上の路線と連結されており，東西2本の滑走路と総面積31万㎡のターミナルを基に運営されている。ここに新しく建てられた航空貨物積み卸しステーション（建築面積8万m²)は，旧白雲空港のおよそ10倍もの規模に相当する。同ステーションの経営権は，70％が中国南方航空に，30％が空港管理局に属している。また2010年の輸送需要については，年間の旅客取扱量が2,500万人，貨物取扱量が100万トンと想定し，それに対応可能なように設計されていた。

　だが開港以来，予想を大幅に上回る勢いで利用者数が増大し，2005年時点で早くも年間旅客が2,300万人を超え，2007年には遂に3,000万人の大台に乗るに至った。そして貨物に関しても，日本から自動車御三家（トヨタ，ホンダ，日産）の広州進出に伴って，近年は同関連部品メーカーの投資が相次ぐなど非常に活発化していることもあり，貨物処理能力の早

167

期拡大が強く要望されてきた。

　このため新しい滑走路やターミナル，駐機場の増設など，第2期拡張工事（総投資額140億元）が始まることとなった。なかでも2010年に広州市で開催されるアジア競技大会に備えるべく，第3滑走路（3,800m）の着工は当初案より早めて第11次5カ年計画の最終年にも当たる同年までに完成させることが決定された。また第2ターミナル（総建築面積53.1万m²）も併せて建設が進められているところである。これらの拡張工事が完成すると，国際線50本が新規に開設されて白雲空港はアジア太平洋地区のハブ空港となり，2010年の貨物取扱量は200万トン（貨物中継率は30%以上），旅客取扱量では年間延べ4,000万人，航空機の発着回数は35万回（2007年実績は26万回）にまで増加すると予測されている。さらに2020年には，貨物217万トン（世界第10位），旅客7,500万人（同15位），発着回数62万回の年間需要にもそれぞれ対応が可能となり，白雲空港は名実ともに複合型のハブ空港になるとされている。[22]

　こうした中で，今から数年前の2005年に新しいハブを広州に構築するとの計画が発表されて以来，世界中から大変注目を集めていた米国FedEx（フェデラル・エクスプレス）のアジア太平洋地区ハブ（中継輸送センター）が，2009年2月に遂に正式オープンした。同社の国際貨物航空路線16本，週136便が，同センターに乗り入れることになった。

　FedExでは，急成長を続けるアジア太平洋地区の事業拡大策の一環として，フィリピンのスービック湾にある貨物集配拠点を当白雲空港へ移転させることを決定し，2005年7月に広州空港管理局などとの間で調印を行った後，翌2006年1月から建設工事に取り掛かっていた。同センターが完成したのは2008年7月のことで，同年12月より試験営業を始めていたもの。

　同社のプレスリリースによると，「1億5,000万ドルを投じて建設された新ハブ（総床面積8.2万m²）は，この種のものとしては米国に次ぐ世界最大規模の施設であり，今後30年間に当社のアジア太平洋地区の事業における中核拠点となる施設である」とコメントされている。またこの新ハブには，1時間当たり最大2万4,000個の貨物の処理が可能な仕分けシス

テムが導入されるとともに，中国本土の国際航空輸送施設としては初となる専用のランプ・コントロール・タワーも設置され，地上における航空機の誘導，駐機計画および貨物積み卸しの優先順位を全面的に管理することなどが大きな特徴だと指摘されている。[23]なお，同社は浙江省の省都・杭州にある粛山国際空港内に別途，毎時 9,000 個の貨物仕分け能力を持つ中国地区ハブをも設けている。

　これを機に貨物輸送サービスの大幅な改善が期待されることから，従来，深圳空港との競争において貨物輸送の発展速度で遅れを取っていたものの，今後は白雲空港が巻き返しを図っていくのではないかと思料される。

　一方，既に紹介したようにライバル社の米 UPS や独 DHL が，それぞれ上海に新たな大型航空貨物ハブを建設済み又は建設しようとしているのに対して，FedEx では広州の方が製造基地に近くて上海を拠点とするよりもハブ建設にむしろ適しているとの結論に達し，双方で異なった認識を示している点が誠に興味深い。今後のこれら 3 社による対中事業展開から眼が離せなくなり，その成り行き如何が極めて注目されるところである。

3．今後の中長期空港拡張計画と課題

　これまで航空インフラの整備，とりわけ空港やターミナルの建設動向について概観してきた。ただ，現状を見ると，急激に伸びる輸送需要に空域や管制能力の向上などを含む総合的な整備が，十分にまだ発展スピードに追いついていないのが実態である。

　中国民航総局はそうした航空輸送の需要拡大という状況に対応するため，2006 年 11 月に「中国民間航空の第 11 次 5 カ年計画（2006 年～2010 年）」を正式に発表した。それによると，次のような 6 つの側面から，2010 年までの民間航空ビジョンが描かれていた。[24]すなわち，

　①　航空事業の全面的発展　②　安全水準の向上　③　空港整備の加速
　④　管制システムの近代化　⑤　IT 化及び人材育成　⑥　民航改革の
　　　深化──「民航改革に関する指導意見」は 2006 年 4 月に通達済み。

　このうち，③の中国における空港整備の加速について，もう少し具体的に詳細な内容を明らかにすると以下のとおりである。

交通インフラ部門の中で空港関連の分野に関して言えば，2006年に策定された中国の第11次5カ年計画では，民間空港の全国配置を最適化することを目指して拠点空港の拡充と地域空港の増設が打ち出された。特に中西部地区と東北地区での空港密度の向上が課題とされ，同地区における支線（ローカル）空港の新設がインフラ整備の重点項目として掲げられていた。このため，2010年までに空港整備計画に合計1,400億元を投入し，上述した如く北京，上海，広州などの主要空港を拡張するほか，空港総数を2005年末時点の142カ所から2010年の186カ所に増やすことが目標とされた。また保有機材総数も，2005年末実績の863機から2010年には1,580機（2020年には4,000機）へと大幅増が設定されていた。

　上で述べた2010年時点に予想される186空港の内訳については，空港分類から見ると次のようになる。[25]
　　・大型総合ハブ空港：3，・大型ハブ空港：7
　　・中型ハブ空港：24，・中型空港：28，・小型空港：124
またこれら186空港の具体的な整備計画は，以下のとおり。[26]
　　・三大空港の拡張　　・昆明新空港の整備　　・42の新空港の整備
　　・上海虹橋，深圳，成都，海口，西安，杭州の6空港の拡張
　　・大連，厦門，重慶，青島など24の中型ハブ空港の拡張
　　・石家荘，煙台，寧波，西双版那（シーサンパンナ）など28の中型空港
　　　と82の小型空港の移転
こうして三大空港のほか，成都，昆明，西安，杭州，武漢，瀋陽など重点地域をハブとし，地方都市への支線輸送（フィーダーサービス）を発展させる形で空港の増設と航空網の拡大を図っていくことが謳われている。加えて，幹線と支線，貨物と旅客，国内線と国際線，航空輸送と汎用輸送の均衡発展を目指すことも指摘されている。だが，内陸部の各地に小型空港をこれだけ多く建設していくことが，果たして本当に必要かどうか疑問無しとしない。日本における地方空港が置かれた厳しい運営状況の例を引き合いに出すまでもなく，中国の地域間格差の低減に必要とはいえ，航空業界の効率向上にマイナスとならないよう改めて再検討が求められる。

　しかし実際には，中国国務院の批准を受け2008年1月，航空インフラ

第1章　中国の航空貨物輸送と空港の整備状況・計画

の整備・強化を一段と図るために政府がまとめた「全国民間空港配置規画」によって，2020 年までに地方空港 97 カ所（うち 2010 年までに 45 カ所を新設）を増設し中国全土に合計 244 の空港を設置する予定であることが明らかになった。これらの投資金額は総計 4,500 億元（内訳については，第 11 次 5 カ年計画期（2006 年〜10 年）に 1,400 億元，第 12 次 5 カ年計画期（2011 年〜15 年）に 1,500 億元，第 13 次 5 カ年計画期（2016 年〜20 年）に 1,600 億元）で，当該計画が全部完成すると全国規模での本格的な航空網が整備されることになるという。今後新たに増設される 97 カ所の空港に関して全国の五大空港群から見た地域別分布によると，次のようになっている。すなわち，まず一番多く建設される西北地区が 26 カ所，次いで北方（華北及び東北）地区が 24 カ所，西南地区が 21 カ所，中南地区が 14 カ所で，最も少ない華東地区が 12 カ所（表 4 参照）。この結果，2020 年に全国の 80％以上の県クラスの行政単位では，半径 100 km 以内あるいは自動車で 1 時間半以内の場所に空港が存在する形となる。

　このように中国は航空業界の更なる飛躍に向けて，既に述べたような拡張工事を始めとする空港整備事業になお一層注力していく姿勢である。そうした矢先に “100 年に一度” と言われる今回の世界的金融危機が発生し，中国経済も急激な減速傾向を余儀なくされている。中国政府は後述するように，内需拡大を図るためこれから公共投資を積極的に急増させてゆく方向であり，その限りにおいては空港や同関連施設の建設に対しても確かに追い風となる公算が大きい。しかし，その際に各地方が財源の獲得が確定しないまま先を競って大型建設投資を次々にぶち上げている折から，まさにプロジェクト・バブルの状況を呈し始めていることが何よりも懸念されるところである。

　従って，これら多数の空港整備計画の中で意味のある公共投資を如何にファイナンスするか，同プロジェクト継続のためにも特に地方政府による資金確保が一つの大きな鍵である。さらに大手航空会社を含め中国の航空業界にとっては，機材購入の重い負担の上に貨物・旅客とも需要の急減に直面しているため，ほぼ軒並み収益性の悪化[27]に悩んでいることから，今後の発展に結びつく投資を可能にするような収益確保が，当面はまず何よ

171

り喫緊の課題と言えよう。

おわりに

　中国では著しく増大する輸送需要に対して，輸送力の増強を図るためこれまで交通インフラの整備に大量の資金を投入し，同建設が急ピッチで推進されてきた。

　このような折に，先にも触れたとおり2008年9月15日の米大手証券会社リーマン・ブラザーズの経営破綻を契機に悪化した，米国発の金融危機が世界全体に広がることとなった。先進国や新興国，途上国を問わず景気後退に陥り，世界の同時不況が喧伝されるような状態の下で今日に至っている。従前，高成長を謳歌し一人勝ちの様相にさえあった中国も決して蚊帳の外ではなく，国内景気が急減速するまでになった。経済成長率の大幅な伸びの低下（2008年10〜12月期の実質GDP伸び率は6.8％に下落）を招き，それと共に交通輸送量にも重大な支障が強くもたらされている。事実，2008年12月の航空貨物輸送量は30.8万トンと，前年同月より14％も下回った。

　そこで，2008年11月5日に開かれた中国の国務院常務会議では10項目の景気刺激策が決定され，その内容が同月9日に公表された。内需をさらに拡大して経済の高成長を維持・促進するため，史上空前ともいうべき中国のGDPの16％に相当する4兆元（約56兆円）規模に上る大型景気刺激対策が打ち出されたのであった。これにより，政府試算では「年率1％の経済成長率を押し上げる効果」があるという。

　国務院が発表した，景気浮揚に向けた内需拡大・経済成長のための10項目に及ぶ措置のうち，次の3項目については交通運輸部門と密接に深く関わるものである。すなわち，①農村道路建設，②鉄道・高速道路・空港などの重点交通インフラ建設，③四川大地震被災地の復興。

　しかも，今回明らかにされた10項目の措置のうち，3番目に提示されているのが「交通インフラ建設の加速」という項である。景気対策として

第1章　中国の航空貨物輸送と空港の整備状況・計画

それだけ優先順位が高いことを如実に物語るものであり，重要度を指し示すものでもある。逆に言えば，それだけまだインフラ整備が不足していることの表れでもあると言える。実際，景気刺激策の中で最も効果が期待されているのは，鉄道，道路，空港などの交通インフラ建設である。総額4兆元のうち，同インフラ整備向けが最大で，全体の45％に当たる1.8兆元が2010年までの2年間に投下されることになっている。また交通運輸部門では，同じく向こう2年間に固定資産投資規模を年平均1兆元増やす計画であり，これまでで最大規模の交通インフラ整備投資になると言われている。この中で民間航空業界に対しては，2008年に固定資産投資額600億元を支出した上で，2009年にはそれが少なくとも33％以上増加の800億〜1,000億元規模に達するものと見込まれている。そのうち具体的な22件の重点建設プロジェクトに関する項目は，①上海虹橋空港の拡張を含む3件の竣工プロジェクト，②昆明新空港を含む9件の建設継続プロジェクト，③広州白雲空港の拡張を含む10件の新規着工プロジェクトである。[28]

　それでは交通インフラ関連のうち，何がいま本当にまだ十分足りないかと言うと，上記の重点項目の中で指摘された鉄道・道路・空港の各分野では，次のように列挙されている。例えば，

・鉄道分野では，旅客輸送専用線や石炭ルート，西部幹線鉄道の重点建設
・道路分野では，高速道路網の整備（重点は一級行政区を結ぶ未開発区間）
・空港分野では，中西部地区の幹線空港と支線空港の建設を手配。[29]

　そうした中で最も懸念されるのは，交通インフラ建設が必要なあまり，同投資の急速な拡大に伴う弊害が経済過熱の再来となって顕著に現れてくる点である。もともと地方の量的拡大志向が依然として根強く成長率競争に走りがちなことから，今後の推移如何によっては地方政府や企業の対応を含め，古くて新しいとも言える非効率な重複建設や過剰投資の問題に対して十二分に注意を払っていくことが肝要である。その意味でも，併せて同問題を回避するための幅広い監視制度の構築などが極めて大切である。

［注］
(1) 2008年3月に実行された行政機構改革に伴い，旧中国民用航空総局が旧交通部
との統合により新設された交通運輸部の組織の中に内局として組み入れられた。
(2) 日通総合研究所編『中国物流の基礎知識—ロジスティクスの実践に向けて』大成
出版社，2004年7月，P93。
(3) 「中国航空貨物発展的政策選択」『中国交通年鑑』2007年版，P479 & 480。
(4) 日中経済協会『日中経済交流2005年—「政冷経涼」への危惧』2006年3月，
P265。
(5) 「第5種運輸権」とは，協定の締結国で貨物や乗客を搭載し別の第三国へ輸送す
る権利を指す。通常よく使われる「以遠権」とは必ずしも同義ではない。
(張安民・許宏量・張恵民等著『中国航空貨運』航空工業出版社，2005年4月，P63
& 73参照)
(6) 参考までに日中間の航空輸送に関しては，両国の国交樹立2年後の1974年4月
に「日中航空協定」が締結されて以来，双方の輸送枠が逐次増加されてきた。例え
ば，2006年7月に新しく合意された日中航空協議の内容によると，日中各社によ
り改めて拡充が図られ，貨物輸送では両国で合計週76便が増加し，以前の水準か
ら倍増して週152便となった。一方，旅客輸送については合計週92便が増加され，
以前の約450便から週542便に増えた。
(高見澤学〔2006〕「日中航空交渉の合意と地域経済活性化への道」『日中経協ジ
ャーナル』第153号参照)
(7) 日通総合研究所編『ロジスティクス用語辞典』（日経文庫，2007年）によると，
インテグレーターは，航空会社とフォワーダー（利用運送事業者）両方の機能を併
せ持つ輸送事業者のこと。
(8) 日中経済協会『日中経済交流2006年—構造調整時代の関係構築を』2007年3月，
P266。
(9) 日中経済協会『日中経済交流2004年—徐々に薄れる日本の存在感』2005年3月，
P227 & 228および日中経済協会『日中経済交流2005年—「政冷経涼」への危惧』
2006年3月，P259 & 260。
(10) 日通総合研究所編『実務担当者のための最新中国物流』大成出版社，2008年9月，
P72。
(11) 張徳江「深化改革　促進発展　確保民航運輸持続安全」『中国交通報』2009年1
月7日。
(12) 前掲注[10]に同じ，P68 & 69。
(13) 拙稿「競争激化する東アジアの国際ハブ空港」日本貿易振興機構アジア経済研究
所『アジ研ワールド・トレンド』通巻第148号，2008年1月号，P13。
(14) 貨物取扱量は，各空港ベースで処理される航空輸送のあらゆる貨物量を合計した
もの。中国語では，"機場貨物呑吐量"を指す。一方，貨物輸送量については，中
国の統計部門が集計している国内航空会社によって輸送される貨物だけの総量を表
わす。外国の航空会社による輸送分が含まれていないため，通常は貨物取扱量より
も数量的にかなり小さくなる。このように同じ貨物輸送関連の指標とはいえ，統計
のベースが基本的に異なる点に注意を払う必要がある。

第1章　中国の航空貨物輸送と空港の整備状況・計画

⒂　中国日本人商工会議所調査委員会『中国経済・産業の回顧と展望《2000/2001》』2001年3月，P121。

⒃　『中国物流与採購』2009年第3期，P30。

⒄　日中経済協会『日中経済交流2004年—徐々に薄れる日本の存在感』2005年3月，P231。

⒅　米UPSは同時に，アジア域内ハブをフィリピンから中国南部の珠江デルタに位置する深圳へ移転することも発表した。この新しいハブは，2010年に完成し稼動の予定とされる。

⒆　2008年12月9日付のUPSによるプレスリリースに基づく。

⒇　独DHLは2008年9月に，中国だけでなくアジア地域全体を見据えたアジア太平洋地区の物流拠点を香港国際空港の近隣に既に完成させている。

(21)　ウエブサイト『済龍（CHINA PRESS）』2007年11月27日，www.chinapress.jp およびウエブサイト『人民網日文版』2007年11月28日，www.people.com.cn。

(22)　中国民航局の公式ウエブサイト（www.caac.gov.cn）2008年8月21日。

(23)　FedEx のプレスリリース（2008年11月18日，同年12月18日）に基づく。

(24)　前掲注[8]に同じ，P265。

(25)　中国日本商会調査委員会『中国経済・産業の回顧と展望《2005/2006》』2006年4月，P158。

(26)　前掲注[8]に同じ，P269 & 272。

(27)　例えば，中国の三大航空会社のうち最も経営が苦しい東方航空では，2008年1月～9月期に23億元の純損失を記録，同年9月30日現在の資産負債比率は98.5%にも上っている。また同様に中国国際航空では，同期間に6.6億元の純損失で，資産負債比率は67%となっている。

(28)　前掲注[16]に同じ，P30。

(29)　「積極財政政策と適度の金融緩和策決定　国務院常務会議」『中国通信』2008年11月11日，P1。

〔参考文献〕

＜日本語＞

池上寛・大西康雄編（2007）『東アジア物流新時代—グローバル化への対応と課題』〔アジ研選書No.8〕アジア経済研究所　IDE-JETRO。

霞山会「特集　新たな展開見せる中国物流」『東亜』2007年10月号，No.484。

日通総合研究所編（2004）『必携　中国物流の基礎知職——ロジスティクスの実践に向けて』大成出版社。

――（2008）『実務担当者のための最新中国物流』大成出版社。

日本貿易振興機構アジア経済研究所『アジ研ワールド・トレンド』第14巻第1号　通巻148号，2008年1月号。

村上英樹・加藤一誠・高橋望編（2006）『航空の経済学』ミネルヴァ書房。

中国日本商会調査委員会『中国経済・産業の回顧と展望』各年度版報告書。

日中経済協会『日中経済交流』各年度版報告書。

日本航空協会『航空統計要覧』各年版。

中国研究所編『中国年鑑』各年版。

＜中国語＞

何黎明主編（2008）『中国物流発展報告（2007 – 2008）』中国物資出版社。

劉念主編（2008）『物流地理』機械工業出版社。

袁長明主編（2008）『物流経済地理』北京大学出版社。

張安民・許宏量・張恵民・梁志堅・許溢宏（2005）『中国航空貨運』航空工業出版社。

中国物流・採購聯合会編『中国物流年鑑』各年版，中国物資出版社。

――『中国物流与採購』各月号。

『中国交通年鑑』各年版，中国交通年鑑社。

第2章

ASEAN の航空貨物輸送と航空インフラ整備

はじめに

　1967 年に設立された東南アジア諸国連合（ASEAN）は，全加盟 10 カ国のうち先行 6 カ国が，2010 年 1 月 1 日から関税の約 99％を相互に撤廃し，遂にゼロ関税の実現を達成した。域内貿易や投資の更なる拡大に向けて，ASEAN 自由貿易地域（AFTA）構築の流れが，ゆっくりとした足取りではあるものの着実に加速しつつある。

　この ASEAN や中国などを含む東アジア地域は，今日では「21 世紀の成長センター」とよく指摘されるように，その成長力と内需拡大という二つの柱から，今後も引き続き同市場が大きく発展していくものと見込まれている。それはとりもなおさず，これから東アジア域内及び同地域との間におけるヒト，モノ，カネ，情報の出入りが，ますます活発化していくであろうことを物語っている。

　ただ，東南アジア全域を見渡した場合，ASEAN 各国間を移動する交通手段となると，同加盟国の一部が陸続きでないという事実も手伝って，その基本は航空路になっている。つまり，ASEAN 各国は海路のほか，主に空路でつながっているとも言えるのである。実際，フィリピン，インドネシア，ブルネイ，東マレーシアといった島嶼国を多く抱えているため，空輸が重要な交易・交流ルートの一つになっている。なかでも ASEAN 域内における物流の活発化を反映して，航空貨物取り扱いの必要性が一段と高まってきている。しかも，空港以外に道路，鉄道，港湾など交通インフ

ラの整備が必ずしもまだ十分には行き届いていないこともあり，それら物流関連のインフラ整備による経済的距離の短縮が何よりも求められているのが現状である。

　従って，国際航空輸送の発展が，ASEAN の経済一体化を進めていく上での大切なカギを握っていると言えよう。さらには，航空インフラ（空港）の整備と効率的活用並びに空路拡張による航空ネットワークの拡大・充実を図っていくことが，極めて肝要である。

　ところで，ASEAN 加盟国の経済は，2008 年秋のリーマンショック以降に続く現下の世界金融危機の影響を強く受けて，いずれも例外なしに深刻な景気後退に見舞われた。また規制の厳しい産業である航空業界も同様に，旅客・貨物とも航空需要の大幅な減少に直撃されるに及んだ。航空業をめぐる状態は少しずつ改善されてきているとはいえ，需要の回復が本当に持続するかどうか，まだ先行きに対して確信が持てるところまでは至っていないのが現実である。

　以上のような点を踏まえながら，本章では主として航空貨物を中心に，ASEAN 全体における航空輸送の動向と課題について検討していきたい。具体的に例示すれば，次のとおりである。すなわち，①東アジア地域，とりわけ ASEAN の航空市場及び航空自由化の概要，② ASEAN 諸国における国際・国内航空貨物の取扱量，③ ASEAN の主要空港と航空インフラ整備・拡充の状況，などに関して明らかにしていくこととする。

第1節　東アジア地域の航空需要と航空自由化

1．東アジアにおける航空市場の概要

　まず世界の国際航空市場について旅客需要と貨物需要の双方から捉えると，東アジア地域（東南アジア＋北東アジア）における航空市場は，同地域の経済発展や経済連携の進展などに伴い，急成長を遂げていることが特徴として挙げられる。また同地域内での航空旅客の流動状況においては，近年，格安航空会社（Low Cost Carriers: LCC）の台頭が著しく，そのシェア

を急速に高めているのが目立っている。

例えば，国際航空運送協会[1] (International Air Transport Association: IATA) に加盟している航空会社の地域間輸送実績 (2008 年) では，アジア～欧州間の国際貨物輸送が世界全体の四分の一を占める最大シェア25.9%を誇り，以下，上から順にアジア～北米間の22.3%，北米～欧州間の14.4%，アジア域内の10.5%と続いている。[2]これを1999年における貨物輸送実績と比較してみると，過去10年間にシェアがそれぞれ+5.7，+5.6，−5.3，+3.5というポイントで上昇（下落）しており，アジア地域との連結及び同域内路線の比重が大幅に伸びていることがうかがわれる。

こうした東アジアの国際航空市場に関する現状把握を押さえた上で，次に今後の同市場がどのような発展を辿っていくか，その将来見通しについて詳しく紹介する。

エアバス社は毎年，世界の航空機市場を予測する「Global Market Forecast (GMF)」を公表している。2009年9月末に発表されたその最新版「GMF2009-2028」によれば，世界の地域別旅客輸送市場の規模において，アジア太平洋地域[3]のシェア（33%）が2028年に欧州市場（26%），北米市場（20%）を上回り，世界最大の航空市場となることが予想されている。これは，アジア太平洋地域の航空会社が，定期便による世界の総有償旅客キロメートル[4] (Revenue Passenger Kilometres: RPK) のうち約三分の一をはじき出すことを意味している。そうした背景には，アジア太平洋路線の航空需要が，今後20年間で3倍以上に拡大するものとエアバス社で想定している点がある。年率換算に直すと，年平均6.0%の成長率（前半の2009年～2018年は6.6%，後半の2019年～2028年は5.5%の伸び）に当たる。なかでもインドと中国の国内市場における航空需要の増加が，世界平均の年率（4.7%）をはるかに上回る10.0%および7.9%の伸びと，非常に高い成長を示すものと強調されている。ちなみに，アジア域内のそれは5.4%である。

いずれにせよ，アジア太平洋地域の域内旅客需要の半分以上については，中国とインドが関わるASEAN～中国・インド路線（2028年時点のシェアは20%），その他アジア～中国・インド路線（同32%）に大きく関わると

見られている。その上，同需要は東アジア地域における合計11の都市間ルートに集中すると指摘されている。これら11の各都市とは，東京，大阪，ソウル，北京，上海，香港，台北に加えて，ASEANのバンコク，クアラルンプール，シンガポール，ジャカルタである。

　一方，アジア太平洋地域における航空会社の定期便による総有償貨物トンキロメートル[5]（Freight Tonne Kilometres: FTK）では，2028年までの貨物需要が年率平均6.3%（世界平均は5.2%）の成長になり，旅客需要と同様に今後20年間で3倍以上に増大すると予測されている。同地域における将来の航空貨物需要は，世界経済の一層のグローバル化と地域経済統合の結果，非常に高まっていくと言える。またASEAN各国を始め多くのアジア諸国が，これから一段と輸出拡大の動きを強めるため，これらの市場における航空貨物量のフローは，概してアジア地域から外向きの傾向を示すと考えられる。一例を挙げると，今後20年間でアジアから北米に輸送される航空貨物の量が，その逆の流れである北米からアジア向けよりも多いとエアバス社は予測している（年率4.3%対3.4%）。そのうち有償貨物トンキロの路線ベースで，2028年に世界最大のシェア（15.4%）を占めると見られる中国〜北米間でも，中国から北米への貨物輸送量が，その逆の北米から中国向けの伸びを上回っている（年率8.8%対8.2%）。

　これまで説明したように，エアバス社の航空需要予測を総合すると，向こう20年間の長期的視点では，アジア太平洋地域，とりわけ東アジア地域の旅客需要と貨物需要が非常に堅調な伸びを示し，その成長は大変大きな潜在性を持っていると思われる。

　このような見方は，エアバス社のライバルとなっている米ボーイング社の予測からも容易に推察することが可能である。事実，ボーイング社が2009年9月に香港で発表した「Current Market Outlook（CMO）2009-2028」を読むと，アジア太平洋地域の航空旅客輸送は今後20年間に年平均6.5%の割合で成長し，世界市場の中で現時点の32%から2028年に41%へと同地域のシェアが一気に拡大すると予測されている。しかも，これから10年も経過しないうちに，同地域は世界最大の航空市場になるであろうとの強気の主張さえ述べられている。また同じく航空貨物輸送の世界

第2章　ASEANの航空貨物輸送と航空インフラ整備

でも，同地域は今後20年間に年平均5.4%で発展し，成長のリーダー役を果たしていくものと見込まれている。

さらにボーイング社は，このアジア太平洋地域を構成する中国やインドと並んで最もダイナミックな動きを示す地域の一つである東南アジア（ASEAN）について，旅客需要が今後20年間にわたり年平均6.6%（貨物需要のそれは同5.5%）で伸び，そのうちASEAN域内の旅客需要に関しては，もっと速いスピードで成長し年率では平均8.1%の水準に達するとの予測を行っている。

2．ASEANの航空自由化に向けた取り組み

第二次世界大戦後から近年に至るまで，国際航空輸送の制度的枠組みの基礎は，一つはシカゴ条約，もう一つはバミューダ協定によって長らく支えられてきた。前者は，1944年末に米国のシカゴで開催された「国際民間航空会議（シカゴ会議）」で締結をみた「国際民間航空条約（シカゴ条約）」のことである。後者については，そのシカゴ会議で厳しく意見が対立した米英両国の間で最初に作成された二国間協定として結実した，1946年のバミューダ協定，いわゆる「バミューダⅠ」を指す。このため従来のような国際空運制度を総称して，一般には「シカゴ・バミューダ体制」と呼ばれてきた。[6]

こうしてその後の航空交渉は，実際には「バミューダⅠ」をモデルとする二国間を通じて行われ，最終的に航空協定が結ばれることになった。このため国際航空輸送は，伝統的な二国間主義による制限的なシステムに基づいて運航されてきたのが実態である。制限的なシステムとは，路線（乗り入れ地点），運輸権（当事国間輸送，三国間輸送，以遠権など），運航権（共同運航など），輸送力（使用機材，便数），航空会社，運賃などの各項目について，二国間の航空協定で規定されることを意味する。[7]従って，これらの制限を部分的にせよ，あるいは全面的に緩和することが，すなわち航空自由化と言われるものにほかならない。

ASEANの国際航空輸送サービスに関しても例外ではなく，依然として今日なお航空市場の枠組みとして多くの場合，二国間の制限的な航空協定

181

が主流である。結果として ASEAN の航空市場は，本来有り得べき競争の阻害や非効率な航空ネットワークの形成につながり易い状況がもたらされている。

とはいえ，世界の航空市場では今日，各国の国内や国際を問わず，"自由化"が一つの大きな流れとなりつつある。表1で示したように，この10年余りの間にオープンスカイ（航空自由化）協定を二国間で締結する動きが，アジア太平洋地域においても急速に進展している。なかには，2000年に米国，シンガポール，ブルネイ，ニュージーランド，チリの間で結ばれた APEC 内の多国間オープンスカイ協定さえ出現している。また直近では，日米両国政府が 2009 年 12 月にそのオープンスカイ協定を結ぶことで合意，羽田空港の発着枠が拡大する 2010 年 10 月までの協定発効が目指されている。それが正式に締結されれば，日本にとって初の本格的なオープンスカイ協定となる。ちなみに，日本としては現在，2007 年の韓国やタイを始め，香港，マカオ，ベトナム，マレーシア，シンガポール，カナダの 8 カ国・地域とオープンスカイ協定を既に締結済みである。但し，成田・羽田の両空港については，発着枠が満杯の状態にあるため対象外となっている。

そうした中で，特に東アジアにおける航空市場の自由化に関しては，ASEAN が FTA/EPA を前向きに推進しているのと同様に積極的である。これは，経済社会活動の支えとなる役割を果たす航空市場の統合を，全体的な経済統合を成功させるための重要な手段として位置付けているからである。[8]事実，同地域の ASEAN 自体についても，航空自由化に向けた取り組みが徐々にではあるものの，着々と進められてきている。これまでに ASEAN で打ち出された各種の宣言や合意文書において，そのような航空市場の自由化につき度々言及がなされてきた。最近に至るまでの変容を具体的な経過の下に示すと，以下のとおりにまとめられる。

最初の動きは，1995 年 12 月にバンコク開催の第 5 回 ASEAN 首脳会議での，「Greater Economic Integration」というアジェンダの採択であった。この中に「ASEAN 運輸・通信行動計画（ASEAN Plan of Action in Transport and Communications）」における協力分野として，ASEAN のオープ

第 2 章 ASEAN の航空貨物輸送と航空インフラ整備

表 1 アジア太平洋地域におけるオープンスカイの広がり

年	オープンスカイ協定の締結国・地域
1996	オーストラリア～ニュージーランド
1997	シンガポール～ニュージーランド，シンガポール～米国，ブルネイ～米国，台湾～米国，ニュージーランド～米国，マレーシア～米国
1998	マレーシア～ニュージーランド，韓国～米国
2000	APEC 内多国間オープンスカイ （米国，シンガポール，ブルネイ，ニュージーランド，チリ）
2001	マレーシア～タイ
2003	タイ～中国，シンガポール～オーストラリア CLMV 間多国間オープンスカイ（カンボジア，ラオス，ミャンマー，ベトナム）
2004	タイ～香港
2005	インド～米国，シンガポール～バーレーン
2006	ASEAN～中国（作業合意）
2007	ASEAN～インド（交渉開始）

（出所）高橋広冶「東アジア航空市場とローコストキャリアの将来像」国土交通省国土交通政策
研究所『国土交通政策研究』第 74 号，2006 年 10 月，P22 に一部加筆のうえ著者作成。

ンスカイ政策を展開することが含まれていた。ここで初めて航空自由化に関する文言が提唱されたことになる。

その後，翌年の 1996 年 3 月にインドネシアのバリ島で開かれた第 1 回 ASEAN 運輸担当大臣会合（ATM）では，交通部門における各国共通の関心事項などを議論するため，今後は原則年 2 回，同会議が召集されることに決まった。また前年の行動計画に関連して，加盟国が向こう 3 カ年にわたる運輸行動計画（1996 年 - 98 年）の遂行に努力していくことで合意がなされた。そして ASEAN 全体での航空自由化に向けた取り組みの促進に加え，マルチモーダルな交通体系の形成と空域の見直しなども併せて提案されている。

次いで，1997 年 9 月の第 3 回 ATM（フィリピン・セブ島）に準備された「ASEAN ビジョン 2020」においても，ASEAN における競争的な航空輸送サービスを発展させることの重要性が謳われ，オープンスカイ政策

183

の推進が改めて再確認された。

　続く1999年9月の第5回ATM（ベトナム・ハノイ）では，元の運輸行動計画の終了と共に，それに取って代わる新たな運輸行動計画（1999年－2004年）およびASEAN運輸協力枠組み計画が採択された。そこには段階的な航空市場の自由化を通じて，ASEAN域内における航空輸送の競争環境を整備していく内容が盛り込まれた。

　上記のような一連の航空自由化に対する流れの延長線上の中で，注目すべき成果の一つが，2002年9月に航空貨物分野で締結された了解覚書である。正式名称は，「航空貨物輸送に関するASEANメモランダム2002（ASEAN Memorandum of Understanding on Air Freight Services）」。同覚書はインドネシアのジャカルタで調印され，2004年11月に発効した。表2で示したように合意事項は，ASEAN域内で指定された20空港間において，指定航空会社が週100トンまでの貨物を，使用機材と便数の制限なしに運航可能となったことである。また国際航空における9つの自由のうち，最も基本である「第3の自由」（自国から外国への運輸権）と「第4の自由」（外国から自国への運輸権）については，加盟国の間で承認された。こうして旅客分野に先行する形で，ASEAN域内における航空貨物の暫定的自由化が実現するに至った。

　その上，この貨物の数量制限に対しても，2007年2月にバンコク開催の第12回ATMで調印された「航空貨物輸送に関するASEANメモランダム改正議定書」において，従前の100トン以内から250トン以内にまで数量が引き上げられた。ここに貨物輸送の自由化は一段と前進し，2008年には完全に自由化されることとなった。

　さらに，2003年にはいよいよ域内航空市場の段階的自由化の取り組みについての工程表（ロードマップ）が策定された。すなわち，ASEAN航空輸送ワーキング・グループが作成した「ASEAN統合に向けたロードマップ－競争的航空サービス政策（Roadmap for the Integration of ASEAN: Competitive Air Services Policy）である。これは，2003年10月にミャンマーのヤンゴンで開催された第9回ATMにおいて了承された。最終的に2015年の実現を目標とする航空自由化計画とも呼べる提案である。具体

第 2 章　ASEAN の航空貨物輸送と航空インフラ整備

表 2　ASEAN の航空自由化に向けた合意事項と段階的アプローチ〜航空貨物輸送分野

項目	対象空港・航空会社	制限事項	その他	一致事項
航空貨物輸送に関する ASEAN 了解覚書〜2002 年 9 月調印	締約国の指定された空港と航空会社	週 100 トンまでの貨物使用機材・便数を自由化	合意された路線において他国の航空会社とのコードシェアリングを承認	第 3 の自由第 4 の自由
航空貨物輸送に関する ASEAN 了解覚書改正議定書〜2007 年 2 月調印	上記と同様	週 250 トンまでの貨物使用機材・便数を自由化	上記と同様	上記と同様

項目	段階	航空自由化の内容
航空輸送統合に向けたロードマップ〜2003 年 10 月承認	フェーズ 1（2005 年〜2007 年）	・運賃の双方不承認制 ・指定航空会社の 2 社体制化 ・第 3・第 4 の自由の制限撤廃 ・航空会社の実質的所有権を国家から ASEAN に移譲 ・セカンダリー空港へのアクセス
	フェーズ 2（2008 年〜2010 年）	・運賃の自由化 ・指定航空会社の複数運行体制の確立 ・チャーター便乗り入れ規制の撤廃
	フェーズ 3（2011 年〜2015 年）	・ASEAN 域内における第 5 の自由の確立 ・航空会社の実質的所有を業務拠点ベース化

（出所）小熊仁「ASEAN における航空輸送と空港整備の展開」『運輸と経済』運輸調査局，第 69 巻第 7 号，2009 年 7 月，P68（表 2）に一部加筆・修正のうえ著者作成。

的には 3 つのフェーズに分類され，各段階ごとに航空自由化に向けたアプローチを展開しようとするものであった（表 2 参照）。このロードマップは，後述するように 2005 年から 2010 年を包含する「ASEAN 運輸行動計画（ASEAN Transport Action Plan 2005-2010）」の中にも記載されている。

　また 2007 年 11 月にシンガポールで開かれた第 13 回 ASEAN 首脳会議では，「ASEAN 経済共同体（ASEAN Economic Community: AEC）」が創設される 2015 年までの工程表である AEC ブループリントが採択された。このブループリントにおける物流円滑化に関連した項目（インフラ開発）としては，輸送協力，陸上輸送，海上・航空輸送の三つの措置が盛り込まれている。このうち，海上・航空輸送に関する主な内容では，海上，航空

の単一市場の実現が戦略目標に掲げられており，後者では ASEAN オープンスカイ政策の実施などが謳われている。[9]

　他方，輸送協力の項にあっては，先に述べた「ASEAN 運輸行動計画 2005 - 2010」（2004 年 11 月にプノンペン開催の第 10 回 ATM で採択）の中に，次の 4 分野について合計 48 項目に上る具体的な提案が付属文書という形で列挙されいてる。4 つの分野とは，①海上輸送（14 項目），②陸上輸送（13 項目），③運輸円滑化（11 項目），④航空輸送（10 項目）。これらのうち，④航空輸送の分野については，以下のような行動をとるように提案がなされている。[10]すなわち，

- 「ASEAN 統合に向けたロードマップ」を構築することによって，旅客および貨物輸送に関する ASEAN オープンスカイ政策を採用し実行すること
- ASEAN 地域に対し，航空産業の自由化のロードマップ・計画を進展させること
- 航空輸送インフラおよび施設の発展，商業化，建設，運営面で，官民連携（Public Private Partnership: PPP）による事業実施の経験を定期的に意見交換すること
- 航空輸送の補助サービスについて更に自由化すること
- より良い効率とパフォーマンスのために，航空輸送産業の制約的枠組みを改善すること，等々。

以上で見たように，これまで話し合いが長らく行われてきた一方で，ASEAN 加盟国の一部においては先ほども触れたとおり，航空自由化への基本的な取り組みが既に始まっている。例えば，ASEAN 地域のグループ内で航空市場の統合を図る動きに限っても，アジア開発銀行のイニシアチブによって設立された IMT - GT，BIMP - EAGA のほか，CLMV やタイ，ミャンマー，ベトナム，カンボジア，ラオス，中国雲南省から成るブロックなど，少なくとも 4 つのグループが数えられる。なお，地域グループ内で航空市場の統合を図る事例は，国際民間航空機関（International Civil Aviation Organization: ICAO）の報告によれば，概ね約 50 ほど実在すると言われている。

第 2 章　ASEAN の航空貨物輸送と航空インフラ整備

　これらの中で，まず IMT‐GT（Indonesia-Malaysia-Thailand Growth Triangle）は，インドネシア西部，マレーシア北西部，タイ南部を含む成長の三角地帯を対象として，1993 年に 3 カ国で合意された開発計画である。ここでは，当該諸国の小規模空港のみに就航する全ての航空輸送サービスについて，無制限の輸送力を組み込んだ航空自由化協定が 1995 年に締結された。しかしながら，その後は航空会社の新規参入があまり進んでおらず，実質的な市場統合にはなっていない。

　次いで BIMP‐EAGA（Brunei Darussalam-Indonesia-Malaysia-Philippines East ASEAN Growth Area）の方は，ブルネイ，インドネシア，マレーシア，フィリピンという島嶼国で構成される 4 カ国の広域開発地域であり，航空を優先分野として 1994 年にフィリピンのラモス元大統領によって提唱された。2000 年までには「第 3 の自由」，「第 4 の自由」の制限が解消したのに加え，「第 5 の自由」（以遠権）もブルネイ，インドネシア，フィリピンの各国間では無制限となったが，マレーシアだけは一部の路線に限定されていた。そして 2010 年からは，いよいよ「海の経済圏」作りの始動と共に，この広域開発がインフラ整備を含め本格化するものと見られている。

　3 番目の CLMV（Cambodia-Laos-Myanmar-Vietnam）に関しては，カンボジア，ラオス，ミャンマー，ベトナムなど 4 カ国の間で 1998 年に結ばれた，航空分野のみを対象とする多国間協定である。これは，「第 3 の自由」，「第 4 の自由」，「第 5 の自由」の無制限のほか，域内の 8 つの国際空港における経由輸送の自由，輸送力の無制限，運賃の二重不承認などが示されており，比較的に自由度の高い航空協定だと言える。だが，これら ASEAN の新規加盟国は，ベトナムを除きまだ航空輸送量が極めて少ない関係から，ASEAN の航空自由化に対する影響はかなり限定的である。

　最後に，その CLMV4 カ国にタイや中国雲南省を加えたブロックでは，航空自由化に向けた具体的な対策はまだ講じられていないのが実情である。

　こうした ASEAN 全体での航空自由化に関する一連の動きは，2009 年に入っていよいよ大きく前進する局面を迎えるに至った。つまり，2008 年 11 月にマニラ開催の第 14 回 ATM で決定された「航空サービスに関する ASEAN 多国間協定（ASEAN Multilateral Agreement on Air Services）」

187

および「航空貨物サービスの完全自由化に関するASEAN多国間協定（ASEAN Multilateral Agreement on the Full Liberalization of Air Freight Services）」が，翌2009年5月に同じくマニラでそれぞれ調印され，同年10月には遂に発効することとなったからである。これを以て，2002年に結ばれた「航空貨物輸送に関するASEANメモランダム2002」は，失効することになった。また2009年12月にベトナムの首都ハノイで開催された第15回ATMの運輸大臣共同声明では，それが改めて確認され，上記協定の締結について歓迎の意が表明されたのであった。

　これにより2015年までに単一の航空市場（域内はカボタージュを含めて自由）を構築するため，ASEANの無制限な多国間協定がようやく結ばれたわけで，実質的なオープンスカイの真の実現に向けて更なる一歩を踏み出したと言えよう。ただ，ASEANのオープンスカイとは，航空自由化の政策全般を含んでいるものの，あくまで域内の当事国間の路線自由化を指すものであり，ASEAN加盟国と非加盟国との間における路線の自由化は含まれていないことに留意する必要がある。[11]

第2節　ASEANにおける航空貨物輸送の展開

1．ASEAN主要6カ国の貨物輸送推移および日中印米との比較

　一般に航空路線の貨物量，旅客数，便数などについては，ICAOのデータより入手が可能である。そこで同機関が発行する年報を通じ，世界の主要各国の国際線と国内線を合わせた航空貨物需要（定期輸送）の変化を，貨物トンキロ・ベースの貨物輸送量から見ていくことにする。

　それによると，ASEAN主要6カ国の貨物輸送量は，1990年代の後半から2006年まで過去12年間にわたり紆余曲折を辿りながらも，総じて増加基調にあったことが分かる。表3は，ASEAN主要6カ国並びに日本，中国，インド，米国の4カ国における貨物輸送量の推移をそれぞれ比較対照して示したものである。

　このうち1995年の時点でASEAN主要6カ国計は，米国の196億

第2章　ASEAN の航空貨物輸送と航空インフラ整備

表3　ASEAN 主要 6 カ国と日中印米 4 カ国の貨物輸送量の比較

（単位：百万トンキロ）

年	ASEAN 主要国						6カ国計	日本	中国	インド	米国
	シンガポール	マレーシア	タイ	インドネシア	フィリピン	ベトナム					
1995	3,687	1,199	1,308	783	374	2	7,353	6,538	1,501	654	19,623
1996	4,115	1,415	1,348	749	385	83	8,095	6,801	1,689	565	21,676
1997	4,741	1,426	1,628	706	472	104	9,077	7,505	2,084	521	25,500
1998	4,724	1,376	1,522	429	185	96	8,332	7,514	2,474	531	25,758
1999	5,451	1,425	1,671	362	241	98	9,248	8,226	3,295	531	27,317
2000	6,005	1,864	1,713	413	290	117	10,402	8,672	3,900	548	30,166
2001	5,774	1,775	1,669	424	264	135	10,041	7,614	4,232	519	27,920
2002	6,772	1,924	1,824	405	275	151	11,351	8,183	5,014	546	31,762
2003	6,683	2,179	1,764	350	278	164	11,418	8,281	6,385	580	35,125
2004	7,193	2,599	1,869	434	301	217	12,613	8,708	7,024	708	37,450
2005	7,571	2,578	2,002	440	323	230	13,144	8,549	7,579	773	37,358
2006	7,981	2,597	2,107	469	319	216	13,689	8,480	7,692	774	39,882
(1995~2006 年平均伸び率%)	7.3	7.3	4.4	△4.6	△1.4	53.1	5.8	2.4	16.0	1.5	6.7
2007	7,956	2,622	2,455	377	n. a.	n. a.	―	8,435	11,190	968	40,543

注：1）本表は国際線・国内線合計の定期輸送業務統計に基づく。
2）中国は香港・マカオ・台湾を除く。
3）2007 年（暫定値）に関しては航空振興財団『数字でみる航空 2009』P49 による。

原資料：ICAO『Annual Report of the Council』（2000 年以降）。
（出所）日本航空協会『航空統計要覧』2009 年版、PP46~48 より著者作成。

2,300万トンキロには遠く及ばないものの，73億5,300万トンキロとほぼ三分の一強の水準にあった。しかも，アジア域内では中国やインドはもちろん，既に日本をも抜いてアジアNo.1の地位を確立していた。さらに約10年を経た2006年の数値については較差が拡大し，インド（7億7,400万トンキロ）の17.7倍，中国（76億9,200万トンキロ）の1.8倍で，日本（84億8,000万トンキロ）よりも1.6倍高い136億8,900万トンキロに達している。

　だが，東南アジアにおける航空運送業界は，これまで必ずしも平坦な道のりを歩んできたとは言い難い。というのは，上記の期間中に① 1997年のタイより始まったアジア通貨・経済危機，② 2001年9月11日に発生した米国での同時多発テロの衝撃，③ 2003年初からの米国軍のイラク侵攻に加え，3月の新型インフルエンザ・SARS（重症急性呼吸器症候群）禍などの影響に伴い，航空需要の大幅な低下を余儀なくされたからである。表3からもその点は読み取ることが出来る。

　ASEAN主要国の中で，各国別にその間の動きを見ると，国により明暗が分かれてきた格好である。すなわち，シンガポール，マレーシアの両国は，貨物輸送量がASEANで1，2位を占めており，同期間の年平均伸び率はいずれも7.3％と高い成長を記録している。この伸び率は，中国（16.0％）と比べればかなり低いものの，米国の6.7％や日本の2.4％を上回っているのである。またタイの方は，同4.4％の伸びに止まっている。これに対してベトナムでは，初期段階の基数が小さかったことを主因に，大幅な増加が見てとれる。そうした半面，インドネシアやフィリピンの2カ国に関しては，過去10年余りの間に減少傾向すら示しており，特にインドネシアの大きな落ち込みが目立つところである。

　次いでASEAN加盟10カ国の国別に見た航空貨物取扱量については，ASEAN事務局の提供になる民間航空統計から簡単に収集することが可能である。『ASEAN統計年鑑』2008年版によって，ASEAN加盟10カ国の2000年代における貨物取扱量の推移を整理したのが表4である。これは，同年鑑の中で「第7章　交通と通信」の項に掲載された，「国際民間航空統計表（2000-2008）」の資料に基づき原文のまま作成している。

第2章　ASEAN の航空貨物輸送と航空インフラ整備

表4　ASEAN加盟国の国際航空貨物取扱量の推移

（単位：千トン）

		シンガポール	タイ	マレーシア	インドネシア	フィリピン	ブルネイ	カンボジア	ラオス	ミャンマー	ベトナム
積込貨物	2000	834	511.0	284.5	146.3	172.2	1,015.0	-	-	6.5	-
	2001	726	509.0	319.5	156.0	144.2	892.0	-	-	6.1	-
	2002	805	398.0	356.0	130.3	-	1,269.9	-	-	-	-
	2003	811	499.0	377.8	132.4	-	1,260.5	-	-	-	-
	2004	907	499.2	413.0	135.2	-	1,712.9	11.2	-	-	-
	2005	944	479.5	424.1	141.7	-	-	10.6	-	-	-
	2006	958	-	474.2	174.4	-	-	14.0	-	-	-
	2007	931	466.0	448.3	-	220.9	-	15.6	248	-	-
	2008	905	-	-	-	-	-	-	-	-	-
積卸貨物	2000	848	315.0	359.9	96.1	137.1	90.9	-	-	7.5	-
	2001	781	301.0	285.7	93.7	111.4	103.1	-	-	5.4	-
	2002	836	612.2	295.6	116.5	-	122.9	-	-	-	-
	2003	805	600.8	317.5	100.0	-	127.5	-	-	-	-
	2004	873	665.4	349.8	100.1	-	139.8	6.6	-	-	-
	2005	894	706.1	355.9	94.9	-	-	6.3	-	-	-
	2006	953	-	387.6	107.6	-	-	8.7	-	-	-
	2007	964	718.0	369.1	148.5	182.2	-	10.5	-	4.7	-
	2008	952	-	-	-	-	-	-	-	-	-

（出所）『ASEAN Statistical Yearbook』2008年版より著者作成。

　この表4を見てまず一目瞭然なのが，ASEAN加盟国で後発加盟の
CLMV4カ国のうち，GDPの最も小さいラオスとベトナムの2カ国に関
するデータが，ほぼ全く同事務局に提出されていない点である。そして
2000年代の前半においては，ブルネイの年間貨物取扱量，とりわけ積込
貨物が他の加盟国の実績をはるかに上回る100万トン以上に達していたに
もかかわらず，2005年以降になると当該数値が全く未入手の状態となっ
ていることである。従って，関連データが空白なしに全て揃うのは結局，
ASEAN加盟10カ国の中でシンガポール，タイ，マレーシア，インドネ
シアの4カ国のみとなる。

　このような現状の下で，これら4カ国を中心に国際航空貨物取扱量の実
績を改めて比較してみることにする。入手可能な最新時点である2007年
の場合，輸出入貨物に相当する積込及び積卸貨物の年間取扱量を示すと，

次のようになる。国別で数量の大きい順では，シンガポールの190万トンを筆頭に，以下，タイの118万トン，マレーシアの82万トン，フィリピンの40万トン，インドネシアの約30万トンと続いている。そのほか特徴的なのは，インドネシアの年間貨物取扱量が，他国と比較して圧倒的に小さいことである。また10年前の1997年値（29万トン）と比べ，インドネシアの同実績はほとんど横ばいの状況のままというのが明らかである。

2．主要航空会社別の貨物輸送実績と財務状況

それでは，一体どのような航空会社が実際に国際航空貨物を輸送しているのであろうか。この点について航空会社別の貨物輸送実績から見ていくことにしたい。

IATA加盟会社のうち，国際航空貨物の輸送実績上位（2008年）の航空会社に関して調べると，世界における上位20の航空会社で東アジア地域を拠点としているのは，約半数に近い合計9社である。上から順に航空会社名と輸送重量を列挙すれば，次のようになる。第3位の大韓航空（韓国，144万トン）をトップに，5位のキャセイパシフィック航空（香港，134万トン），6位のシンガポール航空（127万トン），9位の中華航空（台湾，109万トン）までが年間輸送量100万トンの大台を超え，ベスト10にランクインしている。[12]これら4社は，いずれもアジアNIEsに拠点を置く航空会社だと分かる。つまり，言い換えるとこれら4つの航空会社が，東アジアにおける航空貨物輸送の中心に位置していると解釈することが出来る。

それ以外では，14位のエバー航空（台湾，68万トン），15位の日本航空（68万トン），16位のアシアナ航空（韓国，67万トン），18位のタイ国際航空（54万トン），20位のマレーシア航空（47万トン）などと続いている。[13]ちなみに，世界の航空会社で第1，2位を占めたのは，米国のFedEx（189万トン），UPS（160万トン）である。両社は，小口の宅配便から一般航空貨物，さらにはロジスティクス分野に至るまでサービスの幅を大きく広げており，キャリア業，フォワーダー業，国際宅配便業の全てを兼ね備えた"インテグレーター"（総合物流業者）と通常は称されている。

このようにASEANの主要航空会社としては，繰り返しになるが貨物

第 2 章　ASEAN の航空貨物輸送と航空インフラ整備

表 5　アジアの航空会社別貨物輸送ランキングと財務状況

航空会社	保有機	貨物輸送		営業収入 （百万ドル）		営業利益 （百万ドル）	
		世界順位 2008（2007）	有償トンキロ 2008(百万トンキロ)	2008	2007	2008	2007
シンガポール航空	115	7 (7)	7,486	10,969	9,528	761	1,120
タイ国際航空	84	20 (23)	2,490	6,098	5,592	△340	368
マレーシア航空	89	21 (21)	2,444	4,126	3,990	88	181
ベトナム航空	n. a.	76 (81)	284	1,582	n. a.	146	n. a.
ガルーダ航空	49	79 (84)	275	1,900	1,398	107	18
フィリピン航空	35	84 (79)	242	1,881	1,729	84	70
エアアジア ※	45	－	－	757	463	49	61
日本航空	212	13 (13)	3,946	20,055	22,461	△523	925
中国国際航空	242	14 (14)	3,487	6,556	6,192	△250	477
エア・インディア	122	58 (62)	496	3,466	3,396	△1,075	△665

注：1) エアアジアはマレーシアの大手格安航空会社（LCC）で Non-IATA メンバー。
　　2) 有償トンキロとは，有償貨物など重量に大圏距離を乗じたもの。
（出所）『Airline Business』2009 年 10 月号，PP40～44。
　　　　IATA『World Air Transport Statistics』2009 年。
　　　　日本航空協会『航空統計要覧』2009 年版，PP100～101，PP132～133，PP142～144 より
　　　　著者作成。

輸送の分野で世界のトップ 20 の中に入っている企業は，シンガポール航空，タイ国際航空，マレーシア航空の 3 社を数えるのみである。そのため以下ではこれらの会社を中心に，ASEAN 主要 6 カ国の航空会社別貨物輸送ランキングと財務状況について取りまとめた表 5 を参照しながら，もう少し詳細に貨物輸送の動向に関して明らかにする。

(1)　シンガポール航空

東南アジア最大のシンガポール航空（Singapore Airlines, SIA）は，現在，世界の 38 カ国，93 都市を結ぶ路線にネットワークを広げている。2009 年 12 月時点において，その保有する旅客機は 108 機で，他にリース機や発注分と合わせ 60 機を数える。さらに後でも触れる貨物専用機（フレイター）を 12 機保有している。またシンガポール航空グループの子会社には，シ

ルク・エア，SIA エンジニアリング，SIA カーゴなどを抱えている。

　同社の歴史を辿ると，古くはマラヤ航空が週3便でスタートした1947年5月にまで遡ることが出来る。1965年，マラヤ連邦からシンガポールが分離独立したのを契機に，マレーシア・シンガポール航空（両国政府の共有）と改称された。その後，1972年10月に再び分離し，今日のシンガポール航空とマレーシア航空が誕生することとなった。こうして2007年には，同社は創立60周年を迎えたのである。

　次にシンガポール航空の旅客数では，2008年の定期輸送実績（国際線）を見ると，1,914万人に上っており世界9位に相当する。この数字は，アメリカン航空の2,115万人（但し，国内線を含めた合計は9,277万人）より少ないものの，日本航空の1,161万人（同4,668万人）を大幅に上回っている。しかし，同国は国土が狭く国内線が存在しないため，国際・国内線の合計で比較すると，世界における順位が一気に30位へと急落している。

　貨物輸送に関しては，『Airline Business』誌（2009年10月号）に掲載された世界のトップ100位以内の航空会社別「カーゴ・ランキング2008」を基に説明する。この中でシンガポール航空の子会社・SIA カーゴは，週600便以上を運航しており，貨物輸送量が72億9,900万トンキロ（前年比8.3％減）で，世界7位にランクされている。これを日本航空や中国国際航空の実績と比べると，それらのほぼ2倍に当たる勘定であり，またタイ国際航空やマレーシア航空とは依然として大きな差があって約3倍もの開きがある。

　一般に航空貨物には，貨物専用機（フレイター）によって輸送されるものと，旅客機のベリー（腹）によって輸送されるものとがある。ただ昨今では，世界的な景気低迷を反映してコスト削減を一段と図るため，旅客機の機材の中小型化傾向が進んでおり，そうなれば貨物スペースがその分だけ少なくなることから，フレイターの機材数は今後，逆に一層増加するとの見方もある。

　SIA カーゴ社の場合，前述したように，世界最大級のオペレーターの一つと言われるフレイターのB747-400F型機を12機保有している。この広胴機の標準搭載重量は110トン（パレット39個，コンテナ2個分を含む）

第2章 ASEANの航空貨物輸送と航空インフラ整備

であり，航続距離としては8,245 kmの飛行〜例えば，エジプト・カイロ
までと同じ距離で，米西海岸のサンフランシスコへは1万3,575 km〜が
可能である。そのほか旅客便機材での貨物標準搭載量は，次に示すとおり
である。すなわち，

- B777 – 300ER 型機　26 トン　　・B777 – 300A 型機　25 トン
- B777 – 300 型機　　23 トン　　・B777 – 200 型機　　17 トン
- B772 – 200A 型機　16 トン　　・A330 – 300 型機　16 トン
- B777 – 200ER 型機　14 トン　　・B747 – 400 型機　13 トン
- A340 – 500 型機　　13 トン　　・A380 型機　　　　12 トン

などとなっている。[14]（注：Aはエアバス，Bはボーイングの略称）

また同社は，SIAスーパーハブ1＆2（航空貨物ターミナル）と呼ばれる
貨物センターを所有している。前者の方は，1995年に操業を開始し，年
間少なくとも45万トンの貨物処理能力を備えている。そして後者のスー
パーハブ2については，2001年にオープンして新たに80万トンの能力を
拡大させており，2つ合わせて9万4,000 m^2 に及ぶ敷地に加工エリアを
有している。

　一方，シンガポール航空の営業収入（売上高）は2008年に109億6,900
万ドル（前年比15.1%増）となり，純利益は同26.4%減の10億1,900万
ドルであった。その後，同年秋の世界的な金融危機発生の影響で業績は悪
化していたが，足元の2009年10〜12月期決算については，営業収入が前
年同期比で18%減少（ちなみに前期の同年7〜9月期は30%減）したにもか
かわらず，最終損益は同20%増を記録し，3四半期ぶりに黒字転換を果た
したと伝えられる。また2009年12月まで4カ月連続で搭乗率が前年実績
を上回っており，2007年12月以来，2年ぶりの高水準を示して底打ちの
兆しが見られるなど，ようやく回復基調が徐々に鮮明となってきた感があ
る。このため，シンガポール航空はこれまで減便などで輸送能力の削減に
努めてきたが，ここにきてそうした政策の方針転換を図りつつある。最近
では，新規2路線の開設（2010年3月末から独ミュンヘン線，同年10月末か
ら羽田線を就航予定）や米ニューヨーク線など8路線での増便を含む，旅
客輸送能力の増強策が発表されている。[15]

195

(2) タイ国際航空

タイ国際航空（Thai Airways International, THA）の前身は，1960年5月に創設された。開業当初は，国内線専用のタイ航空（Thai Airways Company, TAC）と北欧のスカンジナビア航空との合弁事業で運営され，外資側が200万バーツを出資（株式30％保有）していた。アジア地域の9都市への運航から始まり，1971年にオーストラリアへ，翌1972年に欧州へ，それから1980年には北米路線への参入を進めてきた。この間，1977年4月に至り，タイ政府が外資分の持ち株全てを購入し，ここに同社は完全な国営企業となった。さらに1988年4月には，タイ航空がその国際部門と合体し，遂に現在のナショナル・フラッグ・キャリアであるタイ国際航空が誕生した。また同社が筆頭株主（株式39％保有）となって，タイのLCCであるNok Airが設立された。これは，LCCとして先行しているタイ・エアアジアやOne Two Goに対抗する目的で，2004年7月から運航が開始されている。

タイ国際航空の運航対象国は36カ国，75都市に及んでおり，航空路線の総延長距離は59万5,500km（平均距離は3,629km）となっている。また保有機数については2009年10月現在，合計91機（別に11機を発注中）を数えるが，航空機の使用年数は既に平均11.6年に上るという。そのうち，今後は47機を処分する計画で，これから向こう10年間に65機を新規に購入していく予定である。さらに，納期の遅れが目立つB787-9型機を14機リースし，A321型機を20機程度買い入れる意向とも言われる。

同社が取り扱う旅客輸送数については，2008年に1,811万人（前年比6.1％減）と前年実績を100万人余り下回った。同年後半に起こった空港での混乱・一時閉鎖などによる影響も，マイナスを記録した一因と考えられる。座席利用率も前年の79.1％から74.9％（ちなみにシンガポール航空は78.4％）へと4ポイントほど低下した。

次に同社による航空貨物の輸送実績（国際・国内線合計）では，2008年に24億9,000万トンキロ（前年比4.5％増）となった。前述した貨物輸送ランキングを見ると，2006年の世界26位，2007年の23位から着実に順位を上げて，2008年には20位にまでランクが浮上している。また輸送重

量ベースで捉えると，2008年は58万4,000トンであった。

　ところで，2009年9月9日に著者が行った現地ヒアリング調査によると，同社の貨物航空子会社であるタイ・カーゴ社は，同年10月にも初めてフレイターを就航させるとの情報であった。だが，その開始時期は少しずれ込んで，結局は同年11月29日からになった模様である。機種はB747-300F型機で，仕向地はフランクフルト，週2便が運航されている。便数当たりの搭載重量は約100トンである。参考までに具体的なフライト・スケジュールを示すと，以下のとおり。

	到着	出発	
バンコク		03：00	（木曜／日曜）
ドバイ	06：00	09：00	（木曜／日曜）
フランクフルト	11：50	16：00	（木曜／日曜）
ドバイ	00：01	03：00	（金曜／月曜）
バンコク	12：00		（金曜／月曜）

　このようにタイ・カーゴ社は，現在のところ，フレイター1機だけでオペレーションしているが，2010年2月末までにはB777-200LR型機を2機新たに導入する予定であるという。[16]

　一方，タイ国際航空は1965年に営業赤字からの黒字転換を達成して以来，その経営は堅実で順調な経過を辿り，過去40年間にわたって利益を上げてきた。しかしながら，主として燃料コストの高騰と国内の不安定な政治情勢などにより，2008年には遂に大幅な損失を計上するに至った。つまり，営業収入面では前年比9.0％増の60億9,800万ドルとなったものの，営業損益は前年の黒字3億6,800万ドルから一転して3億4,000万ドルの赤字へと急落した。結果として，純損益でも最終的に6億5,500万ドルの損失を被ったのである。2009年第2四半期になってようやく一連のリストラ策などが奏功し，純利益を記録したとの報道も一部にある。しかし，同社を取り巻く厳しい情勢が依然として続いていることに変わりはなく，今なお回復途上にあることは疑いのないところである。

第3節　ASEAN における航空インフラの整備・拡充

1．大型空港の開港と激化する空港間競争

前節で見たように，ASEAN を包含する東アジア地域では航空輸送（旅客および貨物）需要の拡大に伴って，交通部門の下部構造に当たる航空インフラの整備が着々と進められてきた。同地域では，特に20世紀末から21世紀の初めにかけて，国家プロジェクトとして巨大容量を持つ大型空港が相次いで開港した。そうした背景の一つには，航空自由化によって外国の航空会社が，乗り入れ地点や便数を自由に選択可能となることが挙げられる。それ故に，アジア各国とも近隣諸国の空港と競争しうるような，大規模空港の整備が必要不可欠であったわけである。また空港の経済的波及効果が大きい点も考慮されたと見られる。

そこで本節ではまず，東アジア地域における空港整備の動きについて簡単に触れておきたい。

アジア通貨危機の発生から1年後の1998年6月末に，アジア最大の広大な敷地面積（1万 ha）を誇るマレーシアのクアラルンプール（セパン）国際空港が開港した。それから1週間も経たない7月初めには，新生香港（1997年7月に英国から中国へ返還）のチェクラップコク国際空港が，旧啓徳空港に代わる空港としてオープンした。次いで1999年10月になると，丁度建国50周年を迎えた中国の上海・浦東国際空港が供用を開始した。さらに21世紀に入ると，2001年3月に韓国の新ソウル・メトロポリタン空港とも言うべき仁川国際空港が，金浦空港の狭あい化に対処するため，仁川沖合の永宗島に建設され開港した。[17]そして経済危機を乗り越え10年もの長い歳月を費やして，予定より1年遅れながら2006年9月には，タイのスワンナプーム（新バンコク）国際空港がようやく全面開港にこぎつけられたのである。そのほか，既存のチャンギ国際空港（シンガポール）や台湾桃園空港などにおける拡張整備が推進されている状況にある。

このようにアジア各国はこれまで，まさに空前の国際空港建設ラッシュに沸いてきた感がある。香港の例を除き，いずれの空港も敷地面積は広く，

第2章　ASEANの航空貨物輸送と航空インフラ整備

滑走路は複数で一様に長いのが特徴的である。今や新しい時代の空港要件として国際的に指摘されているのは，総面積3,000 ha，滑走路4,000 m以上という基準を少なくともクリアしていることである。そうした視点から上で述べてきた動きの内容を改めて見直してみると，どれも全体計画において大規模な空港であり，東アジア地域の文字通りハブ（拠点）空港の確立を目指していることが分かる。

従って，今日ではハブ空港としての地位をめぐる空港間の競争が，東アジア地域で必然的に激化しているのである。空港間では既に旅客・貨物の争奪が始まっており，本格的な競争時代に突入していると言えよう。[18]

これは当然のことながら，ASEANでもそのような流れに巻き込まれずにはおかない。このため今後は空港の整備・拡充こそが，ASEANにおける航空輸送需要の増大を左右する大きな要因になっていくと思われる。ただ，チャンギ，クアラルンプール，スワンナプームなどASEAN先進国の国際空港を除いては，まだまだ空港整備の遅れが目立っているところである。以下では，そうしたASEAN先進国の主要空港を中心に見ていくことにする。

2．ASEANの主要空港と路線別便数

国際空港評議会（Airports Council International: ACI）の2008年統計によって，主に航空貨物を中心にその輸送実績を空港別に見てみる。

最初に世界の国際航空貨物取扱量における上位空港では，香港，ソウル（仁川），成田という東アジア地域の空港が，上位の1位から3位までを独占している。しかも，近年，これら3空港の順位に一部入れ替え（ソウルが従前の3位より2位に浮上）があるものの，三者の独占的地位に変動はない。他のアジア諸国の空港については，上海浦東空港（6位），シンガポール・チャンギ空港（7位）がベスト10内に入っており，アジア全体では5空港になって，世界の半分を占めていることが分かる。

次にASEAN 6カ国に絞った主要空港の動向に関しては，表6のように整理してまとめられる。まず国際・国内合計の総積込・積卸貨物取扱量で，ASEAN各空港の世界ランキングは以下のとおりとなっている。すなわち，

199

表6　ASEAN6カ国における主要な空港比較と稼働（出入）状況

国（都市名）	国際空港	営業（開港）時間	滑走路 長さ/幅(m)	離着陸回数（千回）					国際貨物 年間取扱量（千トン）						国際・国内旅客〜出発＋到着〜合計（千人）					
				2000	2005	2006	2007	2008	2000	2005	2006	2007	2008	世界順位	2000	2005	2006	2007	2008	世界順位
タイ（バンコク）	スワンナプーム	24	4,000/60 3,700/60	182.7	285.4	290.9	265.8	249.4	827.7	1,071.4	1,113.1	1,178.0	1,140.3	20	28,323	38,985	42,800	41,210	38,603	18
シンガポール	チャンギ	24	4,000/60 4,000/60 2,748/59	173.9	208.3	217.8	223.5	234.8	1,682.5	1,833.7	1,911.2	1,894.8	1,856.9	10	26,963	32,431	35,033	36,702	37,695	19
インドネシア（ジャカルタ）	スカルノ・ハッタ	不明	3,660/60 3,660/60	105.8	241.8	247.1	248.5	250.2	194.6	159.1	189.6	260.6	254.7	39	9,950	27,947	30,584	32,459	32,233	35
マレーシア（クアラルンプール）	セパン	24	4,124/60 4,050/60	109.3	182.5	183.9	193.7	211.2	479.4	589.8	608.7	585.1	529.0	27	14,353	23,214	24,130	26,453	27,529	42
フィリピン（マニラ）	ニノイ・アキノ	24	1,998/45 3,410/60	111.7	171.3	171.9	188.8	205.3	287.0	296.1	300.4	294.6	262.3	57	12,668	16,216	17,942	20,468	22,027	57
ベトナム（ホーチミン）	タンソンニャット	24	3,800/45 3,048/45	33.4	59.5	64.2	75.6	86.5	61.4	131.1	145.7	173.5	190.3	70	3,553	7,345	8,472	10,287	11,726	-

注：国際貨物の項の世界順位は国際・国内貨物総取扱量によるもの。

原資料：ACI『Worldwide Airport Traffic Report』各年版。

（出所）ジェトロ『ASEAN物流ネットワーク・マップ2008』2008年12月、CD-ROMおよび日本航空協会『航空統計要覧』2004年版、2006年版、2009年版より著者作成。

第2章　ASEAN の航空貨物輸送と航空インフラ整備

上から順に列挙すると，世界第10位のチャンギ空港（188万トン，2007年比1.8％減）を筆頭に，20位のスワンナプーム空港（117万トン，同3.9％減）が続き，以下，27位のクアラルンプール（セパン）空港，39位のスカルノ・ハッタ空港，57位のニノイ・アキノ空港，70位のタン・ソン・ニャット空港が占める。一方，国際・国内線の乗降旅客取扱数で見ると，スワンナプーム空港が3,860万人（2007年比6.3％減）で世界ランキング第18位に位置し，ASEAN の中でトップになっている。次いで同19位のチャンギ空港が3,770万人（同2.7％増）で続いており，以下，35位にスカルノ・ハッタ空港の3,223万人（同0.7％減），42位にセパン空港の2,753万人（同4.1％増），57位にニノイ・アキノ空港の2,203万人（同7.6％増）がそれぞれ名を連ねている。しかし，ベトナム・ホーチミンのタン・ソン・ニャット空港は，ランク外で順位不明である。

　これからも明らかなように，欧米の空港にも引けをとらない世界トップクラスの評価を受けているチャンギ空港に対して，スワンナプームやセパン空港などが，その牙城に挑む図式になっていると言える。

(1)　シンガポール・チャンギ国際空港

　シンガポールが国際物流拠点として急成長したのは，チャンギ国際空港が1981年に完成してからのことである。

　同空港には2008年時点で，航空会社が81社乗り入れ，週当たり4,300便の定期便が，60カ国の189都市と結ばれている。発着回数は年間約23万5,000回で，4,000m級2本の滑走路を持つ（その後，第3滑走路2,748mも建設）。

　さる2006年7月に開港25周年を迎えた同空港は，同年3月にLCC向けバジェット・ターミナル（航空会社が負担する利用料金を割安に設定）の運用を開始した。また2008年1月には第3旅客ターミナル（T3）が開業し，同空港の旅客取扱能力は一気に年間2,200万人増えて，合計6,870万人（うちT1は2,100万人，T2は2,300万人。ちなみに，2008年の旅客取扱実績は約3,800万人）へと激増したのであった。

　チャンギ空港は，既に述べたようにアジア各国の空港間における旅客・

貨物獲得競争が厳しさを増す中，単なるターミナル機能の提供に留まることなく，巨大なアメニティ・センターとしても進化・拡大し続けている。実際，同空港はハードのみならず，ソフトの面でも世界 No. 1 の観点から，利用者第一で空港内と同周辺においてビジネス情報も流通・消費・娯楽も達成できるような，「都市機能」を兼ね備えた空港を目指している。[19]この点に関して，レイモンド・リム運輸相（当時）は，かつて 2007 年 8 月頃に，「空港は単なる輸送インフラではなく，ビジネスとして見られるようになっている。企業の組織化によりチャンギ空港の航空ハブとしての地位をさらに強化できる」と説明していた。[20]

　いずれにせよ，チャンギ空港は東南アジアで既にハブ空港としての地位を確立している。同空港が，当該地域のインターモーダル空港として発展している要因は，東アジアの主要空港に平均 3 時間程度の飛行時間で到着できる地理的優位性と，豊富な国際路線網を有していることなどに求められる。それを所管するシンガポール民間航空庁（CAAS）では，同地域のハブ空港としてのチャンギ空港の機能を一層強化すると共に，海外空港の運営権を次々に獲得（例えば，アブダビ国際空港）するなど，積極的な海外展開も図っている。ただ，一つの懸念材料としては，昨今における航空機の技術進歩により長距離化が従来以上に可能となることで，シンガポールを経由せずに目的地へ直接に飛行するケースが増えていることである。またアジアと欧州のルートを結ぶ航空路線で，中東のドバイ国際空港が新しいハブとして，チャンギ空港の強力なライバルに浮上しつつあることも問題として別に挙げられる。

(2) タイ・スワンナプーム国際空港

　タイの航空需要は，以前にはバンコクのドンムアン空港に集中していたが，1914 年の開港でかなり古くなってきた。そのため 1987 年にタイ政府は，同空港の処理能力がいつ限界に達するかについて調査を開始し，1991 年 5 月に至り新空港の建設が最終決断された。

　こうして旧ドンムアン空港の狭溢化に対処すべく，2002 年から工事に着手して新たに建設されたのが，新バンコク国際空港，いわゆるスワンナ

第2章　ASEAN の航空貨物輸送と航空インフラ整備

プーム国際空港（Suvarnabhumi Airport。「黄金の土地」を意味）であった。2006 年 9 月に正式に開港した。

　この新空港は，次のような設備を備えている。

・敷地面積が 3,240 ha で，開業時は 2 本の平行した滑走路（幅 60 m，長さ 4,000 m と 3,700 m）と 2 本の平行誘導路を持つ。

・120 機の駐機場を装備し，時間当たり 76 便の発着が可能。

・年間 4,500 万人の旅客と 300 万トンの貨物を取り扱うターミナル整備。さらに長期計画としては，二つのメインターミナルと 4 本の滑走路（新規に 2 本追加）を整備し，年間で旅客 1 億人，貨物は 640 万トンまでの拡張が盛り込まれている。

　これらの中で航空貨物ターミナルは，全長 1.3 km もある TG（タイ航空）ターミナルと BFS（Bangkok Flight Service の略。当社は，Bangkok Airways と欧州系ターミナル作業会社の World Freight Service との合弁企業）ターミナルの二つから成る。

　前者は，タイ航空とそのアライアンス・メンバー（約 80 社）を中心とする航空会社が利用し，後者については，主に欧州系の航空会社（約 30 社）が利用している。また当該ターミナルは，国際貨物エリアと国内貨物エリアの 2 つに分かれる。そのうち国際貨物ターミナル（面積 9 万 5,250 m^2。635 m×150 m。将来的には 4 万 7,250 m^2 を追加し，拡張する予定）の設計能力を見ると，フェーズ I（2005 年～2009 年）で年間 96 万 6,000 トン，フェーズ II（2010 年～2014 年）では年間 122 万 6,000 トンの貨物処理能力となっている。他方，国内貨物ターミナル（1 万 7,550 m^2。117 m×150 m）に関しては，フェーズ I（2005 年～2009 年）で年間 8 万 8,500 トン，フェーズ II（2010 年～2014 年）では年間 11 万 7,800 トンの貨物処理能力とされている。なお，TG ターミナルの 2008 年における貨物取扱実績は，顧客航空会社が 80 社，着陸回数が 15 万 528 回で，総取扱量が 100 万 3,750 トンであった。[21]この二つの貨物ターミナルに加えて，フォワーダーのための貨物施設 4 棟（各棟は約 1 万 1,000 m^2）が別途整備されている。

　開港当初の予定では，一部のチャーター便を除いて，原則的に旅客・貨物とも新空港へ全面移転することになっていた。ところが，開港後わずか

203

4カ月後にもう滑走路と誘導路に亀裂が見つかり，航空機の運航にも支障が生じたため，2007年3月末から旧ドンムアン空港でも国内便の運航が再開されるに至ったのである。

とはいえ，首都バンコクが，日本と韓国を除くアジアのほぼ全域を5時間圏内に収めており，インドなど南アジアにも近いという地理的な優位性を持っていることは確かである。さらには，2006年12月にタイ～ラオス～ベトナム間の陸路による「東西回廊」が開通したのを契機に新空港と同回廊の整備が，インドシナ半島における物流の円滑化や貿易促進に大きな役割を果たすものと，その相乗効果に期待が寄せられてもいる。このような情勢の下で，新空港は目下，東南アジアにおけるハブ空港の座をめぐり，同地域の盟主を目指してシンガポールのチャンギ国際空港と，激しいデッド・ヒートを繰り広げているところである。

おわりに

以上で見てきたように，本稿では主として ASEAN 主要6カ国を対象に，航空自由化の動き，航空貨物輸送に関する実績推移並びにそれを取り扱う主要空港と航空インフラの整備状況について明らかにした。

その ASEAN を軸にして，今後は FTA/EPA の推進を通じて構築される東アジアの市場統合が，域内貿易の発展をますます助長していくものと思われる。そうした中で，陸続きでない加盟国も多く抱える ASEAN では，既に述べたように航空輸送の果たす役割が一層高まっていくことが想定される。

航空輸送に関しては，国や地域経済を活性化させていく上で，空港の整備・拡充こそが必要不可欠である。この空港整備のキーワードと言えば，まさに"競争力の向上"にある。欧米と同様に大型空港が集中する東アジア地域では，今や空港整備が都市間競争の様相を呈している。「航空路線（起終点需要）を奪い合うという意味での空港間競争は，都市間競争の時代に入った」（慶応大学・中条潮教授）との指摘さえあるほどだ。アジアでも

第 2 章　ASEAN の航空貨物輸送と航空インフラ整備

これからは，欧州におけるような大変強固な都市間リンクが，今まで以上に求められてくると見られる。

翻って，我が国では昨今，日本航空の経営破たんから再建問題のほか，成田・羽田両空港における発着枠の拡大を視野に入れつつ，特に羽田の「国際ハブ（拠点）空港化」をめぐる議論が盛んになっている。何故ならば，ハブ空港が「経済活性化の重要拠点」となり得るからにほかならない。

このため ASEAN 各国でも，世界的な航空規制緩和の潮流に乗り遅れることなく，国際物流の拠点として世界の主要空港とも伍していける効率的な空港を育成・支援していくよう，アジア全体を見据えた新たな空港戦略の確立が何よりも肝要であると言えよう。

〔注〕
(1)　国際航空運送協会（IATA）は，1945 年にキューバの首都ハバナで開かれた世界航空企業会議の際に設立された。本部はスイスのジュネーブとカナダのモントリオールの 2 カ所に置かれている。2009 年末現在，国際航空業務を行っている加盟航空会社は合計 234 社を数える。そのうち ASEAN 諸国では，カンボジア・ラオス・ミャンマーを除く 7 カ国，10 の航空会社が加盟している。
(2)　当該資料の出典は，IATA の『World Air Transport Statistics』。本統計は IATA 加盟航空会社のうち，提出会社データの編集に基づくものであり，そのデータ捕捉率は 90％未満とされる。
(3)　ASEAN10 カ国から成る東南アジア以外に，日本・中国・韓国などの北東アジアやオーストラリア，インドなどをも含む，非常に広範囲な地域を指す。このアジア太平洋地域は現在，毎日 8,300 以上の航空便と 120 万人の旅行客を扱っている。
(4)　有償旅客キロとは，旅客 1 名を 1 キロメートル輸送した場合，1 旅客キロと言い，有償旅客数に各飛行区間の大圏距離を乗じたものの合計を指す。（出所：日本航空協会『航空統計要覧』2009 年版）
(5)　有償貨物トンキロとは，貨物 1 トンを 1 キロメートル運送した場合，貨物 1 トンキロと言い，各飛行区間ごとの貨物トン数に当該区間の大圏距離を乗じたものの合計を指す。なお，一般に貨物と呼ぶ場合，フレイトとカーゴとは同義に用いられることが多い。但し，国際民間航空機関（ICAO）の統計基準によると，フレイトは外交官貨物，至急便貨物を含むが，旅客手荷物は含まない。（出所：注 4 に同じ）
(6)　高橋望「国際航空と自由化政策」，村上英樹・加藤一誠他編（2006）『航空の経済学』ミネルヴァ書房，pp138〜143。
(7)　花岡伸也「ASEAN の航空－自由化とローコストキャリア」，『ていくおふ』ANA 総合研究所，通号 116 号，2006 年秋季号，pp19〜20。
(8)　高橋広治「東アジア航空市場とローコストキャリアの将来像」，『国土交通政策研

究』国土交通省国土交通政策研究所，第 74 号，2006 年 10 月，p21。

⑼ 若松勇「ASEAN における物流統合の現状と展望」，石川幸一・清水一史・助川成也編（2009）『ASEAN 経済共同体－東アジア統合の核となりうるか』ジェトロ，p33。

⑽ ASEAN の公式ウエブサイト（http://www.aseansec.org/16596.htm）に基づく（アクセス日：2009 年 10 月 20 日）。

⑾ Peter Forsyth, John King, Cherry Lyn Rodolfo (2006), "Open Skies in ASEAN", Jounal of Air Transport Management, 12, PERGAMON, p144。

⑿ 別の輸送トンキロ・ベースで捉えると，IATA 貨物輸送実績上位（2008 年）を占める航空会社のうち，ベスト 10 圏内に入っているアジア企業の数については，輸送重量ベースの場合と何ら変化がない。しかし，順位に変動が見られ，大韓航空（1 位），キャセイパシフィック航空（2 位），シンガポール航空（4 位）とそれぞれ上がっていることが分かる。

⒀ 日本航空協会『航空統計要覧（2009 年版）』2009 年 12 月，p130。

⒁ SIA カーゴ社のウエブサイト（http://www.siacargo.com/fleetauld_fleet.asp）より引用（アクセス日：2010 年 2 月 6 日）。

⒂ 『日本経済新聞』2009 年 12 月 21 日。

⒃ タイ・カーゴ社のウエブサイト（http://www.thaicargo.com/whatsnew/whatsnew.asp）による（アクセス日：2010 年 2 月 6 日）。

⒄ 空港競争編集委員会編（2003）『空港競争—航空激動の時代に空港はどう競争力を高めるか』海事プレス社，pp29〜30。

⒅ 東アジア地域のハブ空港をめぐる競争激化に関しては，次の拙稿を参照されたい。小島末夫「東アジアの航空輸送と陸上輸送のフロンティア」，池上寛・大西康雄編（2007）『東アジア物流新時代——グローバル化への対応と課題』アジア経済研究所，pp81〜85。

⒆ 大薗友和「次代の牽引力——ダイナミックに変化するアジア」，『ていくおふ』ANA 総合研究所，通号 91 号，2000 年夏季号，pp20〜21。

⒇ 「チャンギ空港の第 3 ターミナル開業——激化するアジア・中東の空港間競争」，『日刊通商弘報』ジェトロ，2008 年 1 月 10 日。

(21) 著者が 2009 年 9 月 9 日に現地ヒアリング調査を行った際，タイ・カーゴ社から直接入手した資料に基づく。

〔参考文献〕

1．池上寛・大西康雄編（2007）『東アジア物流新時代——グローバル化への対応と課題』アジア経済研究所。

2．石川幸一・清水一史・助川成也編著（2009）『ASEAN 経済共同体——東アジア統合の核となりうるか』ジェトロ。

3．大木博巳編著（2008）『東アジア国際分業の拡大と日本』ジェトロ。

第 2 章　ASEAN の航空貨物輸送と航空インフラ整備

4．空港競争編集委員会編（2003）『空港競争——航空激動の時代に空港はどう競争力を高めるか』海事プレス社。

5．ジェトロ（2008）『ASEAN 物流ネットワーク・マップ 2008』。

6．村上英樹・加藤一誠・高橋望・榊原胖夫編著（2006）『航空の経済学』ミネルヴァ書房。

7．日本インターナショナル・フレイト・フォワーダーズ協会（2007）『ASEAN 物流事情調査　その 1　タイ編』。

8．日本航空協会（2009）『航空統計要覧 2009 年版』。

9．牛魚龍主編（2007）『亜州物流経典案例』重慶大学出版社。

10．AIRBUS（2009），Global Market Forecast 2009-2028。

11．OAG Cargo Guide Worldwide，March 08。

（注：本章の一部については紙幅の関係から割愛しました）

第**3**章

三大インテグレーターの航空輸送ネットワークとアジア展開

はじめに

　米国ボーイング社は，向こう 20 年間にわたる世界の航空貨物需要予測を毎年公表している。2014 年 9 月に発表された同社の最新版報告書（Boeing 2014, 3）によると，世界の航空貨物市場は 2013 年〜2033 年の期間に年平均 4.7% の伸び率で成長していくと見込まれ，その成長を主としてけん引するのがアジア域内（同 6.5%）であり，なかでも最大の原動力は中国の国内市場（同 6.7%）だと指摘している。このように世界を取り巻く航空需要は，今後も引き続きアジア地域を軸に拡大していくことが想定されている。

　そうした中で，とりわけ急成長を遂げているのが国際小包の宅配や書類などを扱うエクスプレス（速達貨物）市場である。貨物のカテゴリーは，一般貨物と小口貨物に大きく分類されるが，そのうち後者の小口貨物を始め，宅配便や TD（Time Definite）商品などを総称したものがエクスプレス商品となる。このエクスプレス商品の配送事業を中心に事業を伸ばし，世界中で積極的に航空輸送ネットワークの拡張を図りながら販路を広げているのが，本章で取り扱うインテグレーター（Integrator）と呼ばれる欧米の国際物流大手事業者である。

　インテグレーターとは，「航空会社とフォワーダー（注：混載貨物事業者）両方の機能を併せ持つ輸送事業者のこと」を指す（日通総合研究所 2007, 31）。それは，自社で航空機を保有・運航し，キャリアとして自ら貨物航

空会社となって実運送を手掛けつつ，航空輸送と陸上輸送を統合することで発荷主から着荷主に至るドア・ツー・ドアの配送サービスを国際的規模で提供しているところに大きな特色がある。このため，従来の伝統的な航空会社の業務と区別して彼らのことをインテグレイテッド・キャリア（Integrated Carrier）とも呼ぶ。

　これら欧米の総合物流大手は，上述したようにアジア地域がこれから先も利益獲得の有望な航空貨物市場であり続けると見られることから，日中両国を含む対アジア戦略を強化し今日まで着実に遂行してきている。そこでのグローバルネットワークの確立とエアハブ（拠点）の構築・充実に向け一層注力しているため，特に成長著しい中国市場での競合・競争が一段と激しさを増しつつある。そうした背景の一つには，従前のエクスプレス商品の取扱をめぐる急速な発展に加え，新たにインターネット通販を中心とする国際電子商取引（e コマース）の激増を受けて，インテグレーターの活躍の場が今後ますます高まるものと予想されている点が挙げられる。

　本章では，以上のような問題意識のもとに，「ビッグ・フォー」と称される代表的なインテグレーター4 強のうち，TNT を除く 3 社（以下，三大インテグレーターと略）に焦点を当て[1]，①それら各社の概要と特徴，②世界の航空貨物・エクスプレス市場における位置付け，③エアハブの構築とグローバルネットワークの形成について考察を行う。

第 1 節　三大インテグレーターの会社概要と特徴

　国際物流業界においては，今日まで巨額な大型事業投資を継続して活発に行うなど，その活動が最も際立っているのが大手インテグレーター 3 社（独 DPDHL，米 FedEx/UPS）の動きである。いずれも一様に M&A（合併と買収）を積み重ねることで業容の強化・拡大を図ってきた。後で詳述するように，世界の航空貨物市場では，総量的にもインテグレーターの取扱シェアは既に揺るぎない地位を確保するに至っている。

　とりわけ国際エクスプレス市場の動向を見ると，上記三大業者の寡占体制が一段と進行していることが分かる。しかも，彼らのコアビジネスはあ

第 3 章　三大インテグレーターの航空輸送ネットワークとアジア展開

くまでエクスプレス事業にあるとはいえ，従来から言われてきた「小口貨
物はエクスプレス会社，一般貨物はフォワーダー」という既成概念はもは
やその棲み分けが崩れつつある。そして近年は，大口・重量の貨物分野に
も堂々と進出を果たすなど徐々に業務範囲を拡大し，新たな事業参入にも
誠に目覚ましいものがある。

　2013 年（度）における三大インテグレーターの業績を中心に比較して取
りまとめたのが表1である。総売上高の規模でみると，3 社の間では金額
の大きい順に，DPDHL＞UPS＞FedEx となっている。また単年の実績な
がら，営業利益（純利益も同じ）の面では UPS が最大を数え，次いで DP-
DHL，FedEx と続く。さらにサービスエリアとしては，奇しくも同様に
220 以上の国・地域で並んでおり，その対象が実に国連加盟国の総数をも
上回っていることに驚かされる。

表 1　三大インテグレーターの業績比較（2013年）

インテグレーター	DPDHL	FedEx （フェデラル・エクスプレス）	UPS （ユナイテッド・パーセル・サービス）
創業 本社	1969 年 ドイツ ボン	1973 年 米国テネシー州 メンフィス	1907 年 米国ジョージア州 アトランタ
売上高	733 億 7,000 万ドル	442 億 8,700 万ドル	554 億 3,800 万ドル
営業利益	38 億 1,100 万ドル	25 億 5,100 万ドル	70 億 3,400 万ドル
純利益	27 億 8,500 万ドル	15 億 6,100 万ドル	43 億 7,200 万ドル
従業員数	48 万人	30 万人以上	39 万 5,000 人
保有・使用機	250 機以上	647 機	530 機（うち自社機 237 機）
配送車両	6 万 2,000 台	9 万台以上	10 万 3,000 台
	〈エクスプレス部門〉	〈エクスプレス部門〉	〈国際小包部門〉
売上高	169 億 3,170 万ドル	271 億 7,100 万ドル	124 億 2,900 万ドル
営業利益	15 億 910 万ドル	5 億 5,500 万ドル	17 億 5,700 万ドル
デイリーフライト	2,420 便	—	1,955 便〜国内 940 便を含む
乗入空港数	500	375	389（国際）

（出所）各社の年報などより著者作成。
（注）1）FedEx のみ 6 月〜5 月の年度。
　　　2）DPDHL の金額については，2013 年におけるユーロ・ドル相場の高値と安値の中間値
　　　　（1 ユーロ＝ 1.33195 ドル）を基に算出。

以下では，まずこれら三大インテグレーターの各社ごとに，その概要と特徴について明らかにする。

1．DPDHL

　DHL はもともと，ダルシー（Dalsey），ヒルブロン（Hilblom），リン（Lynn）の3人が，1969年に米国のサンフランシスコとハワイ諸島の間で船荷証券（Bill of Lading: B/L）の緊急配送サービスを開始し，クーリエ（書類等）輸送会社として誕生したことに始まる。それぞれの頭文字を合わせた「DHL」は，世界で初めて国際エクスプレス便を取扱うブランドとなり，新会社の名前にも付けられた。だが，民営化されたドイツポストが1998年に DHL インターナショナルに資本参加（22.5％）して以来，徐々にその比率を高め，2002年末には同社が遂に DHL の全株を買い取ることで完全子会社化し，その傘下に収められた。

　その後2009年には，以前の社名であるドイツポスト・ワールドネット（Deutsche Post World Net: DPWN）が現在の「ドイツポスト DHL: DPDHL」に変更され，新たな戦略「Strategy2015」（世界のロジスティクス企業になるという目標を設定）が発表された。また同年から DHL は，世界を代表する郵便事業とロジスティクス事業を併せて行う新生「DPDHL」のグループブランド名として使用されるようになった。具体的には，郵便部門の一部のほか，主として DHL エクスプレス，DHL グローバルフォワーディング＆フレイトおよび DHL サプライチェーンの3部門で営業活動が行われている。これを部門別売上高のシェアで見ると，エクスプレス部門が23.1％，グローバルフォワーディング＆フレイト部門が26.9％などである。

　この間，DHL は主に次のような一連の企業買収により国際化を推し進めてきた。

　1999年：スイスの大手ロジスティクス企業ダンザスを買収。

　2003年：米国で3番目の航空貨物会社エアボーンの子会社エアボーン・エクスプレスを買収。ここに全米を網羅するネットワークが完成。

　2005年：英国の物流最大手エクセルの買収手続きを完了。

第 3 章　三大インテグレーターの航空輸送ネットワークとアジア展開

　こうして DPDHL は，国際物流業界のリーディングカンパニーとして
更なる発展を続け，今や世界最大規模の郵便・物流企業グループにまで成
長している。

　2．FedEx（FDX）
　FedEx（Federal Express）は最初，元米国海兵隊員でベトナム帰りの当
時まだ 27 歳のフレデリック・スミス（Frederick W. Smith。現会長，社長
兼 CEO［最高経営責任者］）によって，1971 年に米国アーカンソー州リト
ルロックで設立された。しかし，1973 年にはテネシー州メンフィスの国
際空港に拠点が移されたほか，仏ダッソー社製ファルコン 20 小型旅客機
の改装貨物機（3 トンの貨物搭載）を使い，米国主要都市へのエクスプレス
配送サービスの営業を本格的にスタートさせたことから，公式には同年を
以て創業時とみなしている。
　米国カーター政権の下で打ち出された 1978 年の航空会社規制緩和法に
より，同社のサービス領域が急速に増大した。加えて，1980 年代半ば以
降には，次の買収案件で一挙に世界への航空輸送ネットワークの構築が進
むこととなった。すなわち，
　1984 年：国際クーリエ会社のジェルコ・エクスプレス・インターナシ
　　　　　ョナルを買収し，同時にアジア・太平洋ビジネスを開始。
　1989 年：世界最大の航空貨物輸送会社であったフライングタイガー航
　　　　　空を傘下に持つ親会社のタイガーインターナショナルを買収（約 8 億
　　　　　8,000 万ドル）し，アジア地域に対する航空権益を獲得。
　1998 年には持ち株会社としての FedEx Corporation が設立されており，
現在その傘下にあるグループ事業会社は，セグメント別に次の 4 つの部門
から構成されている。つまり，FedEx（FDX）エクスプレス，同グラウン
ド，同フレイト，同サービスの 4 つである。このうちエクスプレス部門は
2013 年度（2013 年 5 月期）に売上高全体の 6 割超を生み出しており，当部
門がまさに主力事業であることが分かる。また当社の年報より同期の部門
別収益構成を見てみると，なかでもエクスプレス輸送の比率が高く，例え
ば US Overnight Box（米国内での翌日配送サービスを提供）が全収益の

24.0%，International Priority（国際市場へのエクスプレス・サービスを提供）が24.2%と，それぞれ四分の一近いシェアを占めている。

FedExの強みとして指摘されているのが，次に示す二つのグローバルネットワークの存在である（山口2014）。そのうち第一は，物流ネットワーク―空と陸を結ぶ画期的アイデアが生んだ業界初のハブ＆スポークシステム[2]―を考案。第二は，情報通信ネットワーク―創業時よりいち早くIT分野に投資を行い，1980年には早くもコンピュータによる貨物の追跡システム―を導入。とりわけ世界的にも屈指の647機という米国の大手航空会社並みの自社航空機を保有[3]していることで，グローバルに自社ネットワークを確立し，ドア・ツー・ドアのサービスを提供しているところが特徴的である。

3．UPS

UPS（United Parcel Service）は，1907年に当時弱冠19歳のジェームス・ケーシー（James E. Casey。初代の会長兼CEO）が友人から借りた100ドルを元手に，まずメッセンジャー・サービス会社（American Messenger Co.）として米国ワシントン州シアトルで設立された。1919年には事業をカリフォルニア州オークランドへと拡大し，同時に社名を現在の名前に改称した。そして2007年には創業100周年を迎えるなど，今や世界で最も長い歴史と経験を有する総合物流大手企業に成長している。

とはいえ，1980年代までは全米を対象とする自動車による小口貨物配送の業務が主体であり，宅配業者として圧倒的なシェアを獲得していた。その後，同年代半ば頃から国際航空分野にも本格的に参入し始め，自社機を運用して米国国内のみならず国際間のエクスプレス・サービスも取り扱うようになった。

同社はまた21世紀に入り次のような幾つかの買収案件を通じて，着々と経営の多角化を図ってきている。

2001年：米国最大の通関事業者フリッツ・カンパニーを買収。

メイル・ボックス・エトセトラを買収することで小売りビジネスにも参入。

第3章　三大インテグレーターの航空輸送ネットワークとアジア展開

2004年：フォワーダーのメンロー・ワールドワイド・フォワーディングを買収。

2005年：オーバーナイト買収により北米重量帯貨物の陸上輸送サービスを拡充。

UPS では2013年12月現在，米国国内貨物事業，国際貨物事業，サプライチェーン＆フレイト事業という3つのセグメントに分けて，情報が公開されている。これら事業別に収益構造を見ると，事業基盤となっている米国国内貨物が売上高で340億7,400万ドル（うち7割余が陸上輸送）と全体の6割強を占めており，営業利益でも65.4％とその大部分が同事業から生み出されていることを物語っている。ちなみに，国際小包などの国際エクスプレス事業は124億2,900万ドルと総売上高の2割強で，規模は国内貨物の三分の一に留まる。

第2節　世界の航空貨物・エクスプレス市場で際立つ存在

1．上位占める航空貨物輸送量・取扱量

戦後の1945年に設立された民間航空会社の協力機関である国際航空運送協会（International Air Transport Association: IATA）は，世界航空輸送統計をまとめ毎年発表している。リーマンショック以前の2007年，世界景気が回復した2010年および最近の2013年という三時点比較により，航空会社別に貨物輸送実績の推移を示したのが表2である。それを見ると，これまでほぼ一貫して世界ランキングの1，2位を独占してきたのが，米系インテグレーターの FedEx と UPS の2社である。しかも，3位以下の航空会社の実績を大きく引き離していることが目立つ。

次に重量ベースとトンキロベースにそれぞれ分け，さらに国際線と国内線および総合（国際＋国内）の各輸送量ランキングについてもう少し詳細に捉えると，以下の点が明らかになる。

2014年8月に公表された IATA の2013年における最新統計によれば，国際線と国内線の実績を足し合わせた航空貨物輸送量の総合順位では，重

表 2 航空会社別の世界航空輸送量ランキングの推移

輸送重量（単位：千トン）

航空会社	2007年				2010年				2013年					
	順位	国際線	順位	総合(国際+国内)	順位	国際線	順位	総合(国際+国内)	順位	国際線	順位	国内線	総合(国際+国内)	順位
FedEx	1	1,832	1	7,296	1	1,965	1	6,949	2	1,970	1	5,110	7,080	1
UPS	3	1,538	2	5,004	4	1,580	2	4,509	3	1,404	2	2,682	4,086	2
エミレーツ	8	1,260	8	1,260	2	1,777	4	1,777	1	2,146	–	–	2,146	3
大韓航空	2	1,567	4	1,757	3	1,661	3	1,805	4	1,365	25	84	1,449	4
キャセイパシフィック	6	1,353	6	1,353	5	1,579	5	1,579	5	1,338	–	–	1,338	5
TNT航空	36	198	38	210	30	256	34	256	29	312	26	–	312	35
DHLインターナショナル	46	129	–	–	41	133	–	–	–	–	–	–	–	–
ボーラー・エア・カーゴ	–	–	–	–	–	–	–	–	37	225	–	82	308	37
エア・ホンコン	–	–	–	–	–	–	–	–	36	244	–	–	244	43
エアロ・ロジック	–	–	–	–	–	–	–	–	41	204	–	–	204	48

輸送トンキロ（単位：百万トンキロ）

航空会社	2007年				2010年				2013年					
	順位	国際線	順位	総合(国際+国内)	順位	国際線	順位	総合(国際+国内)	順位	国際線	順位	国内線	総合(国際+国内)	順位
FedEx	5	6,470	1	15,710	5	7,421	1	15,743	3	7,691	1	8,436	16,127	1
UPS	10	5,077	2	10,968	8	5,215	2	10,194	7	5,545	2	5,039	10,584	2
エミレーツ	8	5,497	9	5,497	3	7,913	5	7,913	1	10,459	–	–	10,459	3
キャセイパシフィック	3	8,225	5	8,225	1	9,587	3	9,587	2	8,241	–	–	8,241	4
大韓航空	1	9,498	3	9,568	2	9,487	4	9,542	4	7,635	–	–	7,666	5
ボーラー・エア・カーゴ	–	–	–	–	–	–	–	–	34	1,479	8	477	1,956	31
TNT航空	–	–	–	–	39	959	39	959	37	1,386	–	–	1,386	37
エアロ・ロジック	–	–	–	–	–	–	–	–	39	1,343	–	–	1,343	39
エア・ホンコン	–	–	–	–	–	–	–	–	49	565	–	–	–	–

（出所）IATA『World Air Transport Statistics（WATS）』各年版より著者作成。

第3章　三大インテグレーターの航空輸送ネットワークとアジア展開

量部門およびトンキロ部門ともに首位がFedEx（輸送重量は合計708万トン），2位がUPS（同409万トン），3位がドバイのエミレーツ航空（同215万トン）となっており，前年の2012年と変動なく上位は同じ順位のままであった。ちなみに，日本の全日空（ANA）は106万トンでベスト10圏外の11位，日本航空（JAL）は60万トンで21位。

　ところが，そのうち国際ランキングだけに絞ってみると，両部門とも前年に引き続きエミレーツ航空が首位を独占しており，10％前後の高い成長率で逆に2位のFedEx（重量部門。トンキロ部門では3位）以下の航空会社を上回り突出している点が注目される。近年は特に中東大手の勢いが強まる傾向にあり，その他のカタール航空やエティハド航空も順位がそれぞれランクアップしている。

　このように米系インテグレーターの航空貨物輸送の中で，重量・トンキロ部門とも輸送実績の増加に大きく貢献しているのは，今なお国際線にあるのではなくて，実は米国国内の輸送に半ば依存している姿が読み取れる。事実，FedExでは貨物売上高の56％を，またUPSの場合は同73％を依然として米国の国内市場でそれぞれ稼ぎ出しているとの指摘もある（Bowen Jr. 2012, 421）。

　なお，DHLの動向に関連して付け加えるならば，2012年まではDHLインターナショナルの輸送実績として記載されていた。だが，翌2013年の表からは欠落しており，同社と資本・業務関係にあるパートナーの航空会社（例えば，ポーラー・エア・カーゴ[4]，エア・ホンコン[5]など）の取扱数量がそこに反映され，徐々にその比重を増してきているようだ。

　一方，視点を変え主要空港別に貨物取扱量の推移を辿ってみると，表3のとおり香港国際空港が2010年以降，世界一に浮上しており，それまで首位だったFedExの牙城であるメンフィス国際空港を抜き長らくトップの座にあることが注目に値する。世界で最も航空貨物取扱量の多かった空港こそ香港のチェクラップコク空港であり，2013年の年間取扱量は前年比2.6％増の417万トンを記録している。これは，国際空港評議会（Airports Council International: ACI）がまとめた国内・国際貨物取扱ランキングに基づくもの。香港と言えば，後でも触れるように，DHLが早くから

217

表3　ハブ空港別の世界航空貨物取扱量ランキング

(単位：千トン)

インテグレーター	ハブ空港	2007 年		2010 年		2013 年	
		順位	貨物取扱量	順位	貨物取扱量	順位	貨物取扱量
DPDHL	香港	2	3,774	1	4,166	1	4,162
	上海・浦東	4	2,559	3	3,228	3	2,929
	ライブチヒ(独)	−	−	−	−	26	878
FedEx	メンフィス(米)	1	3,840	2	3,917	2	4,138
	シンガポール	11	1,918	11	1,841	12	1,886
	広州	30	695	21	1,144	18	1,310
	大阪(関西)	25	846	26	759	30	682
	パリ(仏 CDG)	6	2,298	6	2,399	9	2,069
	ケルン(独)	29	710	−	−	27	717
UPS	ルイビル(米)	9	2,079	10	2,167	7	2,216
	上海・浦東	4	2,559	3	3,228	3	2,929
	深圳・宝安	−	−	25	809	24	913
	ケルン(独)	29	710	−	−	27	717

(出所) ACI『WORLD AIRPORT TRAFFIC REPORT』各年版より著者作成。

そこに「セントラル・アジアハブ」施設を設置し，拠点空港として長年利用してきたことで知られる。

　また FedEx，UPS のメインハブとなっているメンフィスとルイビルの両空港は，それぞれ前年比 3.0％増の 414 万トン（世界第 2 位），同 2.2％増の 222 万トン（同 7 位）といずれも堅調な伸びを維持している。

　そうした半面，DHL と UPS がともにエアハブを置いている上海・浦東国際空港での貨物荷動きは，ここ数年来，中国経済の減速や対外貿易の伸び悩みなどを反映してか，低調なままの状態が継続されている。中国最大の取扱量を誇るものの 2013 年の場合には，前年比 0.3％減の 293 万トン（世界第 3 位）とほぼ横ばいであった。

2．国際エクスプレス市場で圧倒的なシェア

　ところで，欧米系インテグレーターのまさに独壇場となっている主な舞台が国際エクスプレス市場である。

第3章　三大インテグレーターの航空輸送ネットワークとアジア展開

表4　国際エクスプレス市場におけるトップ4企業の地域別シェア（2011年）

地域（市場規模）	1位（シェア）	2位（シェア）	3位（シェア）	4位（シェア）
アジア太平洋 (74.87億ユーロ)	DHL（40%）	FedEx（21%）	EMS（14%）	UPS（10%）
米州（73.52億ユーロ）	FedEx（50%）	UPS（30%）	DHL（16%）	TNT（1%）
欧州（68.13億ユーロ）	DHL（41%）	UPS（23%）	TNT（14%）	FedEx（10%）

（出所）Deutsche Post DHL『2013 Annual Report』p27 より著者作成。
（注）EMS は Express Mail Service の略で，国際スピード郵便のこと。

　実際，同市場におけるトップ4企業の地域別シェア（2011年）を見ると，市場規模の面で最大のアジア太平洋地域[6]を始め，米州，欧州地域とも全てにわたり，欧米系インテグレーターが断トツの地位を占めている（表4）。当該市場で総合的に最もシェアが高いのは DHL であり，次いで FedEx，UPS がそれに続いている。そのうちアジア太平洋地域に限ると，2003年段階では国際エクスプレス便の市場占有率は DHL がやはり 27%とトップで，次に FedEx の 25%，UPS の 15%，TNT の 7%などの順であった。つまり全体としては，DHL のシェアが 27%→2011年の 40%へと大幅な増加傾向にあるのに対して，後塵を拝する米系インテグレーターの2社（FedEx と UPS）は対照的にいずれもそのシェアを5ポイントほど下落させていることが理解される。

　いずれにせよ，1990年代後半から今日に至るまで，前述した「ビッグ・フォー」（4強）の合計シェアが世界の主要な各地域で軒並み8割前後にも達しており，国際エクスプレス市場は文字通り彼らの寡占状態にあると言えよう。

　こうして欧米系インテグレーターの活発な事業拡大に伴い，世界の航空貨物輸送全体の中で1992年に総量のわずか4.1%を占めるにすぎなかった国際エクスプレス関連の取扱シェアは，2008年時点の13.4%を経て2013年には17.0%まで上昇している。この間，発送1件当たりの平均重量も着実に伸びており，1992年の 2.7 kg から 2013年の 6.6 kg へと増大した（Boeing 2014, 7）。

第3節　エアハブの構築とグローバルネットワークの形成

1．米州・欧州・アジア太平洋の三極体制とマルチハブ戦略の推進

　欧米系のインテグレーターは，市場規模を踏まえながら以上で述べたような状況を受けて，基本戦略として大きくは米州，欧州，アジア太平洋という三つの地理的市場に世界を区分している。

　その得意としているエクスプレス・サービス業界においては，顧客が何より求める最も重要な要素がスピードである。それを下支えしているものが，エアハブ施設および航空輸送ネットワークとなる。このため，いずれも世界各地にある自社ハブ施設への積極投資が行われ，能力増強に努めているのが実態である。

　なかでも市場規模の一番大きいアジア太平洋地域では，「マルチ・ハブ

表5　欧米系インテグレーターの国際エクスプレスハブ

地域	空港	ハブの内容
アジア	関西	FedEx の北太平洋地区ハブ
	上海・浦東	DHL の北アジアハブ
		UPS の国際ハブ
		FedEx の上海インターナショナル・エクスプレス・アンド・カーゴハブ（2017 年早期の稼動予定）
	深圳	UPS のアジア域内ハブ
	広州	FedEx のアジア太平洋地区ハブ
	香港	DHL のセントラル・アジアハブ
	シンガポール	FedEx の南太平洋地区ハブ
米　国	シンシナティ	DHL の米国ハブ
	ルイビル	UPS のエアハブ「ワールドポート」
	メンフィス	FedEx の「スーパーハブ」
欧　州	ライプチヒ	DHL のセントラル・エアハブ
	ケルン	UPS の欧州エアハブ
		FedEx の欧州域内ハブ
	リエージュ	TNT の欧州エアハブ
	パリ	FedEx の欧州ハブ

（出所）『日刊　CARGO』2014 年 4 月 9 日より著者作成。

第3章　三大インテグレーターの航空輸送ネットワークとアジア展開

戦略の下、ハブの用途をイントラアジア輸送とグローバル輸送に分けた取り組みが加速」しているのが顕著である（2014年4月9日付け『日刊CARGO』）。こうして同地域では、複数の拠点化で航空輸送の需要に対応していこうとの姿勢がうかがわれる。

　それでは、エアハブの構築に関して具体的にどのような対応がなされているのであろうか。大手各社による取り組みの進捗状況について、主に上記の『日刊CARGO』記事や各社のホームページおよびニュースリリースなどを参考に紹介すると、以下のとおりである（表5参照）。

(1)　DPDHL

　まずDPDHLでは、世界中にグローバルハブが市場別の三極体制に対応する形で、米シンシナティ、香港、独ライプチヒの3カ所にある。加えて、メイン・リージョナル・ハブがその他の19カ所[7]に置かれ、うちアジア地域ではバンコク、シンガポール、上海の3カ所に上っている。

　上で述べた三極ごとにその動きを見ていくと、2013年6月、米国オハイオ州シンシナティのノーザン・ケンタッキー空港にある「米国ハブ」の拡張工事の完了が発表された。投資額は1億500万ドルで、工期は4年間。同ハブをグローバルハブと位置づけ、日本のみならず、アジアや同域内、さらに豪州、中南米との接続性の向上にもつなげていくという。また同年12月には、ドイツ・ライプチヒのハレ空港内にある「欧州セントラル・エアハブ」の拡張計画が発表された。従来はベルギーのブリュッセルが同エアハブを運用していた。しかし、夜間便規制の厳格化、事業拡大に伴うキャパシティーの狭隘化、さらには成長著しい中東欧地域での発展をも視野に入れ、当地へのハブ機能の移転が決められた。

　一方、アジア太平洋地域では2012年7月、中国上海の浦東国際空港で「北アジアハブ」が稼働した（投資額は1億7,500万ドル）。DHLは2004年8月に香港国際空港内に同社としてアジア太平洋地域最大の「セントラル・アジアハブ」を構え、施設の拡張計画（当初より5年前倒しで2008年9月に完了）も推進してきた。その「北アジアハブ」は、同社の同地域におけるハブとしては香港を上回り最大規模となった。

⑵　FedEx

　FedEx は，世界中に 1,200 のサービス拠点（米国国内に 640，米国以外に 560）を設置している。またエアハブとしては，各地域に以下のような 10 拠点がある。すなわち，

　　・米国：メンフィス（テネシー州，スーパーハブ），アンカレッジ（アラスカ州），フォートワース（テキサス州），インディアナポリス（インディアナ州），ニューアーク（ニュージャージー州），オークランド（カリフォルニア州）。
　　・カナダ：トロント（オンタリオ州）。
　　・中南米：マイアミ（米フロリダ州）。
　　・欧州・中東・アフリカ：パリ。
　　・アジア太平洋：中国広州。

　このうち米国メンフィスにある「スーパーハブ」では，温度管理専用施設が整備されている。同施設の規模は約 8,200 m²。そこでは冷凍・冷蔵・常温という三つの温度帯で管理される。また欧州では 2010 年 10 月，ドイツのケルン・ボン空港に「欧州域内ハブ」が開業した。同ハブは，同年 6 月にフランクフルトから移転されたもの。ドイツ国内や欧州域内でのサービスを拡充するほか，東欧地域での事業基盤の強化を図ることが主な狙いである。

　他方，アジア太平洋地域では近年，集荷拠点としてのエアハブの建設ラッシュが一段と進んでいる。まず 2009 年 2 月，中国広州の白雲国際空港で「アジア太平洋地区ハブ」（敷地面積 8 万 2,000 m²）が開業したのを皮切りに，2012 年 10 月にシンガポールのチャンギ国際空港で「南太平洋地区ハブ」を開業し，2014 年 4 月には関西国際空港に「北太平洋地区ハブ」（敷地面積 3 万 9,500 m²）が新しく開設された。そのほか，いま最も耳目を集めているのが，上海・浦東国際空港で整備されつつある「上海インターナショナル・エクスプレス・アンド・カーゴハブ」（2017 年早期の稼働予定）の動向である。同規模は 13 万 4,000 m² と広州ハブを大幅に超え，米国以外では最大となる模様だ。それは，今後 20 年間にわたるアジア太平洋市場の成長性などにも十分対応できるような施設とする計画である。

(3) UPS

UPS では，ベース空港のルイビル（米国ケンタッキー州）にメインハブとしての「ワールドポート」が稼働している。また世界各地に米国内の6カ所を含め，以下に示す合計12カ所のエアハブを設置する構造をとっている。

- ・米国：ルイビル（ケンタッキー州，メインハブ），フィラデルフィア（ペンシルバニア州），ダラス（テキサス州），オンタリオ（カリフォルニア州），シカゴ・ロックフォード（イリノイ州），コロンビア（サウスカロライナ州）。
- ・カナダ：ハミルトン（オンタリオ州）。
- ・中南米：マイアミ（米フロリダ州）。
- ・欧州：ケルン・ボン（独）。
- ・アジア太平洋：香港，上海，深圳。

2014年3月，ドイツのケルン・ボン空港に構える「欧州エアハブ」施設の拡張工事が終了（2億ドル投資。第一弾は2006年1月に完了）し稼働した。この結果，作業エリアは10万5,000 m²にまで拡大し，拡張に伴う増築部分の一部については，大型のエクスプレス・フレイト貨物の専用処理エリアとなっている。

一方，アジア太平洋地域においては，香港国際空港にエアハブが設けられているほか，2008年12月に上海・浦東国際空港内の大型ハブ（敷地面積10万5,000 m²）が操業を始め，2010年5月には深圳・宝安国際空港にアジア域内ハブ（同8万9,000 m²）が開設された。

2．ハブ＆スポークシステムの外延的拡大

このように国際エクスプレス大手のインテグレーター各社は，世界各地で自社ハブ施設の拡張を鋭意進めている状況にある。しかしながら，昨今では世界的に航空貨物輸送のスペース供給量が需要量を上回っていることもあり，そうしたエアハブの機能を有効にどう活かしていくかが問われている。換言すれば，それを基盤に如何に効率的かつ柔軟な航空輸送ネットワークが形成され，グローバルな国際エクスプレス配送サービスをシーム

レスにうまく展開していけるかどうかが焦点となっているのである。

そこでここでは，ハブ＆スポークシステム導入の元祖と言えるFedEx の航空輸送ネットワークを主な事例として取り上げ，なかでもアジア地域でこれまで実施されてきた「アジアワン」ネットワークへの活用を中心に検討する。

上記三大インテグレーターの間では，世界の各地で激しい覇権争いが繰り広げられる中，それぞれ集配拠点の拡大を図ると同時に，グローバルな航空輸送ネットワークの構築にも尽力されてきた。

自社航空機の地域別運航状況を基に各社による航空輸送ネットワークの国際展開から比較してみると，いずれも共通項として特に中国を軸としたアジア域内での運航強化に向け注力している姿勢が浮かび上がってくる。例えば，DHL は，1990 年代末には主に欧州域内と中東域内で自社機を中心に運航していたものが，21 世紀に入って以降は太平洋路線に一部参入するようになったほか，アジア域内での運航強化に重点が移行している。次に FedEx は，他のライバル社に先駆けて行った海外展開と IT 化を駆使しつつ，ハブ＆スポークシステムを豊富な自社運航機で結びつけることによって，グローバルにシームレスな航空輸送ネットワークを確立している。とりわけ欧州～アジア路線のほか，近年ではアジア域内でのネットワーク強化が図られてきている。さらに UPS の場合も，チャーター分を含めると保有・私用機は FedEx に次いで多く，近年ではアジア域内と中南米への運航を強化していることがうかがわれる（石川 2007, 45-46）。

このうち FedEx に関しては，航空貨物を単に最短の直線距離で結び地点間輸送（ポイント・ツー・ポイント型）するのではなく，集荷された貨物を全米規模でまず 1ヵ所の拠点（ハブ）に集めて分類をかけたのち，各地に翌日には届けるという "翌日配送サービス" を他社よりいち早く提供するようになった点が大きな特徴である。これは，航空貨物の集配基地と航空路線の関係を車輪の軸部と輻に例えた表現であるハブ＆スポークシステムを，航空貨物輸送の世界に導入したことで初めて可能となった。こうしたハブ理論の中心に位置付けられているのが，中央仕分けハブが設置されたスーパーハブとしての米国メンフィス国際空港である。

第3章　三大インテグレーターの航空輸送ネットワークとアジア展開

　それでは，FedEx のグローバル戦略は他社と比べ一体どこが異なっているのであろうか。簡潔に表わすと，それは次の指摘に集約される。すなわち，「米国での一点集中ネットワークを世界規模で拡大するのがその戦略。つまり，アジアと欧州でそれぞれ巨大ハブを真ん中に置き，周りに衛星的な拠点を展開するという考えである。」（伊倉 2011, 668）この考え方に基づき，事実，全米ネットワークの仕組みとノウハウを適用できるような航空機による国際航空輸送ネットワークを構築することで，アジアや欧州とのネットワークにつなげた巨大なハブ＆スポークシステムが出来上がったのである。それが，以下に述べるアジア地域における「アジアワン」ネットワークであり，また欧州地域おける「ユーロワン」ネットワークにほかならない。

　FedEx の海外展開の中でアジア地域に関する「アジアワン」ネットワークについては，まず 1995 年 9 月，フィリピンのスービック湾にハブ＆スポークシステムの役割を担う「アジア太平洋地区ハブ」が設置された。これにより，同地と米国の間を直結するだけでなく，アジア太平洋域内でも米国のメンフィスと同様な取り扱いを開始したのであった。アジアの主要都市に一晩での貨物輸送を可能にする新しい同域内輸送ネットワーク，すなわち「アジアワン」ネットワークがここに構築されたのである。次いで翌 1996 年には，中国の上海と北京をそのスービック湾のハブにリンクさせることで，同ネットワークが拡張された。ちなみに，欧州地域では類似のハブを仏パリのシャルル・ド・ゴール（CDG）空港にも設置し，同地域の主要都市間をドア・ツー・ドアで一貫輸送する「ユーロワン」ネットワークが 1999 年に導入された（石川 2004, 223-227）。

　さらに FedEx は，懸案であったアジア太平洋地区ハブの中国広州・白雲国際空港への移転を，2009 年 2 月にようやく実現させた。中国の広州市が同地域のメインハブとして選定された理由のひとつには，中国の中でも対外貿易で一段と比重を増した珠江デルタを擁する広東省が，特に電子産業の分野で極めて重要になってきたことが挙げられる。

　この新たな「アジアワン」フライトネットワークの運用により，遠方は米州や欧州はもちろん，アジアの諸国ともそのビジネスを中国に結び付け

て便数を増やし，中国の各都市への新しい空輸サービスの提供が積極的に行われている。具体的なルートを追ってみると，まず広州と他のエアハブであるシンガポールおよび関西国際空港の間の幹線については，大型の双発ワイドボディ機のボーイング B777 型機（貨物搭載量　約 100 トン）が利用され，広州からアジアの主要都市であるソウル，上海，成田，クアラルンプール，バンコクなどへは，大型のボーイング MD-11 型機（同　80 トン以上）が使用されている。またその他のマニラ，ハノイ，ホーチミン，インドのデリーやムンバイとの間は，中長距離用で中型のエアバス A310 型機（同　約 40 トン）を運航していることからも明らかなように，それぞれ使い分けられて飛ばしているのが読み取れる。

　なお，中国国内の主要都市間は浙江省杭州市にある蕭山国際空港が国内ハブとしての役割を負っている。またメインハブの広州と隣接した深圳・香港の間は通常，トラックで輸送されているという。

おわりに

　本章では，世界の航空貨物輸送業界で一般にインテグレーターと呼ばれる欧米の国際物流大手 3 社（DPDHL，FedEx，UPS）の動向に分析の焦点を合わせた。そして主力の国際エクスプレス事業を中心に，彼らによるエアハブの構築と航空輸送ネットワークの形成および対アジア・中国の事業展開などの状況について，主に考察した。

　このうち世界最大手の DPDHL は，航空輸送の分野で他社に大きく依存するというハンデを背負いながらも，主要な国際エクスプレス市場（米州を除く）で圧倒的なシェアを占めている。また米系インテグレーター 2 社の中では，米国内での「一点集中ネットワーク」を進めたハブ＆スポークシステムの元祖 FedEx は，その強みとされる物流ネットワークと情報通信ネットワークを武器に，世界屈指の自社保有機も抱えながらグローバルに輸送網を確立し，ドア・ツー・ドアサービスの強化・拡充に尽力している。一方，最も長い歴史と豊富な経験を有する UPS は，もともと全米

を対象とする自動車による小口貨物配送の陸上物流が主体であった。その後，米国国内のみならず国際間のエクスプレス・サービス分野にも参入し，それを取扱うようになった経緯がある。こうして両社とも，業務的には利益獲得の主な源泉はあくまでなお米国の国内市場にあり，海外展開については DPDHL と比べ相対的にやや立ち遅れていることを指摘した。

　加えて，航空貨物市場でいま最も成長著しい中国に関しては，上記 3 社とも揃って拠点としてのエアハブを各地に構えるなど，一段と激しい競合・競争が繰り広げられている実態の一端につき明らかにした。

　しかしながら，本章ではまだ十分に取り上げられなかった諸点が課題として残る。まず，中国の国内市場をめぐるネットワーク展開である。また，中国の橋頭堡である上海・浦東国際空港における三つ巴の激しい争いの行方である。中国市場において，特に上海・浦東国際空港では，世界でも他に類のない三大インテグレーターが地域ハブを既に設けているか，または建設の途上にある。このことから各社にとってその位置付けと役割の重要性について考える必要があろう。

　次に，対日本と対中国の進出方法の比較と問題点である。今回は主に中国進出の状況を明らかにしたが，アジアのもう一つの経済大国である日本への進出過程を比較し，その共通点と相違点について検討する必要がある。

　最後に，グローバルネットワーク下における対アジア・中国航空輸送ルートの拡張などである。主に米中航空協定や日米・日中航空協定の締結に基づく，路線配分や主要空港における発着回数の推移と航空輸送ネットワークの形成・延長についても見る必要があろう。これらの動きなどについては，今後の課題として改めて考察することとしたい。

［注］
(1) 代表的なインテグレーターとしてよく知られているのは，ドイツポスト傘下の DPDHL，米国の FedEx や UPS，オランダの TNT といった 4 強（「ビッグ・フォー」）である。ただ，そのうち TNT に関しては，売上規模の面で他の 3 社と比べかなり見劣りがすること，さらには 2012 年時点で TNT エクスプレスが UPS による買収で一度合意（後に欧州委員会からの反対でとん挫）に達した事実があること，などを主な理由に本稿では取り上げないことにした。
(2) ハブ＆スポークシステム（Hub and Spokes System）は，「拠点（ハブ）となる

空港・港湾から放射状の路線（スポーク）を展開させ，拠点間を基幹航路で大量輸送するネットワークを構築，ハブで貨物の積み替えを行う輸送方式のこと」を言う。もともとは航空輸送で始まったシステムであるが，その後海上輸送でも使われている。（日通総合研究所 2007, 139）

(3)　2013年末現在のIATA加盟航空会社約300社の中でトップ50の保有機一覧統計をみると，上位3社は上から順にデルタ航空（743機），ユナイテッド航空（693機），FedEx（647機）となっている。FedExの保有数は世界第3位にランクされており，4位のアメリカン航空（627機）や5位の中国南方航空（558機）を上回った形である。

(4)　DPDHLのエクスプレス部門であるDHLエクスプレスは，太平洋横断ルートの航空戦略の一環として，2006年10月に米国のアトラス・エア・ワールドワイド・ホールディングス（Atlas Air Worldwide HD:AAWW）傘下のポーラー・エア・カーゴ・ワールドワイド（Polar Air Cargo Worldwide :PACW）の株式49%を取得した。残り51%はAAWWが出資。併せてグローバルな市場において，PACWの航空機使用に関する長期保証（20年間）を得る戦略的パートナーシップ契約も締結済みである。（『CARGO』2007年8月号，PP42-46）

(5)　エア・ホンコン（中文名：香港華民航空）は，3名の香港商人が共同出資して1986年11月に設立された。2002年2月に至り，香港のキャセイパシフィック（国泰航空）傘下に入って，その子会社となった。その後，DPDHLが同社の株式をキャセイ航空から40%取得している。

(6)　ここで述べるアジア太平洋地域は，オーストラリア，中国，香港，インド，インドネシア，日本，マレーシア，ニュージーランド，シンガポール，韓国，台湾，タイ，ベトナムの13カ国・地域から構成される。

(7)　DPDHLの世界19カ所に設置されたメイン・リージョナル・ハブは以下のとおり。すなわち，
・米州：マイアミ，パナマ。
・欧州：アムステルダム，ベルガモ，ブリュッセル，コペンハーゲン，イースト・ミッドランド（英），フランクフルト，ロンドン，マドリード，マルセイユ，パリ，ビトリア（西）。
・中東・アフリカ：バーレーン，ドバイ，ラゴス。
・アジア：バンコク，上海，シンガポール。

〔参考文献〕

＜日本語文献＞

伊倉義郎（2011）「絶対マジにOR，FedExとUPSの仁義なき戦い（＜連載＞エデルマンの勇者たち(3)）『オペレーションズ・リサーチ：経営の科学』56（11）11月PP666-669。

石川実令（2004）「フェデックス社の国際ネットワーク戦略——ハブ・アンド・スポー

ク・システムの国際展開を中心に——」中央大学商学研究会『商学論纂』45（5・
　　6）　6 月　PP195-228。
———（2007）「インテグレーターとグローバル・ロジスティクス・システム——戦略
　　展開と寡占体制——」『運輸と経済』運輸調査局　67（12）12 月　PP42-51。
石坂正男（2009）「インテグレーターの対中進出と中国事業展開」『中国現代物流の発展
　　動向と課題』国際貿易投資研究所　PP135-158。
井上昭憲（2007）「DHL エクスプレス in USA」『CARGO』8 月　PP38-55。
井上昭憲，岩橋真通（2007）「特集　UPS 100 周年」『CARGO』9 月　PP53-65。
岩橋真通，稲垣健（2006）「特集　FedEx」『CARGO』12 月　PP10-26。
小島末夫（2008）「競争激化する東アジアの国際ハブ空港」『アジ研ワールドトレンド』
　　（148）1 月　PP12-15。
成田国際空港株式会社（2014）「成田空港～その役割と現状～」（Narita Airport 2014）。
『日刊 CARGO』「フェデックス　サービス開始から 40 周年」2013 年 4 月 25 日。
『日刊 CARGO』「世界で能力増強計画進む」2014 年 4 月 9 日。
日通総合研究所編（2007）『ロジスティクス用語辞典』日本経済新聞出版社。
『荷主と輸送』（2011）「DHL Express のアジア戦略」（441）7 月　PP33-35。
山口邦男（2014）「FedEx の成長戦略～なぜここまで成長し，今後どう成長するか？～」
　　10 月 11 日　日本物流学会ビジネスセッションでの報告用レジュメ。
『CARGO』「DHL のネットワーク」2006 年 5 月号　PP16-19。
『SPACE』「対米カーゴの急回復はホンモノか？」2014 年 10 月号　PP4-10。

＜中国語文献＞
中国国家統計局編（2014）『中国統計年鑑 2014』北京：中国統計出版社。
中国物流与採購連合会・中国物流学会編　各年版.『中国物流発展報告』北京：中国財
　　富出版社。

＜英語文献＞
ACI. 各年版.　*ANNUAL WORLD AIRPORT TRAFFIC REPORT*。
Boeing World Air Cargo Forecast Team . 2014 .*World Air Cargo Forecast 2014-2015*。
IATA. 各年版.　*World Air Transport Statistics*(WATS)。
John T. Bowen Jr. 2012 ." A spatial analysis of FedEx and UPS:hubs, spokes,and net-
　　work structure." *Journal of Transport Geography*, 24: 419-431。
DPDHL ウエブサイト（http://www.dpdhl.com）。
FedEx ウエブサイト（http://www.fedex.com）。
UPS ウエブサイト（http://www.ups.com）。
Deutsche Post DHL. 2014 . *2013 Annual Report*。
FEDEX. 2014 . *ANNUAL REPORT 2013*。
UPS.2014 . *2013 Annual Report*。

3．陸運編

重慶鉄道コンテナ・センター駅入口
（2013 年 9 月，著者撮影）

第1章

東アジアの航空輸送と陸上輸送のフロンティア

はじめに

　東アジア経済は1997年にアジア金融危機があったとはいえ，1985年のプラザ合意以降，現在に至るまで高成長をほぼ維持してきた。この背景には，日本を始めとする多くの外国企業の進出があり，その旺盛な企業活動により産業や貿易の発展につながったのである。また，企業活動がグローバル化し，アジア各国が国際分業の中で経済を運営することになった。そのため，さらに貿易が増え，結果として物流の増加につながっている。

　本章では，まず国際物流の重要な輸送モードである空運を取り上げ，検討を行う。航空貨物は近年，高付加価値製品の増加による旺盛な需要を追い風にして急増している。貨物輸送の割合としては海上貨物輸送が圧倒的な割合を占めている一方，過去20年間（1985年～2005年）における海上貨物輸送と航空貨物輸送の伸び率を比較すると，海上貨物輸送の伸び率は4.8％増に留まった反面，航空貨物輸送では年平均6.4％のペースで増加した。そのため，空運を検討することは今後のアジアにおける国際物流を考える上で必要であると言えよう。

　また，物流には海運，空運による輸送方法のほかに，鉄道や道路といった陸上輸送による手段もある。アジアにおける国際物流は従来海運と空運で行われていたが，近年中国大陸を中心とする陸上輸送も現実味を帯びてきた。この章では空運だけではなく，陸上輸送についても併せて検討する。

　本章の構成は以下のとおりである。第1節では，航空貨物輸送の動向と

今後の貨物輸送の見通しを考える。第2節では，アジアにおける航空イン
フラ，つまり国際空港のインフラについて概観する。第3節では，鉄道，
道路といった陸上輸送を取り上げ，最近の動きと今後について検討する。
これらを踏まえて，最後に今後の貨物輸送の展望と日本の果たす役割につ
いて述べる。

第1節　東アジアにおける航空輸送の物流動向

1．アジアの航空貨物輸送

　航空機による輸送は，2005年には約20億人の旅客と約4,000万トンの
貨物を運んだ。このうち航空貨物輸送量（トンキロベース）についてみると，
地域別の定期輸送実績では，アジア太平洋地域が急成長を続け，1990年
に北米地域の輸送量，1993年には欧州地域のそれも上回り，今や世界で
最大のシェアを占めている（石田［2002: 32］）。実際，2005年におけるア
ジア太平洋地域の航空貨物輸送量は501億トンキロを記録し，北米地域
（388億トンキロ）の1.29倍，欧州地域（378億8,000万トンキロ）の1.32
倍であった（図1）。現在ではアジア太平洋地域の割合は35.1％まで増加
し，航空貨物輸送の分野でも世界で最も重要な市場となっている。
　IATA（国際航空運送協会: International Air Transport Association）加盟
航空会社[1]の地域間輸送実績（国際線）を見ると，アジアと北米間の航空
貨物輸送量（309億トンキロ）が2005年にはIATA合計の四分の一を占め，
トップであった。同年には太平洋路線の航空貨物市場では320万トンを記
録し，日本と中国の順位が入れ替わった。すなわち，中国が三分の一に近
い32.7％（1995年時点は10.9％）のシェアを占めて最大の市場になったの
に対して，日本は大きくシェアを下げて第2位の23.7％（同34.8％）にま
で落ち込んだ（The Boeing World Air Cargo Forecast Team［2006: 66］）。そ
れに次ぐのがアジアと欧州を結ぶ路線であり，IATA合計に占める構成比
は24.3％に上っている。表1のとおり，1995年と2000年の段階では，当
路線の貨物輸送量がいずれもアジアと北米間の実績を上回っていたことが

第1章　東アジアの航空輸送と陸上輸送のフロンティア

図1　国際航空貨物における地域別定期輸送実績の推移

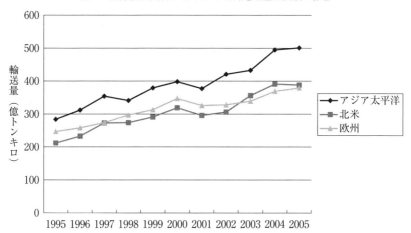

(注) 1) 単位は貨物トンキロ（定期輸送）で，国際線・国内線合計。
　　 2) 欧州は，CIS（旧ソ連）を含む。
(原出典) 国際民間航空機関（International Civil Aviation Organization: ICAO）『Annual Report of the Council』（2000年以降）。
　　　　 同上　『Civil Aviation Statistics of the World』（1999年まで）。
(出所) 日本航空協会『航空統計要覧』2006年版，P29より著者作成。

理解できよう。

　また，域内ごとの国際航空貨物市場ではアジア域内の輸送量が最多であった。同域内では国際的な水平分業体制の構築が進み，域内貿易や投資の増加に伴って，輸送ニーズが一段と高まっているためである。加えて，部品・原材料や製品を必要な時に必要な量だけ納入する，いわゆる「ジャスト・イン・タイム」（Just In Time: JIT）輸送の要請が，国際物流の面でも強まってきていることも背景にある。当該域内の貨物輸送量は着実に増えており，2005年にはIATA合計の11.2％に当たる137億トンキロ余に達している。このアジア地域内で空輸される典型的な商品としては，コンピューター，通信設備，電子部品，衣類，高価で腐りやすい食品，花卉などが挙げられる。一方，欧州域内や北米域内については，アジア域内とは対照的にIATA合計の中で極めて低い構成比を占めているに過ぎない。

　ところで，アジア地域のもう一つの特徴は国際貨物の比率が85％であり，

表1　世界の路線別国際航空貨物輸送実績

（単位：100万トンキロ，％）

輸送地域　（国際線）	1995年		2000年		2005年		
	貨物輸送量	構成比	貨物輸送量	構成比	貨物輸送量	構成比	対前年比
アジア～北米 （北中太平洋）	8,753	13.1	17,729	18.4	30,944	25.1	46.9
アジア～欧州	11,827	17.7	21,859	22.7	29,996	24.3	4.7
北米～欧州 （北大西洋）	10,753	16.1	18,314	19.0	17,845	14.4	15.3
アジア域内	4,467	6.7	6,810	7.1	13,781	11.2	4.0
欧州～ラテンアメリカ	2,842	4.2	4,773	5.0	4,826	3.9	△17.6
欧州～中東	1,601	2.4	2,716	2.8	4,086	3.3	△0.4
アジア～南西太平洋	1,958	2.9	2,703	2.8	3,948	3.2	3.1
アジア～中東	660	1.0	1,668	1.7	3,699	3.0	△25.9
欧州～アフリカ	2,136	3.2	3,544	3.7	3,213	2.6	△21.1
北米～ラテンアメリカ	998	1.5	3,219	3.3	3,157	2.6	△54.3
欧州域内	1,821	2.7	2,407	2.5	2,505	2.0	△27.4
北米域内	89	0.1	394	0.4	275	0.2	27.3
IATA　合計	66,893	100.0	96,392	100.0	123,498	100.0	4.9

（原出典）国際航空運送協会（International Air Transport Association: IATA）『World Air Transport Statistics』
（出所）日本航空協会『航空統計要覧』2005，2006年版から著者作成。

非常に高い割合を占めていることである。そのほか，遠距離の欧州，ラテンアメリカ向けでは，海運と空運を結びつけたシー・アンド・エアー輸送を選択する傾向が強い。例えば，北米の港までまず船で運び，そこから飛行機に積み替えて欧州などの地域へ運ぶという輸送方式である。しかし，アジア域内では輸送距離が相対的に短いため，そうした中間型の輸送サービスは限定されるという事情がある（慶應義塾大学地域研究センター［1997: 59]）。

　さらに，アジア太平洋地域の航空貨物輸送量（定期輸送，国際線と国内線合計）を各国別にその推移をみると，1970年代以降順調に増加してきたが，1990年代に入ると各国の間で輸送量の伸びにばらつきが出てきた。輸送量の最も大きい国は日本である。日本の航空会社による輸送量は，依然と

第1章　東アジアの航空輸送と陸上輸送のフロンティア

表2　アジアの国（地域）別航空貨物輸送量の推移

（単位：100万トンキロ）

国・地域名	1995	1997	1999	2001	2003	2005	1995年〜2005年 年平均伸び率(%)
日本	6,538	7,505	8,226	7,614	8,281	8,549	2.7
香港	6,081	2,325	4,546	5,066	5,781	7,764	2.5
中国	1,501	2,084	3,295	4,232	6,385	7,579	17.6
シンガポール	3,687	4,741	5,451	5,774	6,683	7,571	7.5
韓国	5,661	7,889	8,359	6,827	6,936	7,433	2.8
マレーシア	1,199	1,426	1,425	1,775	2,179	2,578	8.0
タイ	1,308	1,628	1,671	1,669	1,764	2,002	4.3
アジア太平洋	28,419	35,417	37,891	37,730	43,300	50,100	5.8

（注）1）航空貨物輸送については，国際線と国内線合計の定期輸送（貨物トンキロ）。
　　　2）アジア太平洋地域は，オーストラリアとニュージーランドを含む。
（出所）図1に同じ，PP46〜47より著者作成。

表3　二国・地域間航空貨物輸送量のトップ10

順位	二国・地域間航空路線		
1	日本	〜	香港
2	中国	〜	韓国
3	中国	〜	日本
4	台湾	〜	香港
5	韓国	〜	日本
6	台湾	〜	日本
7	日本	〜	シンガポール
8	マレーシア	〜	日本
9	シンガポール	〜	オーストラリア
10	シンガポール	〜	香港

（注）アジア域内航空市場における貨物輸送量の大きい路線
　　順を示す。
（出所）BOEING『World Air Cargo Forecast 2006-2007』
　　P78より著者作成。

してトップの座を維持しているが，1990 年代後半以降にはなだらかな伸びになっている。その一方で，香港，シンガポール，韓国といった NIEs や中国などが輸送量を急増させており，日本との差を徐々に縮めてきている。2005 年を見ると，日本の輸送量が 85 億 4,900 万トンキロに対して，第 2 位の香港は 77 億 6,400 万トンキロであった（表 2）。それらを追う形でマレーシアやタイも上昇している。

　なお，アジア太平洋地域内における二国・地域間航空貨物輸送量のトップ 10 は，表 3 のような国ペアとなっている。上位 6 位までの航空路線を見ると，日本，中国，韓国，香港などいずれも東アジアの国（地域）で占められている。全体的には韓国，日本，香港，シンガポールを結ぶ航空回廊に，アジア域内の主要な貨物輸送市場が集中していることが分かる。これらが，同域内航空貨物輸送のほぼ半分を占めると言われている（The Boeing World Air Cargo Forecast Team［2006: 78]）。

2．航空貨物の将来見通し

　こうしたアジア地域の国際航空輸送需要は，今後とも世界の航空貨物市場をリードするような高い伸びを続けていくことであろう。特に，アジア諸国ではその航空輸送需要が所得に対して弾力的であるところが多いとされるため，所得の増加と時間価値の上昇が輸送需要を一層押し上げていくのではなかろうか。

　ボーイング社の予測によると，2005 年から 2025 年にかけての世界全体のエアカーゴ（貨物と郵便を含む）の年平均伸び率は，中位推定で 6.1％（貨物のみでは 6.2％）と見込まれている（The Boeing World Air Cargo Forecast Team［2006: 16]）。それに対して，世界平均の伸びを上回っている地域は図 2 に示したとおり，伸び率の高い順に中国国内（10.8％），アジア圏内（8.6％。中国や日本の国内市場を除く），アジア～北米（7.1％），欧州～アジア（6.9％），欧州～南西アジア（6.2％）間である。向こう 20 年間にわたり引き続きアジア関連の国際航空貨物需要が中国を中心に拡大すると想定され，世界のそれをリードすると言えよう。

　また，世界の貨物輸送のうちアジア市場（中国や日本の国内市場を含む）

第1章　東アジアの航空輸送と陸上輸送のフロンティア

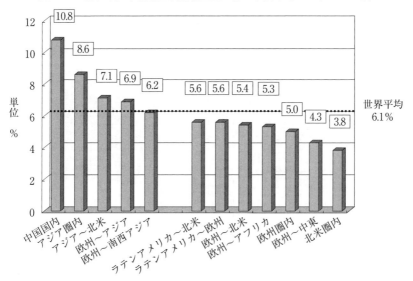

図2　地域別に見た国際航空貨物輸送量の伸び率予測（2005年～2025年）

（出所）The Boeing World Air Cargo Forecast Team ［2006: 18］より著者作成。

にリンクした路線のシェアは，2005年の50.8％から2025年には63.3％へ増大すると推計されている（The Boeing World Air Cargo Forecast Team ［2006: 19］）。中国の航空貨物市場が今後とも急増すると見込まれるため，米国のインテグレーターなど航空貨物運送会社は同市場を戦略的に重視し，攻勢をかけている。このような急速な市場拡大が，米国政府が中国を始めとするアジア諸国に対し，オープンスカイ政策（航空市場開放政策）を強硬に迫る重要な要因となっている。

第2節　アジア主要国の空港インフラ

1．大規模拠点（ハブ）空港の整備

東アジア地域では航空輸送需要の増大に伴い，急ピッチで航空インフラの整備が進んでいる。なかでも国際空港の役割が一段と増すにつれ，アジ

表 4 アジア主要空港の出入状況と将来計画

国（地域）名	空港名（開港年）	面積（ha）	滑走路の長さ（m）と本数	年間発着回数（万回）	年間旅客（出発＋到着）数（万人）	今後の計画等
日本	成田 (1978)	940	4,000 / 2,180	18.95 / 13.16	3,145 / 2,481	2009 年度中に現在の暫定平行滑走路（2,180 m）を 2,500 m にする北への延伸工事が完了，供用開始予定。
	関西 (1994)	524	4,000 / 3,500	11.07 / 11.97	1,630 / 1,949	2 本目の滑走路（4,000 m）を建設し，2007 年に供用開始。
韓国	仁川 (2001)	1,174	3,750 / 3,750	16.36 (12.95) / n.a.	2,622 (2,105)	3 本目の滑走路（4,000 m）を 2008 年までに，4 本目（4,000 m）を 2010 年までに整備予定。
中国	北京首都 (1959)	1,199	3,800 / 3,200	34.17 / n.a.	4,100 / 2,169	3 本目の滑走路（3,800 m）に加え，第 3 ターミナルビルを 2007 年末までに整備予定。
	上海浦東 (1999)	3,200	4,000 / 3,800	20.50 / 5.77	2,372 / 554	3 本目の滑走路（3,400 m）を 2008 年までに整備予定。最終段階では 3,200 ha、滑走路 5 本へ。
	広州新白雲 (2004)	1,460	3,800 / 3,600	21.13 / –	2,356 / –	2010 年のアジア大会開催（広州市）までに第 3 滑走路の建設を完了。
香港	チェクラップコク (1998)	1,255	3,800 / 3,800	27.34 / 18.20	4,027 / 3,213	3 本目の滑走路建設の方針。工期は約 10 年。
台湾	桃園 (1979)（旧中正）	1,223	3,660 / 3,350	15.26 / 11.56	2,170 / 1,868	中長期計画として、第 3・第 4 ターミナルおよび第 3 滑走路の建設を計画。
タイ	ドンムアン (1914)	1,500	3,700 / 3,500	28.54 / 18.27	3,899 / 2,832	向こう 3～5 年後に拡張工事の開始を計画。
	スワンナプーム (2006)	3,200	4,000 / 3,700	– / –	– / –	
マレーシア	クアラルンプール (1998)	10,000	4,000 / 4,000	18.25 / 10.93	2,321 / 1,435	2008 年までに拡張工事の完了予定。
シンガポール	チャンギ (1981)	1,300	4,000 / 4,000	20.83 / 17.39	3,243 / 2,696	第 3 ターミナルを施工中で、2008 年に供用開始。長期計画として、第 3 滑走路の建設を計画。

（注）1）年間発着回数と年間旅客数については、上段が 2005 年値，下段が 2000 年値。
2）但し、仁川国際空港の場合。（ ）内は 2002 年値。各年値。
（出所）日本航空協会「航空統計要覧」各年版、関西空港調査会「エアポートハンドブック 2007」および各空港の HP などから著者作成。

ア各国は大規模な拠点（ハブ）空港の建設を次々と着工あるいは完工させ
ている。整備状況の内容について見ると，いずれも1,000 ha以上の空港
用地面積と複数の3,500 m級滑走路を有している。また，年間旅客（出発
と到着）数2,000万人以上に対応できる旅客ターミナルを建設すると共に，
新たな拡張工事計画も実行されている（表4参照）。ちなみに，滑走路の
長さが3,000 m以上だと，ジャンボジェット機が貨物を満載した場合でも，
離着陸は可能である。

　アジアの主要空港を比較すると，概ね次のような特徴を指摘できよう
（浅井［1998: 187］）。第1に，香港や韓国の新国際空港は既存の空港施設が
満杯状態にあり，しかも拡張が困難であることから，海上沖を埋め立てて
の造成か，沖合の島に建設するという形態をとる海上空港である。新空港
の完成に伴い，既存の空港はそれぞれ閉鎖，ないしは縮小された。第2に，
シンガポールや台湾の国際空港では，既存の空港施設の拡張および機能向
上という形で更なる整備が進められている。第3に，中国（上海，広州）
やタイ（バンコク）の新国際空港は，既存の空港施設が拡張困難なことを
主な理由に，市内の別の場所に建設された大型空港である。新空港は完成
によって，既存の空港から運営が移管された。ただし，上海では，国内線
の運航は既存の虹橋空港で引き続き行われている。また，バンコクの新空
港（スワンナプーム：「黄金の土地」を意味）では開港4カ月で滑走路と誘導
路に亀裂がみつかり，航空機の運航に支障が生じたため，2007年3月25
日から旧ドンムアン空港でも国際線との乗り継ぎがない国内便の運行を再
開した。

2．アジアの国際空港における貨物取扱量

　アジア地域において大規模な空港の新設や増設が相次ぐ中で，国際航空
貨物輸送の大幅な伸びが特に顕著である。

　世界の国際航空貨物取扱量における順位は表5に示しているとおり，香
港，成田，ソウルという東アジアの空港が上位3空港を独占している。近
年これら3空港の順位に変動はない。他のアジア諸国の空港では，シンガ
ポールのチャンギ空港，台湾の台湾桃園空港，中国上海の浦東空港がベス

241

表5　世界の国際貨物取扱量上位空港

都市名	空港名	2000 年 積込積卸貨物		2005 年 積込積卸貨物		
		順位	万トン	順位	万トン	対前年比 (%)
香港	香港 INTL	1	224.1	1	340.2	10.0
成田	成田国際空港	2	187.6	2	223.3	△3.4
ソウル	仁川	4	159.2	3	212.0	0.8
アンカレッジ	アンカレッジ INTL	6	149.4	4	197.6	10.8
フランクフルト	フランクフルト	5	151.7	5	183.6	8.3
シンガポール	チャンギ	3	168.3	6	183.4	3.3
台北	桃園（旧中正）	11	119.6	7	169.2	0.2
パリ	シャルルドゴール	12	99.4	8	168.7	7.9
上海	浦東	－	n.a.	9	160.2	16.8
アムステルダム	スキポール	10	120.3	10	145.0	2.0
バンコク	バンコク INTL	15	82.8	15	107.1	7.1
大阪	関西国際空港	14	85.1	18	79.9	△2.9
クアラルンプール	クアラルンプール	18	47.9	－		

（注）韓国の仁川国際空港は 2001 年 3 月から開港したので，2000 年時点での貨物取扱量はソウル金浦空港のもの。
（原出典）国際空港評議会（Airports Council International: ACI）
（出所）　日本航空協会『航空統計要覧』各年版から作成。

ト 10 に入り，アジア地域では 6 空港が占めている。また，バンコク新空港の貨物処理能力は年間約 300 万トンと見込まれるため，2007 年にもベスト 10 入りするかもしれない。

　さらに，注目されるのは上海の浦東国際空港である。同空港は，北京の首都国際空港，広州の新白雲国際空港と並んで中国の三大ハブ空港に数えられ，2010 年の万国博覧会開催に向けて重点的に拡張工事を推進している。そのような中で，同空港の取り扱う国際貨物量は年々急増し，世界順位を大きく上げている。

　また中国の国内航空貨物市場は，今や米国に次いで世界第 2 位の規模と

なり，その中核に位置するのは上海である。中国全土において貨物輸送の多い国内線は，①北京〜上海，②上海〜深圳，③広州〜上海などの区間が中心であり，いずれも上海が含まれている（The Boeing World Air Cargo Forecast Team [2006: 97]）。[2]航空行政を管轄する中国民用航空総局（Civil Aviation Administration of China: CAAC）によれば，第11次5カ年計画期（2006年〜2010年）の航空旅客数は年平均14.4%，貨物輸送量は同13%それぞれ増加する見通しである。その結果，2010年の旅客数は2億7,000万人，貨物輸送量は570万トンに達する。また，今後の動きで注視すべきなのは，各地区ごとに指定される貨物ハブの建設である。中国民航総局の将来展望によると，2010年までに次の6空港を貨物ハブ化する予定という。すなわち，①北京または天津（華北地区），②上海（華東地区），③広州または深圳（華南地区），④武漢（華中地区），⑤西安またはウルムチ（西北地区），⑥成都または昆明（西南地区）である（小島 [2004]）。

3．空港間の競争激化

　各国はなぜ大規模国際空港の整備を急いで進めているのであろうか。それは，航空貨物量の拡大により既存施設では十分に対応しきれなくなってきたためだけではなく，自国空港を「アジア地域のハブ空港」として機能させようとしているからである。

　しかも，アジアの一部の空港では単に貨物（モノ）ばかりでなくヒトや情報をも取り込むことで，空港自体をそれらの交流センターに育て上げようとの戦略も見える。こうした空港整備に関しては，海上輸送における港湾の役割よりももっと大きな概念のハブを目指しているとも考えられる（浅井 [1998: 188]）。

　このため，近接するアジア各国（地域）では，航空路の拡充に努めると共に，ハブ空港としての地位を確立するために競争をしている。空港間では貨物・旅客の争奪が既に始まっており，本格的な競争時代に突入している。ここでは，幾つかの事例について検討する。

(1)　東南アジアの盟主をめぐる争い

　国際航空貨物流動におけるアジア主要都市のハブ（拠点）性の経年的変化を明らかにした回帰分析結果（1982年度〜2000年度）によると，大阪，ソウルと香港が上昇傾向にあり，東京，台北，シンガポールはほぼ一定，バンコクは低下傾向にあった（松本［2006: 193］）。同分析では，ダミー変数を導入した都市が国際航空貨物を，GDPと人口，距離で構成する基本的な重力モデルで説明される流動量の何倍吸収しているかによって，それを都市のハブ性と解釈する。

　このような状況下で，2006年9月にタイの首都バンコクにスワンナプーム新国際空港が正式に開港した。このスワンナプーム国際空港の参入で，「東南アジア第一」の座をめぐって危機感をつのらせているのが，シンガポールである。いずれも航空輸送能力の向上を目指し，空港の拡張工事が急ピッチで進められている。

　2006年7月に開港25周年を迎えたチャンギ国際空港では，同年3月に格安航空会社（LCC）向けターミナルの運用を開始し，2008年には現在新築中の第3ターミナル（T3）も完成の予定である。また，デモフライトを既に実施した総2階建てのエアバス380対応の搭乗口をいち早く整備した。ACI（国際空港評議会: Airports Council International）の調査によれば，チャンギ空港は拡張後には年間旅客数が（2005年の3,243万人から）6,400万人へと激増し，米国のアトランタ空港（同8,590万人），シカゴ・オヘア空港（同7,651万人），英国・ロンドンのヒースロー空港（同6,791万人）に次ぐ，世界第4位の飛行場になると予測している。また，長期計画では，第3滑走路の建設も伝えられる。しかし，航空機の技術向上による長距離化によってシンガポールを経由せず，直接に目的地まで飛行するケースも増えると想定され，これは懸念材料と言えよう。

(2)　日中韓によるアジアハブ空港の競争

　日本の国際航空貨物は，その大部分が東京あるいは大阪経由で行われている。太平洋路線で見た場合，日本の玄関口である成田国際空港が，20世紀末まで「アジアのハブ」として位置付けられてきた。同空港は国際線

第 1 章　東アジアの航空輸送と陸上輸送のフロンティア

の着陸料が世界一高いと評価されながらも，世界の空港別国際貨物取扱量
で，長らくトップの座を維持していた。その主な理由は，日本の強大な経
済力を背景に輸出入貨物が圧倒的に多かったためである。また，それ以外
に技術的な要因もあった。航空輸送の場合は通常，海運と異なり貨物積載
量によって航続距離が左右されるという技術的な制約を受ける。そのため，
ジャンボジェット機に貨物を満載した際，航続距離が 1 万 km 程度となる
ため，太平洋路線の場合，北米に近い成田空港が地理的にアジアの玄関口
として最適だったのである（慶應義塾大学地域研究センター［1997: 74］）。

　しかし，韓国や中国などにおける大規模空港の整備・拡張と共に，航空
機の性能向上もあり，米中間などの国際貨物便で成田空港を経由しない直
行便が増え始めている。例えば，2004 年 7 月に調印された米中航空協定
では，両国間の貨物・旅客便の輸送枠が拡大し，2010 年までに貨物便は
128 便へ増便が可能となった。[3]世界的規模で国際貨物輸送を展開するイン
テグレーターと呼ばれるフェデラル・エクスプレス（FedEx），UPS など
大手物流企業が，中国市場への参入を強化し，米中間の輸送力の大幅な拡
充，つまり直行輸送の増加と日本経由輸送の減少を図っていくことが見込
まれる。

　また，中国では 2010 年までの 5 年間に総額 174 億ドルを投じ，全国 42
カ所に新空港を建設する計画である。計画通りにいけば，中国は合計 186
の民間空港を持ち，米国（599 空港）に次ぐ「航空大国」となる。とりわけ，
中国三大ハブ空港の一つである北京の首都国際空港では，2008 年 8 月の
オリンピックに向けて世界最大級の第 3 ターミナルビル全体を 2007 年 6
月に完成予定で工事を進め，2008 年 2 月から試験営業が始まる見通しで
ある。また，上海の浦東国際空港では，アジアのハブ空港を目指して
2007 年末までに中国最大規模となる航空貨物輸送センターの建物を完成
させ，翌 2008 年上半期に供用開始の予定と言われている。供用が始まれ
ば，同空港の貨物総取扱量は，世界第 3 位以内に入る可能性があると取り
沙汰されている（『東方早報』2006 年 11 月 29 日）。そして 2008 年の北京オ
リンピックと 2010 年の上海万博の開催を控え，2007 年末までに 3 本目の
滑走路（長さ 3,400 メートル，幅 60 メートル）を完成させ，さらに 2 本の

245

滑走路も併せて完成させる予定である。

(3)　中国珠江デルタにおける競合と協調

　香港周辺の中国珠江デルタ地域には半径70 km 以内に5つの国際空港が集中し，相対的に香港チェクラップコク空港の利用価値の低下は避けられそうにない。ちなみに，5空港とは香港のほか，広州，深圳，マカオ，珠海の各空港を指す。港湾と同様，航空貨物取扱量でも，香港と競合関係にあるのが，広州の新白雲，深圳の宝安両国際空港である。現状では，香港が有利な位置を占めていることは間違いなかろう。

　広州，深圳の両空港では香港に対抗するために世界有数の航空会社と提携し，貨物輸送量を増加させようとしている。具体的には，深圳空港は，2005年9月にドイツのルフトハンザ航空と国際航空貨物事業の業務提携に関する契約を締結し，両者合弁による会社（深圳空港国際貨物）を設立した。また，広州の新白雲国際空港では，米国の小口貨物輸送大手であるUPSと国際航空貨物分野で事業提携を開始している。UPS側は同空港に1億5,000万ドルを投じ，米国に次ぐ最大規模のアジア太平洋航空輸送センターを建設し，アジア地域における一大空輸拠点として位置付ける計画（完成後の貨物取扱量は，120万トンになる見通し）である（『フジサンケイビジネスアイ』2005年9月22日）。同社は2005年4月から広州市と米国のアンカレッジを結ぶ貨物直行便を就航させ，既に1日1便体制を整えている。中国広東省と米国間の貨物輸送は，当航路の開通で香港や上海を中継する必要がなくなり，輸送効率が一段と向上した。これにより，広州から発送される航空貨物は翌日までに米国の主要80都市に配達することが可能になったと言われている（『中国通信』2005年4月8日）。

　また，FedExも広州への進出を加速することとなった。FedExでは従来，国際航空貨物のグローバル・ネットワークの一つであったフィリピンのスービック湾にある貨物中継センターを広州に移転させることにし，同社は広州の新白雲国際空港を新たにアジア太平洋地域の物流中枢拠点と位置付けた。2007年末までに，同空港を管轄する広東省機場管理集団公司と一緒に大規模な施設を建設する計画である。総投資額は約4億5,000万

第1章　東アジアの航空輸送と陸上輸送のフロンティア

ドル（うち FedEx 側はソフト面で1億5,000万ドルを投資）に達し，2008年12月に運用開始を予定し，週128便を運航して初年度に約60万トンの貨物取扱量を目指すとされる（『日本経済新聞』2005年7月14日）。

　さらに，DHL は香港に1億ドルを投じて同様の大規模物流拠点を2004年に新設し，UPS も中国国内物流の中核となるハブを別途上海に設ける方針と伝えられる（『日経産業新聞』2005年7月14日）。中国市場の拡大に伴う輸送ニーズの高まりを反映し，欧米の航空貨物大手が中国国内での拠点の設置を加速させているため，今後の行方が改めて関心を集めている。

　このような状況に対抗すべく，香港空港管理局（Airport Authority Hong Kong: AAHK）は中国国内空港とのアライアンスを推進した。実際，2004年に上海との間で協力協定が結ばれ，翌2005年には杭州蕭山国際空港の株式を取得し，第2位の株主になった（Hong Kong Trade Development Council [2006: 13]）。また，6年間交渉を続けていた深圳，珠海両空港との提携交渉は進まなかったが，珠海空港の管理権を獲得することになった。2006年8月に明らかとなった合意内容は，双方で合弁会社（珠港機場管理有限公司）を設立し，香港側が1億9,800万元を出資（55%），珠海市側が1億6,200万元を出資（45%）し，向こう20年間共同で珠海空港を管理するというものであった（『香港商報』2006年8月3日）。

第3節　陸上輸送の現状

1．鉄道

(1) アジア横断鉄道計画の調印

　2006年11月10日，過去約40年間にわたって推進されてきたアジア横断鉄道（Trans-Asian Railway: TAR）ネットワークの事業計画が，ようやく政府間協定で締結された。韓国の釜山で開かれていた国連アジア太平洋経済社会委員会（United Nations Economic and Social Commission for Asia and the Pacific: ESCAP）の交通相会議に参加した当事国28カ国（うち北朝

鮮，バングラデシュなど3カ国は不参加）の代表らが，調印を行った。[4]
ESCAPの金学洙氏は，その席上で「国際的な複合物流輸送システムを実現する上で重要な一歩を踏み出した」との声明を発表した。

　今回の協定は，中国横断鉄道，シベリア横断鉄道，韓国縦断鉄道など従来の幹線鉄道と新設予定の鉄道を含め，総延長距離が8万1,000kmに達するアジア横断鉄道網の連結に向けた多国間国際条約である。このアジア横断鉄道網を構成するASEAN・北部・南部・南北の各路線が，ここにそれぞれ確定するに至ったのである。表6は，アジア横断鉄道における4路線のルートを示している。これら4本の鉄道路線の中で，3本までが中国領内を通過し，中国とリンクしている点が大きな特徴である。

　1992年4月に上海で開かれたESCAPの会合で「アジア陸上輸送インフラ開発プロジェクト」が始動することになった。同プロジェクトは，①アジア横断鉄道ネットワーク，②アジアハイウェイ・ネットワーク，③輸送の促進，であった。このうち，①と②については，ESCAPが実行可能性の研究調査を繰り返し実施し，2001年11月に同計画をはっきりとした形に具体化するようにとの要望がESCAPの会合で出された。そのため，

表6　アジア横断鉄道の4路線

対象地域	路線名	通過国　及び　鉄道ルート	総延長距離 (km)
東南アジア	ASEAN 路線	カンボジア，インドネシア，ラオス，マレーシア，ミャンマー，シンガポール，タイ，ベトナム（ASEAN諸国～中国南部）	12,600
アジア北部及び北東アジア	北部 路線	中国，北朝鮮，モンゴル，韓国，ロシア（朝鮮半島＜韓国，北朝鮮＞～中国～モンゴル～ロシア～カザフスタン）	32,500
南アジア及び西アジア	南部 路線	バングラデシュ，インド，イラン，ネパール，パキスタン，スリランカ，トルコ（中国南部～ミャンマー～インド～イラン～トルコ）	22,600
中央アジア及びコーカサス	南北 路線	アルメニア，アゼルバイジャン，グルジア，カザフスタン，キルギス，タジキスタン，トルクメニスタン，ウズベキスタン（ロシア～中央アジア～ペルシア湾地域）	13,200
合計			80,900

（出所）国連アジア太平洋経済社会委員会（UNESCAP）のウェブサイトなどから著者作成。
（http://www.unescap.org/ttdw/common/TIS/TAR/fact.asp）（アクセス日：2006年12月6日）。

第1章　東アジアの航空輸送と陸上輸送のフロンティア

表7　アジア横断鉄道のデモ走行実験記録

回数	実施年月	走行区間	総距離	所要時間	一日当たり走行距離	積載量	貨物品
1回目	2003年11月	天津～ウランバートル (中国)　(モンゴル)	1,700 km	75時間20分	542 km	99TEU	中古車, コンピュータ, ビール, ミルク, 衣類
2回目	2004年4月	連雲港～アルマトイ (中国)　(カザフスタン)	5,020 km	7日＋6時間	694 km	76TEU	テレビ用部品, 自動車
3回目	2004年6月	ブレスト～ウランバートル (ベラルーシ)　(モンゴル)	7,200 km	8日＋16時間	830 km	69TEU	家具, 建材, 缶詰食品
4回目	2004年7月	ナホトカ～マルシェビチ (ロシア)　(ポーランド)	10,380 km	12日＋8時間	840 km	92TEU	消費財, エレクトロニクス製品

(出所)　表6に同じ。

2003年10月に開催されたウランバートル会議では，表7に示した4本のルートでコンテナ専用のブロック・トレインによるデモ走行実験を行うことに最終的に会意した。その結果，2003年11月から2004年7月にかけ，合計4回にわたる試運転が施行されたのである。

　今後の動きとしては，当該鉄道網の当事国が，国家間の鉄道連結，列車の国境通過手続きの統一や簡素化，鉄道運賃と運行条件などに関する国際協定の締結等で合意を図っていくことになる。残る問題点としては，鉄道がまだ敷設されていない不連続の区間における新規建設，異なるレールの軌間の輸送や貨物処理などである。

(2)　中国・シンガポール間縦断鉄道の連結へ

　上記4路線のうち，ASEAN路線では次のような進展が報道された。ASEANのオン・ケンヨン事務局長が，ASEAN経済共同体（ASEAN Economic Community: AEC）の発足が見込まれる2015年までに，シンガポールからマレーシア，タイ，ミャンマーなどを経て中国雲南省の省都昆明を結ぶ「アジア縦断鉄道」（距離は約5,000 km）を開通させたいとの意欲を示したのである。

　同発言は，2006年8月にクアラルンプールで開催されたASEANメコ

249

ン川流域開発協力会議の閣僚級会合で述べられた。少なくとも18億ドル
の費用がかかるとされるこの鉄道プロジェクトは，既に国家レベルで接続
作業が行われている模様である。その一方で，資金の確保が必要だと言わ
れている。新鉄道敷設部分の資金不足を補うために，アジア開発銀行
（Asian Development Bank: ADB）ではカンボジアに4,000万ドルのソフト
ローン（うち540万ドルは贈与）を供与したほか，中国も一部融資を提供
する用意があることを表明している（Sunday Times, August 27, 2006）。

　いずれにせよ，同鉄道が開通すれば，ASEAN域内のヒトやモノの流れ
をさらに円滑にすることになると期待されている。

(3) チャイナ・ランドブリッジの一貫輸送ルート

　ユーラシア大陸を横断する輸送ルートのユーラシア・ランドブリッジと
は，一般に極東地域の港湾とオランダのロッテルダム港を結ぶ鉄道輸送線
のことである。そのうち中国領内を通る鉄道線に次の3本がある。第1は
中国の大連港から満州里を経て，第2は中国の天津港からアレンホトを経
て，そして第3は中国連雲港から阿拉山口を経て，それぞれオランダのロ
ッテルダムに至る線である。

　これらの中で中国横断鉄道を利用しているのが，第3にあげたチャイ
ナ・ランドブリッジ（China Land Bridge: CLB）である。このCLBは，主
に日本・極東・東南アジアの各地から中央アジア諸国に向けた貨物輸送路
となっている。日本を拠点にした場合の基本ルートは，連雲港，ウルムチ，
阿拉山口，ドスティク（カザフスタン），中央アジア各国（ウズベキスタン，
トルクメニスタンなど）に至るルートである。

　中国連雲港がある江蘇省から安徽，河南，陝西，甘粛および新疆など合
計6つの省・自治区を通り，カザフスタン側国境のドスティク駅まで
4,146 km あり，走行に要する輸送日数は8〜10日とされる。列車編成は
40輌まで可能であり，専用列車（一体輸送＝ブロックトレイン）以外は，
①徐州，②鄭州，③西安，④宝鶏，⑤蘭州の五大中継駅で貨物編成替えを
実施している。こうした「中央アジア特快」と呼ばれる一貫輸送サービス
は，日本の株式会社日新が1992年9月より営業を行っている。

第1章　東アジアの航空輸送と陸上輸送のフロンティア

運行を開始した当初，CLBはシベリア鉄道を利用するシベリア・ランドブリッジ（Siberian Land Bridge: SLB）よりも輸送料が高かったために利用は限られていた。しかし，2006年1月に実施されたロシア鉄道によるSLBの運賃上昇に伴い，CLBの利用が次第に注目されることになってきたようである。こうした状況下で，中国鉄道部は連雲港と阿拉山口を結ぶ直通快速コンテナ輸送列車の運行を2006年11月末に正式にスタートさせた。これにより中国幹線ルートのトランジット輸送が実質2日近く短縮されると共に，1編成のコンテナ積載量が増えたために輸送力も増強されることとなった。

2. 道路

(1) アジアハイウェイ計画の推進

当該分野で東アジア全域に最も広がる道路網計画と言えば，アジアハイウェイ（Asian Highway: AH）計画である。同計画は，まず1959年に15カ国でスタートし，その後40年余りにわたって路線が拡張された。今日では総延長14万km，55路線に及び，日本を含めた32カ国を結ぶ壮大な道路網になっている。

この道路ネットワークの構想は，ESCAPの前身であるECAFE（国連アジア極東経済委員会：Economic Commission for Asia and the Far East）で第2次世界大戦後の復興事業として，初めて採択（1959年）されたことに始まる。しかし，1990年代に入ってようやく路線計画が進み，1993年に東南アジアと南アジア諸国，1995年に中央アジア諸国，さらに2002年にはロシア，モンゴルなどを含む北方ルートへと次第に路線網が拡大した（山内［2004: 1］）。

そして2003年11月にESCAP本部で開催された加盟国運輸専門家会議において，日本のアジアハイウェイ・ネットワークへの参加が承認され，同時に「アジアハイウェイ多国間政府協定」が採択された。これを受け，翌2004年4月に上海で開催されたESCAP総会で，アジアハイウェイ計画の政府間協定（全文19条，3付属書で構成）が正式調印された。なお，

251

表 8　アジアハイウェイの主要路線

路線番号	起点	終点	通過都市名	総延長距離（km）
AH1	東京（日本）	カピクレ（トルコ：ブルガリア国境）	福岡（フェリー）〜釜山、ソウル、平壌、新義州、丹東、瀋陽、北京、石家荘、鄭州、信陽、武漢、長沙、湘潭、広州、南寧、友誼関、ドンダン、ハノイ、ダナン、ホーチミン、プノンペン、アランヤプラテート、バンコク、ヤンゴン、マンダレー、インパール、ダッカ、コルカタ、ニューデリー、ラホール、イスラマバード、ペシャワール、カブール、デヘラン、アンカラ、イスタンブール	20,710
AH2	デンパサール（インドネシア）	コスラヴィ（イラン）	スラバヤ、バンドン、ジャカルタ（フェリー）〜シンガポール、クアラルンプール、バタワース、ハチャイ、バンコク、チェンライ、マンダレー、インパール、ダッカ、ニューデリー、ラホール、クェッタ、テヘラン	10,711
AH3	ウランウデ（ロシア）	チェンライ（タイ）キャイント（ミャンマー）	ウランウデ、ウランバートル、ザミンウド、アレンホト、北京、天津、上海、杭州、南昌、湘潭、昆明、景洪	6,286
AH5	上海（中国）	カピクレ（トルコ：ブルガリア国境）	南京、信陽、蘭州、西安、トルファン、ウルムチ、アルマトイ、ビシュケク、タシケント、アシュカバート、トルクメンバシ（フェリー）〜バクー、トビリシ、イスタンブール	9,842
AH14	ハイフォン（ベトナム）	マンダレー（ミャンマー）	ハノイ、ラオカイ、河口、昆明、瑞麗、ムセ、ラショー	―
AH16	ドンハ（ベトナム）	タク（タイ）	ラオバオ、サバナケット、ムクダハン、コンケン	―

（出所）UNESCAP（2004）「Intergovernmental Agreement on the Asian Highway Network」から著者作成。

第1章　東アジアの航空輸送と陸上輸送のフロンティア

同事務局での 2006 年 8 月末におけるヒアリングでは，2006 年央現在，シンガポール，北朝鮮，バングラデシュ，トルクメニスタンの 4 カ国が同協定に未署名である。

　この主要路線において，東アジア地域に関わる路線を列挙したのが表 8 である。このような広域ハイウェイ・ネットワークの構築は，管理制度・規制の見直しを始め国境通過に伴う様々な障害が存在するにもかかわらず，今後のアジア地域統合に向けて大きな前進と一様に受けとめられている。しかし，この計画は各国に裁量が任され，ある道路区間がアジアハイウェイと認定を受けても，AH ○とのルート番号が単に冠せられるだけである。そのため，通過する国にとっては金銭的助成や支援を得るなどのメリットがあまりない。今後の課題として，未舗装道路のための援助資金の調達のほか，道路以外の鉄道，港湾や航空も含めた，アジア域内における共通運輸政策の早期立案が必要と言えよう。

(2)　関心高まるインドシナ半島の陸路物流ルート

　インドシナ諸国では，「拡大メコン圏（Greater Mekong Subregion: GMS）」構想の下，メコン川を動脈とした経済圏を作る経済協力計画が進められている。GMS は，もともと ADB が提唱し，1992 年に発足したものである。この GMS は，メコン川流域の 6 カ国・地域（タイ，カンボジア，ラオス，ミャンマー，ベトナムに加え，中国雲南省と広西チワン族自治区を含む）からなる総面積 255 万 km², 人口約 3 億人を抱える広大な地域を指す。中国とインドの中間に位置することから，地政学的にも重要な地位を占めていると言えよう。

　これら GMS5 カ国と中国雲南省は，1992 年に「拡大メコン地域経済協力プログラム」という包括的な地域協力スキームを立ち上げた。また ADB が事務局となり，域内での物流インフラ整備（道路・橋梁など）や通関簡素化などで構成された 2012 年までの中期プランも策定された。この中期プランの一つが，既に整備が進められている GMS 主要経済回廊の建設と補修に関するものである。これは，①雲南省昆明～ハノイ，②昆明～バンコク（南北回廊），③ベトナム・ダナン～バンコク～ミャンマー・モー

ラミャイン（東西回廊），④ホーチミン〜プノンペン〜バンコク（南部回廊 1），⑤同左（南部回廊 2，タイ湾沿岸ルート）と，主に 5 つの地域において経済回廊のプロジェクトをそれぞれ実施している（「強まる中国南部とメコン地域の連携—拡大メコンデルタ経済圏セミナー」『通商弘報』2006 年 5 月 18 日）。

　これらの経済回廊のうちで，インドシナ半島の陸路物流として最近特に関心を集めているのが，「東西回廊」と「南北回廊」である。さらに，中国華南地域と ASEAN 北方の玄関口であるベトナム北部を結ぶ広州・東莞〜ハノイ間ルートも注目され始めた。以下，これら路線の現況について検討する。

　まず，ベトナムからラオス，タイを通ってミャンマーに至る約 1,500 km のインドシナ半島横断道路「東西回廊」である。2006 年 12 月，第 2 メコン国際橋（全長 1,600 m）が開通したこの国際橋はタイ（ムクダハン）とラオス（サバナケット）国境のメコン川に架かる橋である。これにより，ミャンマーを除く 3 カ国をつなぐ東西ほぼ一直線の新しい道路（AH16 と重なる部分が多い）が開通することとなった。とりわけ，タイとベトナム間の輸送ルートが大幅に短縮されるため，通関を含む輸送日数は従来の 4 日間から 3 日となり，通常 10 日〜15 日かかる海路と比べ，陸路の方が一段と優位に立つと見られている（「ラオス国境の第 2 メコン国際橋が 12 月開通」『通商弘報』2006 年 11 月 20 日）。そのため，キャノンやマブチモーターズといった日系進出企業の間でも，当輸送ルートを前向きに利用しようとするところが現れている（『日本経済新聞』2006 年 12 月 21 日）。

　この第 2 メコン国際橋建設の総事業費である約 100 億円のうち，そのほとんどが日本の円借款供与で賄われ，「東西回廊」での日本の存在感は大きい。これに対抗する形で，中国がとりわけ力を入れているのが，昆明〜バンコク間 1,855 km で建設が進む幹線道路である「南北回廊」の整備である。この陸路輸送ルートは，2007 年の全線開通を目指している。また，2006 年 11 月にハノイで開催された APEC（アジア太平洋経済協力会議：Asia-Pacific Economic Cooperation）の際に，中国はタイ側に，同回廊に位置する第 3 メコン国際橋の新設計画において折半出資の話を持ちかけたと

第1章　東アジアの航空輸送と陸上輸送のフロンティア

言われている。

　最後に，中国とベトナムの協力関係が一層深まる中で注目されているのが，中国の華南地域とベトナム北部（ハノイ）を結ぶ国境輸送ルートである。これには，海沿いを走る東興〜モンカイ間ルートと，内陸部を走る友誼関〜ランソン間ルートの二つがある。このうち前者は，道路の道幅が狭くトラックでの陸上輸送に不向きであると指摘されている。後者のルートは，①広州〜南寧間810 km，②南寧〜友誼関（国境）間210 km，③ベトナム側国境の町ドンダン〜ハノイ間170 km，の3区間がある。日本貿易振興機構（ジェトロ）が2005年10月に同ルートを実走した結果によると，走行時間はそれぞれ，①が14.5時間，②が3.5時間，③が3時間で，合計約21時間（全長1,190 km）を要した。通関手続きや貨物の積み替え時間を含め，広州〜ハノイ間の貨物輸送日数は海上で4日〜6日，航空で2日〜3日に対し，陸上輸送では2日以内が可能とされる（助川［2006: 14-15］）。このため，双方の時間的距離は急速に短縮し，陸路シフトへの可能性が高まっている。

　しかし，現状では中越国境において荷物の積み替えが必要である。そのため，両国の話し合いにより通関時の時間的ロス（待ち時間を含め）をいかに短縮させられるか，また相互乗り入れの可能な許可証の発給を早急に実現できるかどうか，などが今後の課題であろう。

おわりに

　アジアの経済発展に伴い，陸海空を問わず貨物の国際物流量が大幅に伸びている。そのため，東アジアの各国は急増する荷動きに対応するために交通インフラ（港湾，空港，鉄道，道路）の整備拡張や開発を積極的に推し進め，対応しようとしている。

　その一方で，基盤整備をめぐる各国間の競争が激しさを増している。また，物流コストの低減を少しでも図るべく，海上輸送と航空輸送の組み合わせを始め，鉄道とトラック輸送などを含む様々な輸送モードを有効に活

用しようとする国際複合一貫輸送への需要の拡大がみられる。こうした国際的なサプライ・チェーン・マネジメント（Supply Chain Management: SCM）の必要性やシームレスな国際物流網構築に対する期待は，今後とも更に高まっていくことが十分に予想される。また，アジア域内では，電子タグや全地球測位システム（Global Positioning System: GPS）を使い，効率的で高度な物流情報システムの早期確立と普及も強く望まれているのが現状である。

　翻って我が国の現状は，物流政策面で東アジア諸国と比べ対応の遅れが目立つ感じは否めない。そこで，政府は中長期の経済政策の一環としてアジアとの交流拡大を目指す「アジア・ゲートウェイ構想」を 2006 年末に打ち出し，対外開放の施策について検討し始めた。同基本方針によると，具体的には料金が高いと評判の国内空港・港湾利用の 24 時間化など運用拡大やインフラ整備，税関制度の簡略化・迅速化などに関する規制緩和策が盛り込まれた物流改革にも重点的に取り組んでいくと言われている（「アジア・ゲートウェイ構想」[『フジサンケイ　ビジネスアイ』2007 年 1 月 18 日]）。

　日本政府も国際分業が進展している状況に鑑み，これから東アジア諸国を中心に経済連携協定の交渉を急ぐ構えである。特に ASEAN 側と連携し，同域内の陸送ルート（道路網）の整備や通関手続きの電子化など物流を効率化する共同事業にも官民で乗り出す考えという（『日本経済新聞（夕刊）』2006 年 12 月 8 日）。アジア経済を一体化するような国際物流ネットワークの形成に向け，我が国には物流サービス面での貢献が求められていると考えられる。

　アジアの中での日本の地位を高めるためにも，今こそ我が国がイニシアチブを取り，同域内を積み替えなしで輸送できるようにすることなど，アジア地域における物流の活性化に注力していく姿勢がまさに問われている。そのために，こうした対外開放的な物流政策を一刻も早く実行に移す努力とスピードが何よりも肝要と言えよう。

〔注〕
⑴　国際航空運送協会（IATA）は，1945 年 4 月に設立された航空会社の任意組織団

体である。IATA 加盟の航空会社は，2006 年 1 月 18 日現在，261 社（136 カ国）を数える。同加盟航空会社の地域間輸送実績（有償貨物トンキロ）については，提出会社データの編集であり，データ補足率の方は 90％未満という。

(2)　中国における国内航空貨物輸送の主要路線としては，4 位以下に広州～北京，北京～深圳，昆明～北京，成都～北京，成都～上海，杭州～深圳，広州～成都などの区間が挙げられる。これら上位 10 路線が輸送した航空貨物量は，2005 年には国内全体の 36.6％に当たる 77 万 8,000 トンを占めた。

(3)　日中間の航空輸送に関しては，1974 年 4 月の日中航空協定の締結（同年 5 月に発効）以来，双方の輸送枠が逐次拡大されてきている。最近では 2006 年 7 月に日中航空交渉が合意された。それによると，貨物輸送では両国で合計週 76 便増加し，現行の 76 便から倍増して 152 便となる一方，旅客輸送では両国で合計週 92 便増加し，現行の約 450 便から 542 便となった。詳細は高見澤［2006: 9］を参照。

(4)　国連アジア太平洋経済社会委員会（ESCAP）のウェブサイトを参照（アクセス日：2006 年 12 月 6 日 ）（http://www.unescap.org/ttdw/common/TIS/TAR/fact.asp）。アジア横断鉄道計画の政府間協定に実際に調印したのは，当事国 28 カ国のうち次の 18 カ国である。すなわち，アルメニア，アゼルバイジャン，カンボジア，中国，インドネシア，イラン，カザフスタン，ラオス，モンゴル，ネパール，韓国，ロシア，スリランカ，タジキスタン，タイ，トルコ，ウズベキスタン，ベトナム。

〔参考文献〕

＜日本語＞

浅井俊一［1998］「アジアの港湾・空港整備の現状と課題」（川嶋弘尚・根本敏則編『アジアの国際分業とロジスティクス』勁草書房）。

石田信博［2002］「アジア・太平洋地域の航空貨物輸送と GDP」（航空交通研究会編刊『航空と空港の経済学』）。

慶應義塾大学地域研究センター編［1997］『アジアの物流―現状と課題』慶応義塾大学出版会。

小島末夫［2004］「急増する航空貨物需要」『日経産業新聞』(2004 年 12 月 27 日)。

助川成也［2006］「"世界の工場" と 2 日で結ぶベトナム」（『ジェトロセンサー』2006 年 2 月号）。

日本航空協会編刊『航空統計要覧』各年版。

高見澤学［2006］「日中航空交渉の合意と地域経済活性化への道」（『日中経協ジャーナル』第 153 号）。

松本秀暢［2006］「国際航空貨物とグローバルロジスティクス」（村上英樹・加藤一誠・高橋望・榊原胖夫編『航空の経済学』ミネルヴァ書房）。

山内洋隆［2004］『遥かなるアジアハイウェイ』（社）海外建設協会編刊　会報 OCAJI　10-11 月号）。

＜英　語＞

Hong Kong Trade Development Council，*The Future Position of Hong Kong as a Regional Distribution Centre*，2006，Hong Kong。

The Boeing World Air Cargo Forecast Team，*Boeing World Air Cargo Forecast 2006/2007*，2006，Seattle。

第2章

渝新欧（重慶）物流有限公司
——Yu Xin Ou（Chongqing）Logistics Co.,Ltd.

　既存の連雲港（江蘇省）始発とは別に，開設済みの鉄道コンテナ・センター各駅を起点にした新たなチャイナ・ランドブリッジ（CLB）のルートが次々と開発されつつある。更なる拡大の可能性も見られることから，量的には貨物量がまだ少ないものの，その動向はいま内外から注目を集めている。本稿では，一つの事例として中国内陸部の重慶とドイツのデュイスブルクの間を定期貨物列車で直結する渝新欧（重慶〜新疆〜欧州）国際鉄道のケースを取り上げ，それを実際に運営している渝新欧（重慶）物流有限公司の活動状況を中心に報告する。

1．重慶と欧州間に鉄道新路線が開通

　2011年1月28日，重慶市政府物流協調弁公室の主導により，地元の有力なオートバイ・メーカーである力帆（リーファン）集団が，ロシアまでの国際連絡輸送に関わる鉄道の試験走行を実施した。次いで同年3月19日には，重慶に進出した米国の著名なIT企業ヒューレット・パッカード（HP）社製造の電子製品を重慶から独デュイスブルクまで運ぶ専用列車が出発し，目的地に4月5日（中国時間）に無事到着した。

　この2回にわたる試験輸送が鉄道による長距離テストの試行だとは言え，重慶市にとってそれは国境を越える初の西進ルートとして道を開いたことになり，まさに画期的な出来事であった。何故ならば，重慶が単なる内陸都市からロシア・中央アジアや欧州方面へのゲートウエイとして，今後大きな変貌を遂げていく素地ができると同時にその契機となったからである。

重慶と欧州を結ぶ鉄道路線が新しく運行されるまでに至った経過を辿ってみると，背景としては主に以下のような要因が挙げられる。

　第1に，重慶市が産業構造の高度化を図るという発展命題の下で，従来のような重厚長大型の伝統産業から脱皮して新たにITや電子産業を積極的に導入しようと決めたことである。

　そのため第2には，2007年頃からITおよび同サービス企業の誘致活動が活発に行われ本格化してきたことである。具体的に誘致対象に上がった外資企業の中では，上述したHPを始め，台湾のパソコン大手である宏碁（エイサー），華碩電脳（エイスース）や電子機器の受託製造サービス分野の世界最大手・鴻海精密工業の子会社である富士康科技（フォックスコン），日本の東芝，ソニーなどの名前がリストアップされていた。

　だが，重慶市は内陸部に位置しているため，それらの外資企業が実際に進出を考慮するに当たっての重要なポイントは，輸出入の利便性，立地選

図　渝新欧国際鉄道の基本ルートと区間距離

全行程：11,179km. 運行時間：16日

ドイツ・ポーランド		ベラルーシ	ロシア	カザフスタン		中　国
1906km	0km	587km	1497km	3412km	0km	3777km
デュイスブルク	マルシェビチ	ブレスト	クラスノイエ	イリエツク	ドスティク	阿拉山口	重慶

（出所）「新絲綢之路（NEW SILK ROAD）」渝新欧（重慶）物流有限公司専題郵冊。

第 2 章　渝新欧（重慶）物流有限公司

択，物流効率化などの問題の著しい改善如何である。

　そこで第 3 に，重慶市が物流面，とりわけ鉄道輸送に着目し，まず HP との商談を重ねながら，欧州経済との関係強化を目指して重慶〜欧州間における鉄道路線の検討に入ったことである。そして 2008 年には，IT 企業の誘致交渉に一段と注力する一方で，新たな鉄道輸送サービスの実現可能性についても熟慮したとされる。

　その結果，最終的には重慶から国境税関駅の阿拉山口（アラシャンコウ。新疆ウイグル自治区）を経て，ロシア，ポーランド，ドイツへ至るルートに到達したという。同ルートを「渝新欧」（"渝" は，重慶の別称）と命名したのが，当時は中国鉄道部の副部長だった胡亜東氏であり，現在は中国鉄路総公司の副総裁である。同路線が「国際連運」（国際インターモーダル輸送）と呼ばれていることから明らかなように，中央政府も当該プロジェクトを全力で支援している姿勢がうかがわれる。

　このような輸送テストの経験を踏まえ，重慶市政府は，上記ルートの運営にあたるプラットホームとしての会社立ち上げについて別途研究した。さらに，2011 年 9 月 22 日には中渝露，つまり中国鉄道部，重慶市，ロシア鉄道の三者から成るサミット会談が開催され，新会社の設立で遂に合意したのであった。

2．渝新欧（重慶）物流有限公司の設立

　上で述べたような経緯を経て，翌 2012 年 4 月 12 日，ここに渝新欧（重慶）物流有限公司（以下，渝新欧物流公司）が正式に発足することとなった。当社は世界でも他に類を見ない，関係 4 カ国の鉄道管理部門が共同出資して設立された鉄道貨物輸送を担う中外合弁会社である。社長は，2013 年 9 月初めに我々の中国物流訪中団が現地で面談した，中方の周樹林氏。株主の出資構成を見ると，中国側が重慶市政府を代表する重慶交通運輸集団と中央の中鉄集装箱運輸有限公司（中鉄コンテナ輸送会社）の子会社である中鉄国際多式連運有限公司（中鉄国際複合輸送会社）の 2 社で 51％，外資側がカザフスタン鉄道（KTZ），ロシア鉄道（GTS），ドイツ鉄道（DB）シェンカー上海法人の 3 社で 49％になっている。

261

同社の主要な業務内容は，貨物のブッキング，配送，倉庫保管，包装，荷物の積み卸し，流通加工，商品検査，通関，輸送費・雑費等の清算，物流関連の情報処理などである。また取扱い輸送品目については，目下のところ，IT製品が圧倒的に多数を占めるものの，今後は徐々に機械・設備，電子製品，自動車，化学品やエネルギー，原材料，消費財に至るまで拡張を図っていこうと計画されている。

　2013年に入ると新たな動きがみられ，1月にカザフスタン，ロシアなど寒冷地を通過する冬季の走行試験が実施されて良い成果が得られた。加えて，3月には独デュイスブルクから長安フォード・モーター社の輸入する自動車部品が初めて重慶に搬送された。従来，往路のみで運行されていた直通コンテナ列車の復路を活用し，ドイツから貨物が運び入れられた第1号である。これにより，課題の一つとされる帰り荷確保の問題（空コンのできるだけ速やかな解消）の解決に向け一歩を踏み出す形となった。

　こうして双方向の運用が曲がりなりにも開始された，「現代版のシルクロード」（または「第3のユーラシア・ランドブリッジ」＜俗称は南回り線＞）とも呼ばれる渝新欧国際鉄道であるが，その基本ルートは別図に示したとおり。すなわち，重慶市の団結村中心駅から出発し，中国国内では陝西省の安康と西安，甘粛省の蘭州，新疆ウイグル自治区のウルムチなどを経て阿拉山口で国境を通過する。そしてカザフスタンのドスティクに入り，ロシアのイリエックからベラルーシのブレスト，さらにはポーランドのマルシェビチを経由してドイツのデュイスブルクに至る全長1万1,179 km。この終点となるドイツ西部の工業都市デュイスブルクは，ライン川とルール川の合流点に位置し，世界最大級の内陸港を擁する同国有数の輸送中継拠点であり，欧州の交通ハブと目される。このため，“重慶製造”の商品が同地を起点に欧州各地への輸送が可能となり，その逆パターンも含めてこれから物資の流れを大きく変えるものとして期待されている。

　事実，従前だと重慶より長江を下り約2千km離れた上海まで貨物を運び，そこから船を乗り換えてインド洋経由の欧州航路を利用するルートが主流であった。しかし，鉄道を使う同路線であれば，海洋航路の所要日数（40日程度）の半分以下に相当する16日ほどに短縮される。従って，輸送

費に保険などの諸経費を足した総輸送コストは，大幅に抑えられるという。
例えば，輸送費だけに限っても，現在は20フィートの標準コンテナ1個
当たり走行1kmのコストは0.7ドルと，空運と比較して約五分の一，海
運よりはわずかに高いが，運行本数を増やすことで海運並みに低減できる
としている（2013年4月2日付『NNA』）。しかも，中国の西北部と西南部
を連結する甘粛省の省都・蘭州市と重慶市とを結ぶ蘭渝鉄道（全長820km）
が2015年12月までに完成すれば，上記路線の輸送期間はもっと短くなっ
て13日間ほどとなり，運賃の引き下げも可能になる見込みである。

　ただ，これら6カ国に跨る輸送途上においては，車両のゲージ（軌間）
の相違による不連続点が2カ所で存在している。そこでは台車を交換して
コンテナ貨物の積み替え作業が必要となっている。同地点は，中国側の阿
拉山口とカザフ側のドスティク並びにベラルーシ側のブレストとポーラン
ド側のマルシェビチの間である。これは，中国，ポーランド，ドイツの3
カ国に関しては，鉄道レール幅が標準軌（1,435mm）であるのに対し，
CIS（独立国家共同体）加盟国で相互に関税同盟を結ぶカザフスタン，ロシ
ア，ベラルーシの3カ国は，国際標準より幅広な広軌（1,520mm）である
ことによる。とはいえ，上述した全行程の輸送日数である16日間（384時
間）から見ると，この2回の台車交換に要する時間は，最速では合計わず
か3時間ほどしかかからず，全体に占める比率は1%にも満たないので影
響はあまり受けないとされる（『重慶日報』2013年9月3日）。

　このほか，渝新欧国際鉄道の運行にあたって中国の海関（税関）総署は，
沿線5カ国と通関協議を締結しており，中国からドイツへの輸出の場合，
通過する各国での通関検査は省略できるようになっている。また列車の運
行状況については，全地球測位システム（GPS）を利用して絶えず監視さ
れており，貨物の安全な輸送も保証されている。さらに2012年10月には，
「国際鉄路貨物運輸公約」(Convention concerning International Carriage of
Goods by Rail) および「国際鉄路貨物連運協定」(Agreement of Interna-
tional Railroad Through Transport of Goods) という鉄道貨物輸送に関する
国際規約に基づき，当該列車が中国では初めて国際鉄道の統一的な貨物運
送状を運用し始め今日に至っている。

263

3．内陸部の要衝・重慶が果たす役割

　中国の長江上流域にあり内陸部で唯一の直轄市である重慶は，面積が約8万km^{2}ながら総人口は3,200万人（うち都市人口は約半分の1,606万人）を抱え，文字通り巨大都市と言える。

　重慶市には，IT産業（ノートパソコンや液晶パネルなど）および自動車産業（オートバイを含む）という二大基幹産業があり，この二業種で市全体のGDPの実に5割を占めている。そのため，前述したIT企業以外にも外国の自動車メーカーに投資の熱い期待が寄せられている。そうした中で最近，韓国の現代自動車が，新車販売の新たな主戦場と化している内陸部（重慶）に現地生産の新工場を建設する方向であると伝えられた。また世界の企業番付上位500社にランクされる大企業のうち，重慶に進出済みの外国企業は既に225社（2012年現在）を数え，中国内陸部の中西部地区でトップになっている。

　ここではIT産業の現況につき紹介すると，重慶市には「5＋6＋700」，すなわち5社のグローバル・ブランド企業（HP，エイサー，フォックスコン，東芝，ソニー）を始め，6社の大型ファウンドリー（受託製造大手企業），700社の関連部品の有力サプライヤーなどが集積しており，投資の受け皿として存在するという。そのうち最も盛んなパソコン事業の場合では，ノートブック型パソコンの生産量は2012年に2,500万台に上り，翌2013年にほぼ倍増し，2014年には6,000万台の規模に達して2015年の時点では1億の大台を突破するものと推定されている（渝新欧物流公司の発行資料）。

　それが主因で重慶の2013年における貿易総額は687億ドル（前年比29.1％増。うち輸出額は同21.3％増の468億ドル）を記録し，初めて西部地区の12ある一級行政区の中で第1位（全国レベルでは第10位）に浮上した。品目別では，重慶の一つの保税港と一つの総合保税区から成る二大保税港（区）が輸出したノートパソコンは4,868万台で同輸出額は198億ドル，プリンターは1,778万で同輸出額は21.7億ドルにそれぞれ上った（『中国通信』2014年1月16日）。この一事からも明らかなように，年間生産台数の約9割を輸出しているPC産業が重慶の経済発展に如何に大きく貢献しているかが分かる。

第2章　渝新欧（重慶）物流有限公司

　さらに重慶は，中国の東中部と西部の結節点であり，また中国の南部と西部の結節点にも位置付けられ，戦略的観点から見て地理的優位性を備えている。そのような中，重慶の鉄道通関港は2013年に対外開放を推進する資格を有し，内陸部で唯一の対外開放された鉄道通関港となった。内陸部の中心都市である重慶が，国際鉄道を通じてその地域の対外開放の橋頭堡となれば，周辺の多くの内陸都市に対しても大きなインパクトを持つと考えられる。沿海部の主要港湾から遠く離れたところに存在しているため，とりわけ大陸横断鉄道の果たす役割は特に大きいと言えよう。それ故に，今後は長江デルタまたは珠江デルタ〜重慶〜欧州（もしくはモスクワ，ワルシャワ，中央アジア）の新規ルートが早期に開発され，新シルクロードの重要な構成部分として更に伸びていく見通しである。

　他方，日本や韓国の製品は従来，海運以外の陸上輸送では，主に連雲港〜中央アジア・欧州のチャイナ・ランドブリッジ（CLB）ルートと，ロシアのウラジオストック〜モスクワ・サンクトペテルブルクのシベリア・ランドブリッジ（SLB）ルートを使って欧州方面に運ばれていた。だが，日韓両国は重慶へ投資をすることで，既に挙げた重慶ルートの優位性を十分に利用することも可能となる。

4．渝新欧国際列車の輸送実績

　先に述べた2011年初の試験輸送以降，渝新欧国際鉄道は2013年7月20日までに合計で延べ77便の列車が運行され，貨物輸送量は累計6,692TEUに達した。このうち2013年に入ってからの状況だけ捉えると，同年上半期には合計17便（前年同期比21.4％増）の列車が発車し，貨物の輸送実績としては1,528TEU（同22.2％増）に上った。また渝新欧物流公司に直接確認したところでは，通年では合計で45便の列車が運行されたとの話であった。同年下半期の荷動きが一層活発になり，大幅に増大したことをうかがわせるものである。

　上記の基本ルートは当初，重慶と深圳塩田港の間を結ぶ「平湖南鉄水連運班列」の代替ルートとして導入された。というのは，重慶市政府が深圳にあったHP社のパソコン組立工場を重慶に誘致しようと積極的に働きか

265

け，同区間へのコンテナ定期列車の導入と期限付きの運賃補助を約束した
のがきっかけだったからである。

　大方の場合，1列車の編成は40フィートのコンテナ換算で少なくとも
貨物40車輌（80TEU）以上，大体は45〜50車輌から構成されている。こ
うして，通常は1列車における40フィート・コンテナ40本プラスアル
ファがまず阿拉山口向けに運ばれるものの，そのうちプラスアルファ分の貨
物は同地でトラックに積み替えられて中央アジア諸国へと輸送されている。
現時点では原則として週1便のペース（ピーク時には週3便）で列車の運
行が維持されており，2015年までに1日1便から毎日2便の運行体制へ
と拡充していく方針のようだ。

　渝新欧国際列車の路線は，既に述べたとおりであるが，今後は延長工事
を進めてベルギーのアントワープまでそれを延伸する予定だという。その
上，基本ルート以外の列車運行としては，重慶からBRICSの一角を占め
るロシアの首都モスクワへの直行便（全長は8,007km，運行時間は13日〜
14日）がある。2014年2月26日，中露両国は重慶で渝新欧国際鉄道の発
展をめぐる情勢について協議すると同時に，モスクワへの列車を常態化さ
せていくことも併せて話し合われた。さらには，同年1月21日，重慶と
中央アジア諸国を連結する新シルクロードの積荷列車が新たに運行開始さ
れた。これは，習近平・国家主席が2013年9月初めに中央アジア4カ国
（タジキスタンを除く）を歴訪した際，今後の発展が期待される中央アジア
の将来の貨物需要を取り込むため，同地域への新たなルート開拓に取り組
んでいく方針が打ち出され，それが今回実現の運びとなったものである。

　以上で見たように，重慶を起点とする渝新欧国際鉄道はこれまで順次発
展を遂げてきており，将来を描いたロードマップの最終目標については，
次のような総合的な枠組みを形成していくことに主眼が置かれている。渝
新欧物流公司より入手した資料によると，それは端的に申せば，「一基地
（ベース），両中心（センター），十節点（ジャンクション）」という言葉に集
約される。すなわち，「一基地」とは，重慶団結村の渝新欧総合サービス
基地を表す。「両中心」は，中国とカザフスタンの国境地帯にある阿拉山
口もしくはホルゴス，およびCISと欧州の境界地点（マルシェビチ）にそ

れぞれ設けられた流通センターを指す。また「十節点」は，東西輸送を担う渝新欧国際鉄道の大動脈沿いに設置された10カ所のサービス・エージェント（例えば，蘭州，鄭州，深圳，リガ＜ラトビア＞，ブダペスト＜ハンガリー＞，デュイスブルク等々）のことである。

5．西部国境駅の阿拉山口 vs ホルゴス

近年では，1992年末に全線が開通したCLBのほか，これまでに主として述べた重慶発の「渝新欧」号を皮切りに，2012年から2013年にかけて数多くの国際貨物列車がそれぞれ運行を開始している。具体例を挙げると，成都発の「蓉新欧」号，鄭州発の「鄭新欧」号，武漢発の「漢新欧」号，西安発の「西新欧」号，蘇州発の「蘇新欧」号，広州発の「粤新欧」号などである（『中国通信』2013年12月4日）。これら国際貨物列車の起点となっている都市は，蘇州と広州を除きいずれも鉄道コンテナ・センター駅が既に開設運営されている所である。このように欧州向けの新たなCLBルートが続々と複数開発され，一段と広がりを見せていることから，量的にまだ少ないとはいえ貨物取扱量が以前と比べ格段に増加する傾向にある。

それに伴って，中国西部で唯一の鉄道による西行きの玄関である阿拉山口駅の大きな役割が，ますます鮮明になってきている。何故ならば，同駅が，中国の西部大開発戦略に基づく対外開放を促進するに当たって，大陸横断国際鉄道の最初の出入り拠点であったからである。実際，これまで中国と隣国カザフスタンとの貿易往来は頻繁になされ，ほとんどが当国境駅を通過する鉄道を通じて進められてきた。例えば，同駅を通過する年間貨物量は，1991年段階の16万トン程度から2012年には1,650万トンと過去20年余りの間に激増している。

ただ，阿拉山口駅の貨物取扱能力はもはや飽和状態に陥っているとも伝えられる。しかも，同駅にある陸路の出入国検査所は，中国西北地区で最も平坦な場所にあり，ほぼ年間を通して大風が吹くと言われるように強風地帯（最大瞬間風速は55m）にあることも，荷役作業効率の点で問題とされる。また季節性の要因として，西行き貨物の繁忙期に当たる毎年10月中旬から12月にかけては，取扱貨物が一挙に大量流入することから積み

替えに手間取り滞貨の発生原因ともなっている。

　こうした状況の中で誕生したのが，中国とカザフスタンの両国を結ぶ鉄道のもう一つの国境駅ホルゴスである。この両国に跨るホルゴスはユーラシア大陸の中心部に位置し，阿拉山口の南 80 km くらいの所にあって，区都ウルムチの西 670 km，カザフスタンの旧都アルマトイからは 378 km の距離にある。元来トラック輸送の接続地であったが，新たに鉄道の接続地となり，少し南にあるアルティンコル駅（カザフ側）にも近い。また阿拉山口のように強い風が吹かず気候が比較的安定した地域にあり，さらに作業用の設備機器を一つ取ってもそこのモノより優れているため，有利な条件が備わっていると言える。

　ホルゴス駅は新疆第 62 生産建設兵団によって完成されたもので，2012年 12 月 22 日には第 2 中国カザフ鉄道が正式に開通した。ウルムチ鉄道局の話によると，2013 年 1 月から 11 月の期間に当駅を通過した輸出入貨物は約 151 万トンに達した。内訳は輸出貨物が 146 万トン，輸入貨物が 5.5万トン（『中国通信』2013 年 12 月 24 日）。概ね 26 対 1 の比率で輸出が断然多く，西行き貨物が大部分を占めている。ここを通過する貨物はコンテナが主であり，自動車部品，機械・電機製品，電子製品といった割と高付加価値の貨物が，カザフスタンのアルマトイまで輸送されている。

　とはいえ，重慶から阿拉山口とホルゴスへの鉄道輸送費を比較してみると，別表で示したとおり，重慶〜ホルゴス間の方が少々割高となっている。例えば，20 フィート・コンテナでは 1 個当たり 40 ドル，40 フィート・コンテナでは同 20 ドルの価格差が生じている。その上，阿拉山口ルートは 1 日当たりの通過量が 12 列車（ただし，輸送先の 90％は中央アジア諸国向け）ある半面，ホルゴスでの処理能力に関しては同 2 列車しかないのが現状である。

　そのため，ホルゴスの発展のポテンシャルは今後高まると予想されるものの，阿拉山口での滞貨圧力を緩和させるように，当分の間はあくまでその補完役に留まるのではないかという見方が一般的である。ホルゴスか阿拉山口かの選択については，渝新欧国際列車にとってもまさに重要なポイントである。それに対して，渝新欧物流公司の考え方としては，ホルゴス

第2章　渝新欧（重慶）物流有限公司

表　阿拉山口とホルゴスへの鉄道輸送費比較

（単位：ドル）

中国国内 （A）	コンテナ料金		中国国外 （B）	コンテナ料金		合計（A＋B）	
	20 フィート	40 フィート		20 フィート	40 フィート	20 フィート	40 フィート
重慶団結村〜 阿拉山口 （3,777 km）	1,353	2,227	阿拉山口〜 アルマトイ （580 km）	436	871	1,789	3,098
重慶団結村〜 ホルゴス	1,544	2,549	ホルゴス〜 アルマトイ （378 km）	285	569	1,829	3,118
価格差	△191	△322	価格差	151	302	△40	△20

注1：2012年12月時点における比較。
注2：2012年の年平均為替レート（1ドル＝6.3125元）に基づき元価格よりドル算出。
（出所）大陸橋網（www.landbridgenet.com）2013年1月19日付より著者作成。

が将来的にコンテナ輸送の中心となり，一方の阿拉山口は石炭・金属などバルク（ばら積み）貨物の輸送基地になることで棲み分けがされていくとの話であった。

　ところで，中国の習近平・国家主席は，2014年3月末にドイツを訪問した折，渝新欧国際鉄道の終点であるデュイスブルク駅で同列車を自ら出迎え参観した。そこで昨秋以来，中国の提唱している「シルクロード経済帯（ベルト）」の建設推進について触れながら，デュイスブルクが中独両国の協力強化に向けて更なる役割を発揮するよう求めたのである。

　いずれにせよ，現段階では中国から欧州に向かう貨物の方がはるかに多いので，鉄道の採算性を向上させるためにも，双方向での貨物量を増やすという課題は依然残っている。安全や定時運行などの面で引き続き注意が払われることも大切である。中国とドイツを結ぶ渝新欧国際鉄道が，その将来性に期待が高まっていることは間違いのないところだけに，重慶市政府，ひいては渝新欧物流公司自体の方策と力量が改めて問われていよう。

第**3**章

中国の現代版シルクロード構想とユーラシア・ランドブリッジの新展開

　著者の所属する中国物流研究会（以下，中物研）では，2013 年における年間のメイン・テーマを「中国の鉄道輸送」と定めた。そのため，主に中国の鉄道によるコンテナ輸送の現況につき研究しようと，同会初の試みとして年 2 回という現地調査を新メンバーの加入も得て敢行した。

　まず中国鉄道コンテナ輸送調査の第 1 回目は，2013 年 2 月 21 日～27 日にかけて，北京，鄭州，青島の各地を訪問した。次いで第 2 回目は同年 9 月 1 日～10 日に少し足を延ばして，中国の北京，昆明，重慶，ウルムチのほか，カザフスタンのアルマトイおよび中哈国境にあるホルゴス税関などをつぶさに視察して回った。

　以下は，主としてその 2 回に及んだ現地調査の結果を踏まえつつ，帰国後に概要報告した際のレジュメを基に取りまとめたものである。

1．中国の新シルクロード戦略

　習近平総書記をトップとする現行の C7 体制（中共政治局常務委員 7 名から成るチャイナ・セブン）が発足したのは，2012 年 11 月に開催された第 18 回中国共産党全国代表大会の場においてである。前任の胡錦涛氏からバトンを受け継いだ習近平総書記は，就任時の演説で「中華民族の偉大な復興」というフレーズを何度も繰り返して言及し，"中国の夢"について熱く語ったのであった。加えて，海洋強国（進出）志向の姿勢を改めて打ち出すと共に，周辺外交の推進を強調した点が目立った。合計 14 カ国もの国々と国境を接する中国であるが，全方位開放の新たな枠組み作りに関

する方針がそこで示された。つまり，その主な内容は，対南方（ASEANへ）のほか，対西方（中央アジア，ロシア，東欧へ）の開放である。

　この対外開放政策については，中国は以前，第14回党大会（1992年10月）で"三沿開放"の新たな方針を掲げ標榜していた。すなわち，この"三沿開放"とは，沿海，沿江（長江），沿辺（国境）という総合的な全方位開放の新しい戦略であった。これにより，改革開放の重心が従来の沿海地域に加え，広大な内陸部へのシフトをも含意していたのである。それが具体的な形となりようやく現れたのが，20世紀末の前後あたりから声高に叫ばれるようになった西部大開発の推進にほかならない。

　そのような流れの中で，2010年代を迎えると中国による旧ソ連・中央アジア諸国への急接近が際立ってきた。端的に言えば，特に資源エネルギー協力の強化が背景にある。例えば，トルクメニスタンとは，ウズベキスタンやカザフスタン経由による天然ガスパイプライン（全長1,800 km）

重慶の街角にて（2013年9月，著者撮影）

第3章　中国の現代版シルクロード構想とユーラシア・ランドブリッジの新展開

の増設で合意，またカザフスタンとは，中国石油天然気（天然ガス）集団がカスピ海沖合に位置する同国最大のカシャガン油田に 8.3% 出資することで合意など。

　2013 年 9 月，習近平国家主席は上海協力機構の首脳会議への出席に合わせて，中央アジア諸国を歴訪した。なかでも特に注目されたのが，習主席がカザフスタンの首都アスタナにある大統領の名前を冠したナザルバエフ大学での講演で，「シルクロード経済帯（ベルト）」構想を初めて打ち上げたことである。習主席は，「人口 30 億人のシルクロード経済ベルトの市場規模と潜在力は他に類がない」とした上で，次のような "五通" の促進を呼びかけたのであった。すなわち，①政策の協調，②交通ネットワーク，③貿易の促進，④通貨の直接交換，⑤国民理解の促進。同演説を受けて，2013 年 11 月初めには北京で早速，「シルクロード経済ベルト」構想研究座談会が開かれた。これは，国家発展改革委員会と外交部が共同で先頭に立って開催されたもの。当該国家プロジェクトの対象地域としては，中国の西北 5 省・自治区（陝西省，甘粛省，青海省，寧夏回族自治区，新疆ウイグル自治区）に限定せず，四川省，重慶市，内モンゴル自治区なども検討していくことが明らかにされた。また今後の空間的な発展方向としては，次の 3 ルート，つまり①ユーラシア・ランドブリッジを主とする北ルート（幹線），②石油・天然ガスのパイプラインを主とする中央ルート，③国境を跨ぐ自動車道路を主とする南ルートが提示された。

　実は習主席がカザフスタンの首都アスタナを公式訪問している時，我々中物研の訪問団も丁度同国の旧都であるアルマトイに滞在していた。習主席はその後，ナザルバエフ大統領も同乗した政府専用機でアルマトイを訪れる予定であり，その先遣隊が既に到着していた。そのため，同市内のあちこちには警護にあたる人達が立っており，ものものしい姿がとても印象的であった。

　ところで，同じく 2013 年 11 月に開かれた中国共産党第 18 期中央委員会第 3 回全体会議（18 期三中全会）では，「改革の全面的深化の若干の重大問題に関する党中央の決定」が採択された。この決定において，主に対中央アジアの前述した「シルクロード経済ベルト」および対 ASEAN の

「21世紀海上シルクロード」（注：習主席がASEAN歴訪＜2013年10月＞時に提起）の建設を推進すると改めて明記されるに至った。（今日では，一般に「一帯一路（One Belt and One Road）」という呼称が定着）さらには周辺諸国や地域との連携強化に向け，インフラの相互接続や連絡を加速することなどが謳われた。併せて内陸国境沿いの開放を拡大することについても明示された。

　ここで従前の辺境地区が，今度は一躍，西向きに開かれた窓口へと変身し，新たな対外重要拠点且つ対外開放の門戸として急浮上したのである。とりわけ重要視されるようになったのが，それまで民族紛争の絶えない土地として厳戒態勢にあった新疆ウイグル自治区である。同自治区は中国西北地区の国境地帯にあり，ユーラシア大陸の中央部に位置するという地の利にも恵まれている。ちなみに，同自治区は8カ国と国境を接しており，陸上の国境線の総延長距離は5,600kmに上る。同地の区都ウルムチ市では，2011年以来，毎年9月1日から5日にかけて「中国・亜欧博覧会」（中国ユーラシア博）が開催されている。その前身は，2010年まで19回連続して実施されてきた「ウルムチ対外経済貿易商談会」であり，2011年に初めて同博覧会に格上げされ現在に至っている。

2．中央アジアの経済大国：カザフスタン

　こうして新疆ウイグル自治区と国境を接するカザフスタンを始め，その他の中央アジア諸国（ウズベキスタン，トルクメニスタン，キルギス，タジキスタン）が新たな経済圏として脚光を浴びることとなった。何故ならば，アジアと欧州を結ぶ中継貿易の拠点としてにわかに世界の耳目を集めるようになったからである。なかでも資源大国（原油，ウランなど）のカザフスタンは，旧ソ連崩壊後の1992年1月に中国と国交を樹立したが，面積的には世界9位の272万km²，人口は1,685万人を抱え，一人当たりのGDPは既に約1万2千ドルを記録している。参考までに隣接する新疆ウイグル自治区のそれらと比較すれば，面積は166万km²（中国全土の六分の一），人口は2,233万人，一人当たりの域内生産は約5,300ドル。（以上の数値は全て2012年のもの）

第3章　中国の現代版シルクロード構想とユーラシア・ランドブリッジの新展開

　このため，カザフスタンをめぐる市場争奪戦は激しさを増しており，周辺のロシア・中国・トルコの3カ国の間で文字通り三つ巴の様相を呈しているようだ。つまり，歴史的な影響力を持つロシア，エネルギー資源を狙う中国，民族的に近いトルコの3カ国のうち，中ロ両国が先行しているとはいえ，それぞれの思惑もあってしのぎを削っているのが現状である。

　実際，上記の中央アジア諸国は有望な資源供給元の一つと見られており，ロシアと同様，中国が海上輸送に頼らず陸路（パイプライン）で輸入可能な地域であり，しかも輸送リスクを大幅に軽減できるところから大いに期待されているのである。中国の中央アジアにおける資源外交は，単に資源の安定供給の確保にあるだけではなく，双方の国内体制の安定にも寄与するという二面性があると考えられている。例えば，原油を例に取ると，1990年代後半以降，中国のロシアおよびカザフスタン両国からの輸入が急増している。事実，2001年における両国からの輸入量は，それぞれ177万トン（中国全体に占める割合は2.9%），65万トン（同1.1%）から，10年後の2011年には1,849万トン（同7.3%），1,121万トン（同4.4%）へと10倍強の増大を実現している。（本資料は埼玉大学の渡辺紫乃教授に依拠）

　ここでカザフスタンの鉄道事情について簡単に触れておく。

　まず鉄道事業を管轄しているカザフスタン国営鉄道（KTZ）に関しては，日本のセンコー株式会社と2012年9月に業務提携の覚書を締結している。また同国における鉄道路線の総延長距離は，2010年現在，1万4,500kmに及ぶ。旧都アルマトイには鉄道局が2ヵ所を数え，相互に30km～40kmの距離がある。一つはアルマトイ1で，同市北部に位置する主な鉄道乗換駅，もう一つはアルマトイ2で，市街中心部に位置するものの全ての列車には対応できていない状況にある。さらに我々は今回，政府系鉄道ヤード会社のKeden Trans Service（1997年に設立）並びに民間の鉄道ヤード会社であるPEAK（1993年に設立）の現場を見せてもらった。

　そのほか特記すべきは，カザフスタンの有力フォワーダーとして有名なGLOBALINK社の存在である。同社はアルマトイを本拠地とする国際複合一貫輸送企業（NVOCC）で，中央アジアと中東地域では最大手の物流会社と言える。フォーチュン誌が選ぶ世界五百大企業の中にもランクされ

る。1994年に設立され，オーナーはパキスタン人のカーン氏。同社での
ヒアリング調査によると，海外18カ国に51拠点を構え（約850名のスタ
ッフで運営），ロシア，CIS（独立国家共同体），欧州，中央アジア，中国な
どとの間で輸送ネットワークが接続されている。ビジネス規模は月間千
TEU以上と言われ，取扱貨物のうち半分は輸入貨物で，残り半分が通過
貨物である。後者の通過貨物については，ウズベキスタン，トルクメニス
タン，ロシア向けが多いという。

　現地訪問の最後には，中国とカザフスタンの国境都市ホルゴスを見学し
た。ホルゴス開発区は2年ほど前から建設がスタートしており，そこには
両国サイドにICBCホルゴス（International Center for Border Co-operation。
国際国境経済開発センター）を設立することになっているが，特にカザフ側
での立ち上げ（センコーランカスター社による）の大幅な遅れが課題として
指摘されていた。

　いずれにせよ，中国側（新疆ウイグル自治区）からの西方地域に対する
出口として，従前の阿拉山口駅にホルゴス駅が加わることで，二極体制に
なるものと期待を集めていた。と言うのも，チャイナ・ランドブリッジ
（CLB）の沿線上における阿拉山口駅ではこれまで滞貨が度々発生し，深
刻な影響を被るケースが見られたからである。そのため，2013年4月に
は第62生産建設兵団の開発により中国側のホルゴス駅が一足先にオープ
ンし，北部に位置する阿拉山口駅の補完または代替駅として期待が高まっ
ていたのである。しかしながら，上述したような状態の下で，今のところ
は1日に精々2列車（1列車＝50輛，百TEU）を受け入れる能力があるの
みと言われる。

　3．ユーラシア・ランドブリッジの新展開
　旧来のCLBは，1990年9月に中国北彊鉄道の阿拉山口駅と旧ソ連側の
ドスティク（またはドルジバ）駅の区間で初めて鉄道線路がつながり，
1992年12月に第一便が50TEUの貨物を搭載して鉄道輸送されたのが始
まりである。同行程は，江蘇省の連雲港から新疆ウイグル自治区の阿拉山
口を経て，カザフスタンのドスティクから中央アジア，さらにオランダの

第3章　中国の現代版シルクロード構想とユーラシア・ランドブリッジの新展開

ロッテルダムに至る全長1万900 km。そのうち，中国国内の鉄道距離は4,114 km で，2012 年 12 月末までに全区間の電化が達成されている。

　このアジアと欧州に跨る国際輸送回廊（"欧亜大陸橋"，ユーラシア・ランドブリッジ）は，まさに中国の現代版シルクロードとも呼べるものである。同路線による 2010 年までの総輸送量は合計 42 万 TEU に上り，現在の貨物量は年間で約 7 万 TEU を数える。

　1）整備が進む重慶〜欧州ルート

　こうした中で，新たな CLB の発地として別途，国際鉄道列車の運行が開始されるようになった。それが前章で既に詳しく紹介した "渝新欧"（重慶〜新疆〜欧州）鉄道である。この欧州向け貨物鉄道の基本ルートは，中国の重慶を基点に阿拉山口〜ドスティク（カザフスタン）〜ロシア〜ブレスト（ベラルーシ）〜マルシェビチ（ポーランド）を経て，ドイツのデュイスブルクが終点で，全長は1万1,179 km。国境での鉄道ゲージの相違による不連続点が 2 カ所あり，阿拉山口とマルシェビチでの貨物の載せ替えが必要である。その中欧鉄道の定期便が運行開始された 2011 年こそ発着回数はまだ年 17 回（往行のみ）と非常に少なかったものの，2013 年当時は原則毎週 2 便（注：今日では毎日発車）の運行に増え，欧州への接続ポイントとしてポーランドの重要性が高まっている。

　当該路線を利用すると，輸送時間が大幅に短縮されるとのメリットが盛んに強調されていた。事実，従来では 40 日間を要していた上海・インド洋経由の欧州航路（海運）が，半分以下の 16 日間に短縮されるという。それ故に，コンテナ 1 個当たりの輸送費を見ると，確かに従来の 5,000 ドルから 7,000 ドル強へと高くなるが，保険などの諸経費を加えた総輸送コストは大幅に抑えられるとの話である。しかも，カザフスタン経由の欧州向け鉄道ルート（主に電子製品などを運ぶ）は，ロシアのシベリア鉄道と比べ約 2,000 km 短く，輸送時間も 5 日間以上の節約が可能と言われる。

　一方，重慶市では自らを中国の東中部と西部の結節点（ノード），また中国の南部と西部の結節点とも位置付けており，上記のほか同延長線上で新ルートの開発にも積極的である。具体例を示すと，①重慶〜モスクワ，重慶〜ワルシャワ，②重慶〜中央アジア，③重慶〜長江デルタ，重慶〜珠

277

江デルタなどが考慮されている。

　2）広がるユーラシア・ランドブリッジ

　このような中国と欧州を結ぶ大陸横断貨物鉄道については，その後，中国各地から他の新路線も次々と開通しており，ユーラシア・ランドブリッジはますます広がりを見せるようになってきた。実際，2012年から2013年にかけての例を挙げただけでも，次の鉄道ルートが続々と運行開始されてきている。

　・漢新欧（武漢～新疆～欧州）鉄道

　　当初のチェコ行きからドイツ・ハンブルク行きへ。2012年10月に試験運行開始。

　・蓉新欧（成都～欧州）快速鉄道

　　ポーランド・ウッジに直行。2013年4月より運行開始。

　・鄭新欧（鄭州～新疆～欧州）鉄道

　　ドイツ・ハンブルクに直行。2013年7月より運行開始。

　・蘇新欧（蘇州～新疆～欧州）鉄道

　　ポーランド・ワルシャワに直行。2013年9月より運行開始。

　加えて，青島～オランダ間，さらには西安からも同様に鉄道コンテナの輸送が開始されたと伝えられる。

　以上で見たように，中国の各地方政府は今，中央政府による「一帯一路」の大号令を追い風に受けて，新規の鉄道路線の確立に躍起となっている。ただ，そのためにも現下の鉄道輸送に関わる問題点（定時性の確保とか，硬直的な運賃体系の見直しやリーファーコンテナの充足等々）の解消に向け，更に一層の努力と改善策が求められるところである。

＊付属資料

1. 世界の港湾別コンテナ取扱量ランキングの推移

(単位：万TEU)

順位	2000年 港湾名	取扱量	2005年 港湾名	取扱量	2010年 港湾名	取扱量	2015年 港湾名	取扱量
1	香港	1,810	シンガポール	2,319	上海	2,907	上海	3,654
2	シンガポール	1,704	香港	2,243	シンガポール	2,843	シンガポール	3,092
3	釜山	754	上海	1,808	香港	2,370	深圳	2,420
4	高雄	743	深圳	1,620	深圳	2,251	寧波・舟山	2,062
5	ロッテルダム	628	釜山	1,184	釜山	1,419	香港	2,011
6	上海	561	高雄	947	寧波	1,314	釜山	1,947
7	ロサンゼルス	488	ロッテルダム	930	広州	1,255	広州	1,762
8	ロングビーチ	460	ハンブルク	809	青島	1,201	青島	1,751
9	ハンブルク	425	ドバイ	762	ドバイ	1,160	ドバイ	1,559
10	アントワープ	408	ロサンゼルス	748	ロッテルダム	1,115	天津	1,410
11	ポート・ケラン	321	ロングビーチ	671	天津	1,008	ロッテルダム	1,224
12	ドバイ	306	アントワープ	648	高雄	918	ポート・ケラン	1,189
13	NY/ニュージャージー	301	青島	631	ポート・ケラン	887	高雄	1,026
14	東京	290	ポート・ケラン	554	アントワープ	847	アントワープ	965
15	マニラ	287	寧波	521	ハンブルク	790	大連	945
16	フェリックストー (英)	280	天津	480	タンジュン・ペレパス	653	厦門	918
17	ブレーメン	271	NY/ニュージャージー	479	ロングビーチ	626	タンジュン・ペレパス	912
18	ジョイア・タウロ (伊)	265	広州	469	厦門	582	ハンブルク	882
19	タンジュン・プリオク	248	タンジュン・ペレパス	418	NY/ニュージャージー	529	ロサンゼルス	816
20	サンファン (プエ)	239	レムチャバン	377	大連	524	ロングビーチ	719

(注) ▨ を付した所は中国の港湾であることを示す。
(出所) Containerisation International Yearbook, 各年版より著作成。

2. 世界の空港別航空貨物取扱量ランキングの推移

(単位：万トン)

順位	2000年 空港名	取扱量	2005年 空港名	取扱量	2010年 空港名	取扱量	2015年 空港名	取扱量
1	メンフィス	248.9	メンフィス	359.9	香港	416.6	香港	446.0
2	香港	226.8	香港	343.3	メンフィス	391.7	メンフィス	429.0
3	ロサンゼルス	203.9	アンカレッジ	255.4	上海（浦東）	322.8	上海（浦東）	327.4
4	東京（成田）	193.3	東京（成田）	229.1	仁川	268.4	アンカレッジ	263.1
5	ソウル	187.4	ソウル（仁川）	215.0	アンカレッジ	264.7	仁川	259.6
6	ニューヨーク（JFK）	181.8	パリ	201.0	パリ	239.9	ドバイ	250.6
7	アンカレッジ	180.4	フランクフルト	196.3	フランクフルト	227.5	ルイビル	235.1
8	フランクフルト	171.0	ロサンゼルス	193.8	ドバイ	227.0	東京（成田）	212.2
9	シンガポール	170.5	上海（浦東）	185.7	東京（成田）	216.8	パリ	209.1
10	マイアミ	164.3	シンガポール	185.5	ルイビル	216.7	フランクフルト	207.7
11	パリ	161.0	ルイビル	181.5	シンガポール	184.1	台北（桃園）	202.2
12	ルイビル	152.0	マイアミ	175.5	マイアミ	183.6	マイアミ	200.5
13	シカゴ	146.9	台北	170.5	台北（桃園）	176.7	ロサンゼルス	193.9
14	ロンドン	140.2	ニューヨーク（JFK）	166.1	ロサンゼルス	174.8	北京	189.0
15	アムステルダム	126.7	シカゴ	154.6	北京	155.1	シンガポール	188.7
16	台北	120.9	アムステルダム	149.6	ロンドン	155.1	アムステルダム	165.5
17	インディアナポリス	116.5	ロンドン	139.0	アムステルダム	153.8	シカゴ	159.3
18	ニューアーク	108.2	ドバイ	131.5	シカゴ	137.7	ロンドン	159.2
19	大阪（関西）	100.0	バンコク	114.1	ニューヨーク（JFK）	134.4	広州	153.8
20	ダラス/フォートワース	90.5	インディアナポリス	98.5	バンコク	131.0	ドーハ（カタール）	145.5

(注) ▨ を付した所は中国の空港であることを示す。
(出所) ACI: WORLD AIRPORT TRAFFIC REPORT, 各年版より著者作成。

初出一覧

I 総論：貨物輸送と物流インフラ

第1章 「中国の物流インフラ建設」霞山会『東亜』No. 429（中国物流特集），2003年3月号。

第2章 「東北振興と物流インフラの課題」国際貿易投資研究所『平成16年度　中国東北地域の再開発に向けての課題に関する調査報告書』2005年2月。

第3章 「中国貨物輸送の現況と物流インフラの整備動向」国際貿易投資研究所『平成20年度　中国現代物流の発展動向と課題　報告書』2009年3月。

第4章 「広がる東アジアのFTA網と輸送インフラ整備計画」国際貿易投資研究所『平成22年度　FTA進展下の東アジア国際物流　報告書』2011年3月。

第5章 「中国の国内エクスプレス市場と内外資系物流企業の競合状況」日本貿易振興機構アジア経済研究所『アジ研ワールド・トレンド』No. 252（特集　アジアにおける航空貨物と空港），2016年10月号。

II 各論：海上・航空・陸上　各輸送の視点から

1．海運編

第1章 「減速強める中国の対外貿易と主要港湾の貨物荷動き」霞山会『東亜』No. 541，2012年7月号。

第2章 「中国北部主要港の発展過程と競合状況」池上寛編（2013）『アジアにおける海上輸送と中韓台の港湾』アジ研選書No. 35，アジア経済研究所，第3章所収。

第3章 「中国海運企業の国際物流戦略　2000年〜2010年」川井伸一編

（2013）『中国多国籍企業の海外経営　東アジアの製造業を中心に』日本評論社，第 8 章所収。

2．空運編

第 1 章　「中国の航空貨物輸送と空港の整備状況・計画」国際貿易投資研究所『平成 20 年度　中国現代物流の発展動向と課題　報告書』2009 年 3 月。

第 2 章　「ASEAN の航空貨物輸送と航空インフラ整備」国際貿易投資研究所『平成 21 年度　東アジア物流の発展動向と課題〜 ASEAN を中心に〜　報告書』2010 年 3 月。

第 3 章　「三大インテグレーターの航空輸送ネットワークとアジア展開」池上寛編『アジアの空港と航空物流』日本貿易振興機構アジア経済研究所，2015 年 3 月。

3．陸運編

第 1 章　「東アジアの航空輸送と陸上輸送のフロンティア」池上寛・大西康雄編（2007）『東アジア物流新時代—グローバル化への対応と課題』アジ研選書 No. 8，アジア経済研究所，第 4 章所収。

第 2 章　「渝新欧（重慶）物流有限公司」『LOGI – BIZ』2014 年 6 月号。

第 3 章　「中国の現代版シルクロード構想とユーラシア・ランドブリッジの新展開」中国研究所 21 世紀シルクロード研究会（第 69 回，2014 年 1 月 18 日）報告用レジュメを基に作成。

あとがき

　世はまさにトランプ旋風によって振り回されているようだ。"アメリカ・ファースト"を高く掲げる新政権の登場により，その強硬な主張と内向きの保護主義的な政策が世界中を巻き込み，どこの国も様々な分野で少なからぬ影響を受けることは避けられそうにない。例えば通商・為替政策の面では，米国の製品や雇用を守るためなら躊躇なくヒト・モノ・カネの流れさえ簡単に変えるという行動姿勢が明確に示されている。

　そうした風潮が広がりをみせる一方で，商品の流通やネット通販など電子商取引（EC）の拡大にも多大な影響を及ぼす政策や規制が急増している。本書の主題である"物流"業界においても例外ではなく，それらの動向に大きく左右されることは必定であり，死活的に重要な問題となっている。その意味でも，何人たりとも先行きが読めない予測不能と呼ばれるような状況にあって，日中両国を含むアジア全般の物流業界では，今後具体的にどう対応していくのか，経営トップの舵取りが厳しく問われていると言えよう。これからも目が離せない中で，その行方について引き続き注意深く観察していくことにしたい。

　ところで，本書は著者にとって初の単著となった。これまでを思い起こせば大学の卒業以来，既に約半世紀が過ぎ去ろうとする今，本当に感慨もひとしおである。過去15年間における研究の成果がほぼ収めてあるとはいえ，従前の研究の集大成と呼ぶにはとてもおこがましい限りの内容ではある。しかしながら，苦しさを乗り越えてようやくここに何とか上梓するところまでこぎつけられた。正直申して今はただホッとした安堵の気持ちで一杯である。ただ，残念ながら著作権の関係で，直近の著作に関しては収録することが叶わなかった。本年1月に日本貿易振興機構アジア経済研究所より池上寛編『アジアの航空貨物輸送と空港』が出版された。著者はそのうち，「第8章　欧米系インテグレーターのアジア市場戦略と対中国事業展開」を分担執筆したので，併せて参照願えれば幸いである。

このささやかな本書の刊行に当たっては，多くの方々からご支援とご協力を賜り一方ならぬお世話になった。特に日本貿易振興機構アジア経済研究所と国際貿易投資研究所には，それぞれ複数年にわたり幾つかの物流関連プロジェクトで現地調査を含め調査研究の機会を与えて下さった。また提出原稿の本書への転載許可についてもご快諾を受けた。この場を借りて改めて深謝申し上げたい。

　本書の出版に際しては，高崎商科大学商学部教授で日本港湾経済学会の会長でもある吉岡秀輝先生から，過分なお褒めの推薦文を賜った。誠に光栄なことであり，衷心より厚く御礼申し上げたい。また30有余年来の友人である内田知行教授（大東文化大学国際関係学部）にも刊行に当たって，最初の段階から強い勧めと励ましをもらうと共に，多大なご教示と助言をいただいた。ここに謝意を表する次第である。次に，本書の具体的な出版の段になっては，40年以上の老朋友である岩崎和明氏（元TDK）並びに彼の畏友白坂敬三氏にも，種々の貴重なご意見とお力添えをいただいた。さらに，ケイセイ出版の古谷博司氏および日本ハイコムの平谷隆志氏の両氏には，本書の刊行を早く実現させるべく最終段階の完成に至るまで導いていただいた。ここに記してお礼を申し上げる。

　最後になったが，これまで長い間，あらゆる面において陰になり日向となって著者を一貫して支えてくれた妻の令子と娘の千佳に対し，心より感謝の気持ちを伝えたい。多謝！

　2017年3月　　　　　　　　　　　　　　　　　　　　　　小島末夫

著者紹介

小島 末夫 (こじま すえお)
1946 年生まれ。早稲田大学卒。ジェトロ北京センター所長を経て国士館大学 21 世紀アジア学部教授。主著(いずれも共著)『海外進出する中国経済』日本評論社(2008)、『中国がつくる国際秩序』ミネルァ書房（2013）、『アジアの航空貨物輸送と空港』日本貿易振興会アジア経済研究所（2017）など。

世界の物流を変える中国の挑戦

2017 年　10 月 1 日　第 1 刷発行
著　者　小島 末夫
発行人　酒井 武史
発　行　株式会社 創土社
〒 165-0031　東京都中野区上鷺宮 5-18-3
　　　　TEL　03（3970）2669
　　　　FAX　03（3825）8714
　　　　http://www.soudosha.jp

印刷　日本ハイコム株式会社
ISBN:978-4-7988-0231-2　　C0065
定価はカバーに印刷してあります。